JN205505

歴史・文化・伝統がわかる

時代考証家のきもの指南

【著】時代考証家 山田順子

【撮影協力】きもの工房 和楽座 樋澤行正

徳間書店

はじめに

私は時代考証家という職業柄、時代劇の企画から台本製作、セットや道具類を選定する美術の打ち合わせ、役者が身に付ける鬘《かつら》や衣裳などの選定にも関わります。特に衣裳に関しては、時代や演じる役によって1シーンごとに細かく選定します。それは、どんな着物をどんなふうに着るかで、その役の身分や職業、経済状態、シーンによっては心理状態も表現できるからです。つまり、着物は〝物言わない卜書きであり、台詞《せりふ》〟なのです。もちろん、演出する監督や衣裳スタッフと綿密な打ち合わせをします。その中で現代とは違う着物の種類や着方のルールを、時代ごとに合わせて指南するのが時代考証家の役目です。

最近、撮影現場などで若い女優さんから、「プライベートにも着物を着たいのですが、どんな着物をどんな時に着ればいいのか、わかりません」というお話をよく聞きます。私が「お母様は着物を着られないのですか？」とお聞きすると、「持っているらしいのですが、着たのを見たことがありません」といわれる方がほとんどです。若い女優さんの母上は私と同じ世代かそれ以下ですから、確かに成人式と卒業式に振袖《ふりそで》は着たけれど、それ以後は着ていないという方が多いようです。中には結婚する時に数枚の着物を買ってもらったけれど、一度も着たことがないと豪語する方もいます。せっかく若い女性たちが、着物に興味を持ちはじめているのに、本来教えるべき、母親が着物を着たことがないというのは、とても残念なことです。

そこで本書は、これから着物を着たい若い方はもちろんですが、着物を着る機会のなかった母親世代の方にもぜひ読んでほしいと思っています。

本書では、人生儀礼ごとに伝統に沿った着物やその着方をご紹介していますが、この伝統は2000年に及ぶ日本の歴史とともに、着やすく、動きやすく、作りやすく、そして美しくと変化してきました。そして現代は何をどんなふうに着てもいい時代です。しかし、皆さんが「着物が似合っているね」と褒めてくださるのは、やはり着物の伝統に沿った着方をしている時です。そのためには頭ごなしに、「これを着ればいい」ではなく、「どうしてこれを着るようになったか」を知れば、自然に何をどう着るべきかがわかるものです。

本書では、着物の誕生以前の歴史と、現在の着物がどのように誕生し変遷してきたかを、なるべく丁寧に説明しました。また、帯や着る時に使う小物に至るまで、なぜ今日《こんにち》の形になったかも説明していますから、実際に選ぶ時の参考になると思います。

本書に登場する着物の多くは、私が日ごろ着ているものです。決して手の届かない高価なものではありません。仕事とはいえ、どんな着物を着たらいいかを指南している立場上、自分自身がテレビ出演や講演をする時には、なるべく着物を着るように心がけています。「言うは易《やす》く行うは難《がた》し」なんて陰口をたたかれないようにするためと、やはり着てみてわかることがあるからです。特に年齢を重ねるにしたがって、同じ着物でも合わせる帯を変えるなどの工夫をしたり、時には大胆に仕立て直したりして、自らを実験台にしています。

もちろん、私の手持ちでは限界がありますので、本書の写真撮影をしていただいた「きもの

工房　和楽座」の樋澤行正《ひざわゆきまさ》社長に、素晴らしい着物や生地を提供していただきましたので、とてもレパートリーが広がった本になりました。

今回改めて、着物の生地を一点一点見直してみて、その緻密《ちみつ》な織りや繊細な染めを作りあげた職人さんやその産地を支えた人々の歴史と苦労を知りました。ぜひ、若い人たちにもこんな素敵な生地のあることを知ってもらい、着てほしいと思います。そうすれば、もっと着物が好きになるでしょう。

着物を知り、着物を着ることで、より美しい日本女性が増えることを願っています。

時代考証家　山田順子

【前】

❶共衿（ともえり）
衿の汚れを予防するために、着物の表地と同じ布を衿の上に付けた短い衿のこと。「掛け衿」ともいう。

❷衿（えり）
首のまわりの細長い布の部分です。「地衿」ともいう。

❸衿幅（えりはば）
衿の幅のこと。

❹袖（そで）
身頃についている筒状の両腕を覆う部分。着物では袂の部分を含めていう。

❺前見頃（まえみごろ）
身体の前面の袖と衽の間の部分。

❻衽（おくみ）
衿から裾まで左右の前身頃の端につけたした半幅の部分で、着物を十分合わせるため縫い付けている。

❼衿先（えりさき）
着物の衿の先端部分のこと。

❽袖口（そでぐち）
袖の端の手を出す部分。

❾袖丈（そでたけ）
袖の長さのこと。袖山から袖下までの長さ。

❿袖付け（そでつけ）
着物の袖と身頃を縫いつけた部分のこと。

⓫振り（ふり）
袖付けから袖下までの開いた部分のこと。

⓬袂（たもと）
袖付けから下の袋のように垂れた部分のこと。

⓭身八つ口（みやつくち）
着物の身頃の脇の開き部分。袖付けの下にあり、脇縫いを縫い合わせない。女性と子ども用の着物だけにあり、男物にはない。

⓮衽付け線（おくみつけせん）
衽と前見頃を縫い合わせた線。

⓯前幅（まえはば）
前身頃の裾の幅のこと。衽付け線から脇縫いまでの範囲。

⓰衽幅（おくみはば）
着物の前身頃についている、衽の幅のこと。

⓱褄先（つまさき）
裾の左右の両端部分。

⓲袖幅（そではば）
袖の幅。袖と身頃が接続する袖付けから袖口の先までの長さのこと。

⓳肩幅（かたはば）
身頃の背縫いから袖付けまでの幅のこと。肩山の幅。

⓴裄（ゆき）
着物の背縫い最上部から、肩山を通って袖口までの寸法。肩幅と袖幅を足した幅。

㉑身幅（みはば）
着物全体の幅のこと。衽の幅、前幅、後ろ幅を足した幅。

㉒胴裏（どううら）
着物の胴部分に付ける裏地のこと。

㉓八掛（はっかけ）
袷の着物の裾の裏につける布のことで、前後の身頃の裾裏に4枚、衽の裏に2枚、衿先の裏側に2枚ずつつける。「裾回し」ともいう。

【後ろ】

㉔肩山（かたやま）
肩の一番高い部分で、前身頃と後身頃の折り目の山のこと。

㉕袖山（そでやま）
袖の一番上の部分で、袖の前部と後部の折り目のところ。

㉖衿肩あき
着物の肩に衿を付けるために、肩山の位置に切り込みを横方向にいれて作った首まわりの部分。

㉗脇縫い（わきぬい）
着物の両脇にある、前身頃と後身頃を縫い合わせた縫い目。

㉘背縫い（せぬい）
左右の後身頃の中央になるところを縫い合わせた縫い目のこと。「背中心」ともいう。

㉙後幅（うしろはば）
後身頃のでき上がり幅のこと。背縫いから脇縫いまでの間の裾の寸法。

㉚身丈（みたけ）
着物の身頃の丈の長さのこと。片山から裾までの長さ。

㉛後見頃（うしろみごろ）
着物の後面で、脇縫いから脇縫いまで。

着物の各部の名称

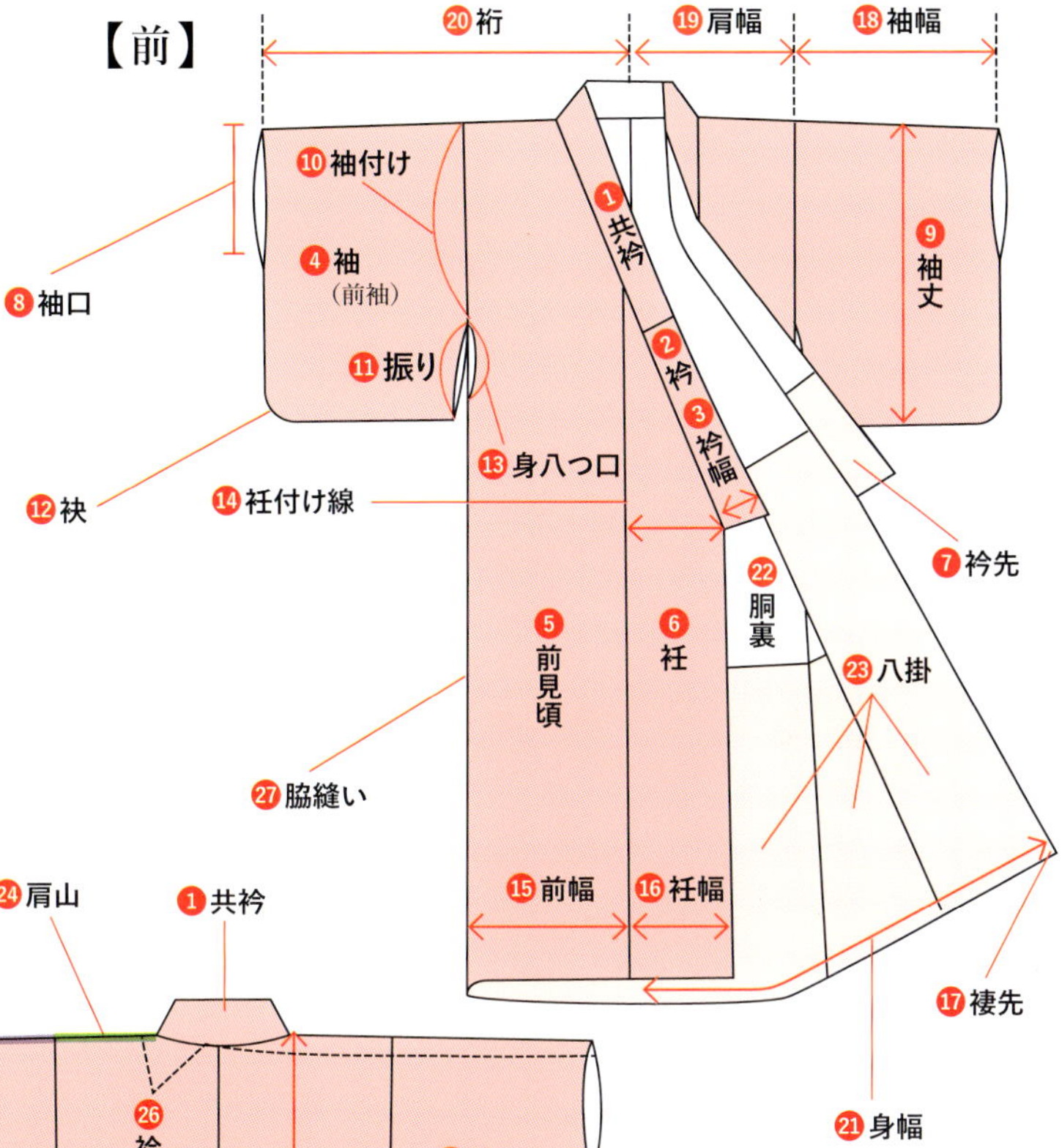
【前】
⑳裄
⑲肩幅
⑱袖幅
⑩袖付け
①共衿
⑨袖丈
④袖
（前袖）
⑧袖口
⑪振り
②衿
③衿幅
⑬身八つ口
⑫袂
⑭衽付け線
⑦衿先
㉒胴裏
⑤前見頃
⑥衽
㉓八掛
㉗脇縫い
⑮前幅
⑯衽幅
⑰褄先
㉑身幅

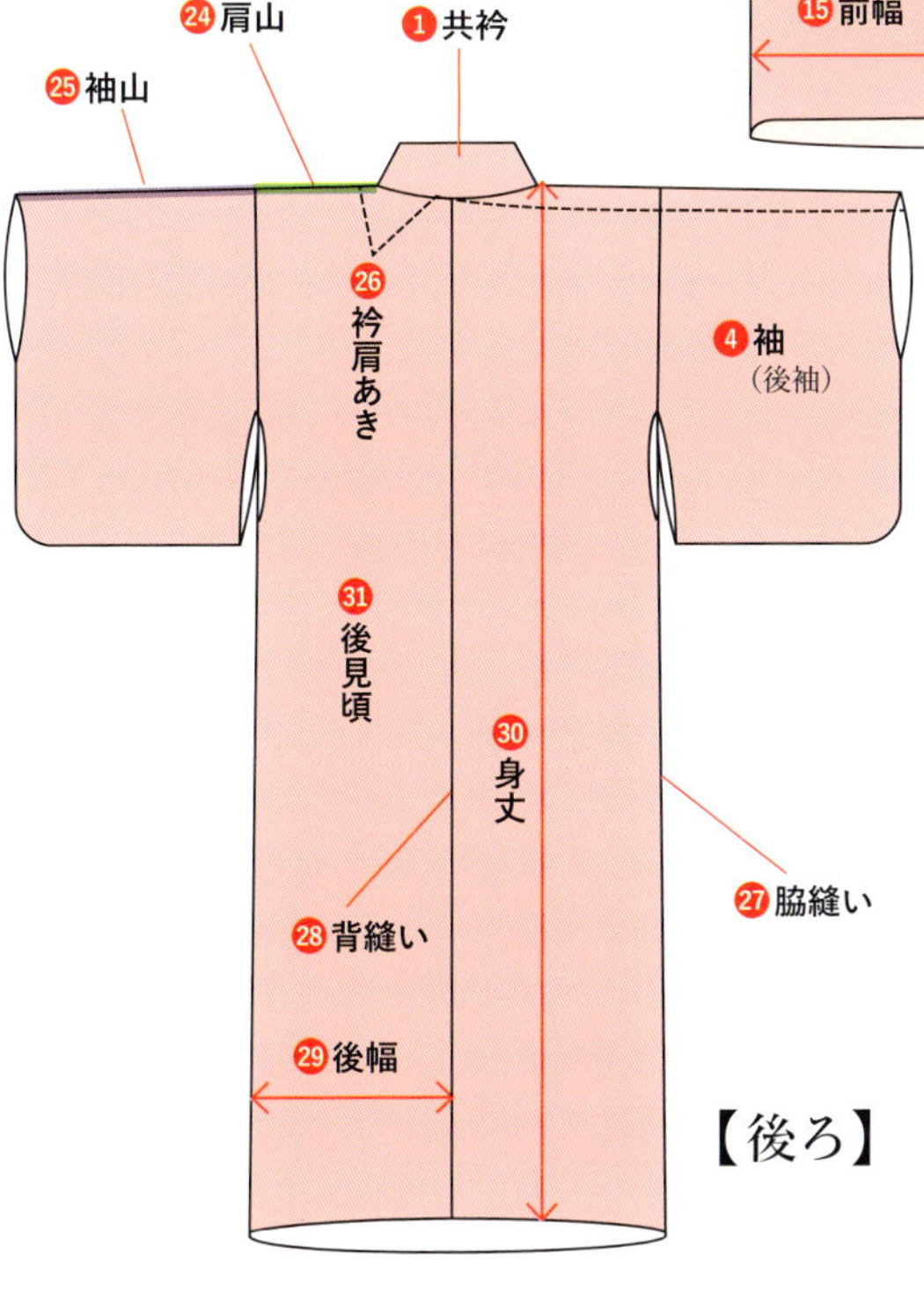
㉔肩山
①共衿
㉕袖山
㉖衿肩あき
④袖
（後袖）
㉛後見頃
㉚身丈
㉗脇縫い
㉘背縫い
㉙後幅
【後ろ】

着物姿と着物道具の名称

【前】

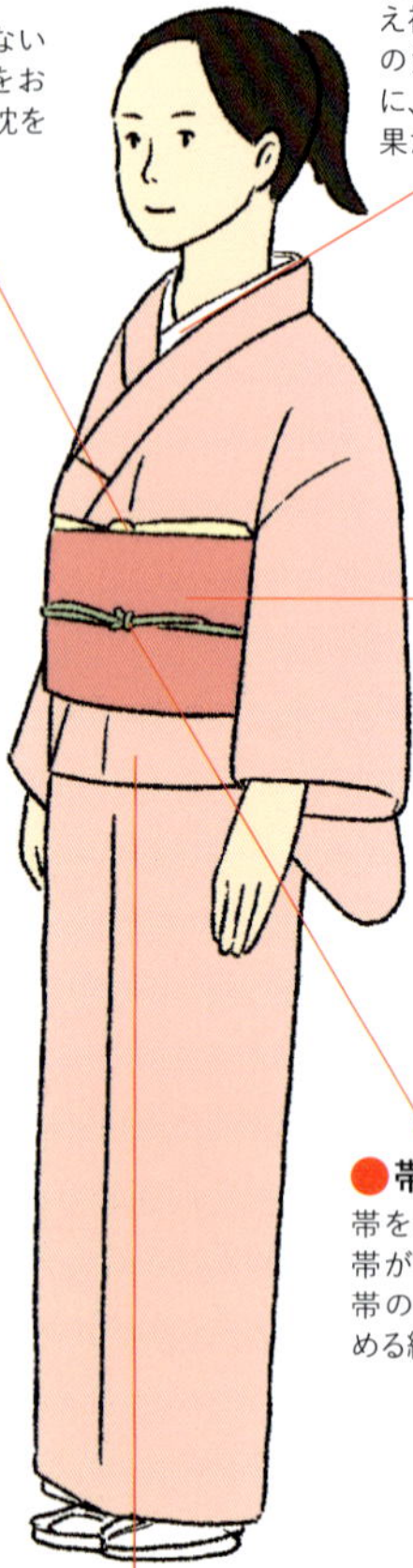

半衿（はんえり）
着物の下着である長襦袢に縫い付ける替え衿のこと。長襦袢の汚れを防ぐとともに、装飾的な役割も果たす。

帯揚げ（おびあげ）
結んだ帯の形を支え、下がらないようにする装飾の布。主に帯をお太鼓結びにする時に使い、帯枕を包んできれいに整える。

帯（おび）
着物の胴部にに巻いて結ぶことで、着物を体に固定させる幅広で紐状の装身具。

帯締め（おびじめ）
帯を着付けたあとに、帯がくずれないように帯の中央に最後に締める紐。

御端折り（おはしょり）
着物の着丈より長い部分を腰のあたりで、たくし上げて紐で締めたところ。ここで着丈を調節する。

【後ろ】

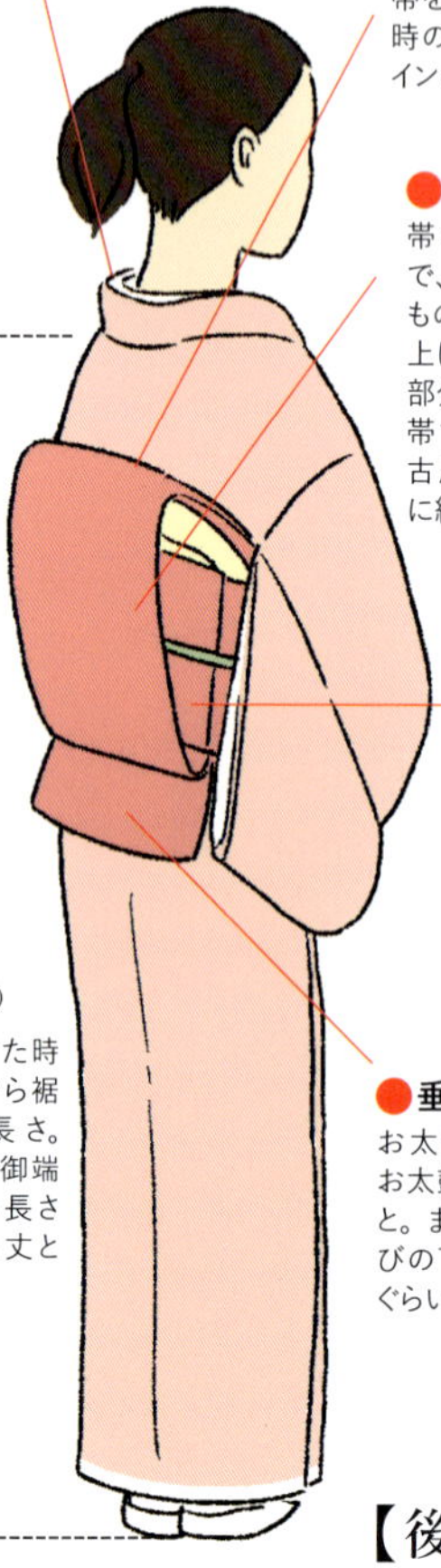

衣紋（えもん）
首の後ろの衿まわり部分。

帯山（おびやま）
帯をお太鼓に結んだ時のお太鼓の上のラインのこと。

お太鼓（おたいこ）
帯の結び方のひとつで、最もポピュラーなもの。または帯を結び上げた時、背中に出る部分のこと。丸帯や袋帯では二重太鼓、名古屋帯では一重太鼓に結ばれる。

手（て）
帯結びの際の帯の部分名称で、お太鼓に結ぶ時、「垂れ」に対して反対側の帯端を指す。

着丈
（きたけ）
着物を着た時の肩山から裾までの長さ。身丈から御端折り分の長さを引いた丈となる。

垂れ（たれ）
お太鼓を結ぶ時にお太鼓を作る側のこと。またはお太鼓結びの下端から10cmぐらいの部分。

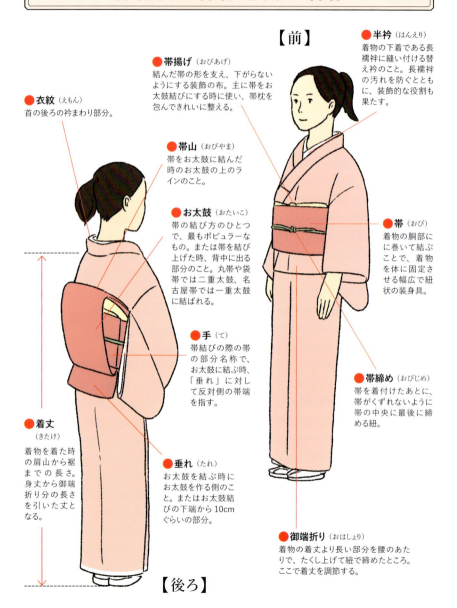

歴史・文化・伝統がわかる

時代考証家のきもの指南　目次

第一章

着物の歴史　015

第二章

着物と女性の人生儀礼

第三章

着物を知る

第四章

着物を着るための小物

第五章

季節に合わせた着物 209

第六章

着物の仕立てと手入れ 221

【 第一章 】

着物の歴史

History of kimono

長い歴史の中で受け継がれてきた日本の着物。着物にはさまざまな作法やルールがありますが、歴史を知ることでその意味がわかります。本章では着物の形や素材から袖や帯の形状などの変化を見ていきましょう。

なぜ、着物にはルールが多いのか？

❖着物の作法はどのようにして生まれた？

日本で最初の衣服のルールは、聖徳太子が制定したという「冠位十二階」で、冠の色によって宮廷内の階級を表そうとしました。そのため、自分の好みで指定された色以外の冠を被ると、重い罪になったのです。

その後、衣服は中国に見習い、そのルールを取り入れてきました。

なぜ、冠や衣服の着用にルールが生まれたのか――。

それは着ている人の身分・仕事・年齢などが一目見ただけでわかるからです。これはある種の制服のはじまりともいえます。大勢の官人が集《つど》う宮廷では一目見ただけでわかることが、とても重要でした。自分より上位か下位かで、言葉使いから挨拶の作法まで違ってくるからです。さらに、上位の職務に就《つ》きたいという上昇志向を高めるためにも、この差別化が有効でした。

この衣服の差別化は時代を経《へ》るごとに細分化され、細かい規定が生まれ、変更が繰り返されていきました。そのため、のちの世に正しく伝わらなかったり、混乱したりしました。そこで、鎌倉時代から室町時代には、ルールを文字で書き残しておこうという機運が生まれ、多くの礼法が記された本『有職故実《ゆうそくこじつ》』が書かれました。

しかし、戦国時代になると下克上《げこくじょう》が起こり、礼法は顧《かえり》みられなくなり、衰退してしまいました。

江戸時代に入ると太平の世になり、再び身分制度を構築するために、古式礼法を復活させようという機運が生まれ、多くの学者が研究するようになりました。特に礼法の中で、衣服に関する「衣紋道《えもんどう》」と所作《しょさ》に関する作法が、江戸城におけるマナーとして重要視されました。そのため大名もそれに見習い、家臣にも奨励しました。

こうして武家の間で、衣服や所作に関するマナーが浸透すると、そこに出入りする町人や、武家奉公をする女性たちから庶民に広がっていったのです。

❖女学校の作法教育

明治時代以降、男性は西洋式の洋服が仕事着となり、和服はプライベートな衣服となっていきました。しかし、女性は一部の上流階級を除くと、和服の生活が続きました。

明治中期、女子の中等学校教育がはじまると、良妻賢母を養成する目的で、着物の裁縫や礼儀作法の教育が盛んに行われるようになりました。江戸時代の武家社会で行われていた礼法が再び盛り返してきたのです。

その中に、着物に関する作法も多くありました。また、西洋式のショールやコートなど付属品に関するものも新たに加えられ、ルールはどんどん増えていったのです。

❖花柳《かりゅう》界の粋な作法と茶道由来の作法

さらに、ルールが増えていった要因の一つに、花柳界の作法があります。花柳界とは、江戸時代に盛んだった歌舞伎や遊廓《ゆうかく》の文化を継承する人たちの世界です。そこには、武家社会とは違った江戸伝統の「粋《いき》」といわれる、さっぱりとして垢《あか》ぬけて色気のある庶民の作法がありました。着物に関しても、下町を中心に「粋な着こなし」という誉め言葉があります。

もう一つ、要因をあげるなら茶道があります。安土桃山時代に千利休《せんのりきゅう》が大成したという茶道は、江戸時代にいろいろな流派が生まれました。茶道は本来、男性の文化教養であり、女性はあまり習いませんでしたが、江戸後期には武家の娘たちの習い事の一つになりました。明治時代に入ると武家階級が没落したため、茶道を習う人が減り、各流派は存亡の危機を迎えます。その時に、庶民の婦人たちに門戸を開いたのです。誘い文句が「茶道を習うと、礼儀作法が身につく」というものでした。礼儀作法には着物のＴＰＯも含まれており、茶道から生まれたルールもあるのです。

第二次世界大戦以前は、山の手は女学校教育の作法、下町は花柳界の作法、さらに茶道の作法がそれぞれ独自のルールとして存在していましたが、戦後はそれぞれが混ざり合い、識別がつかなくなっています。そのため、片方から見て正しくても、他方ではマナー違反ということもあり、着物の作法に厳密な正解はありません。ただ、どの作法でも、まわりの人に不快感を与えずに好感を持ってもらえるかが、一番大切だと思います。

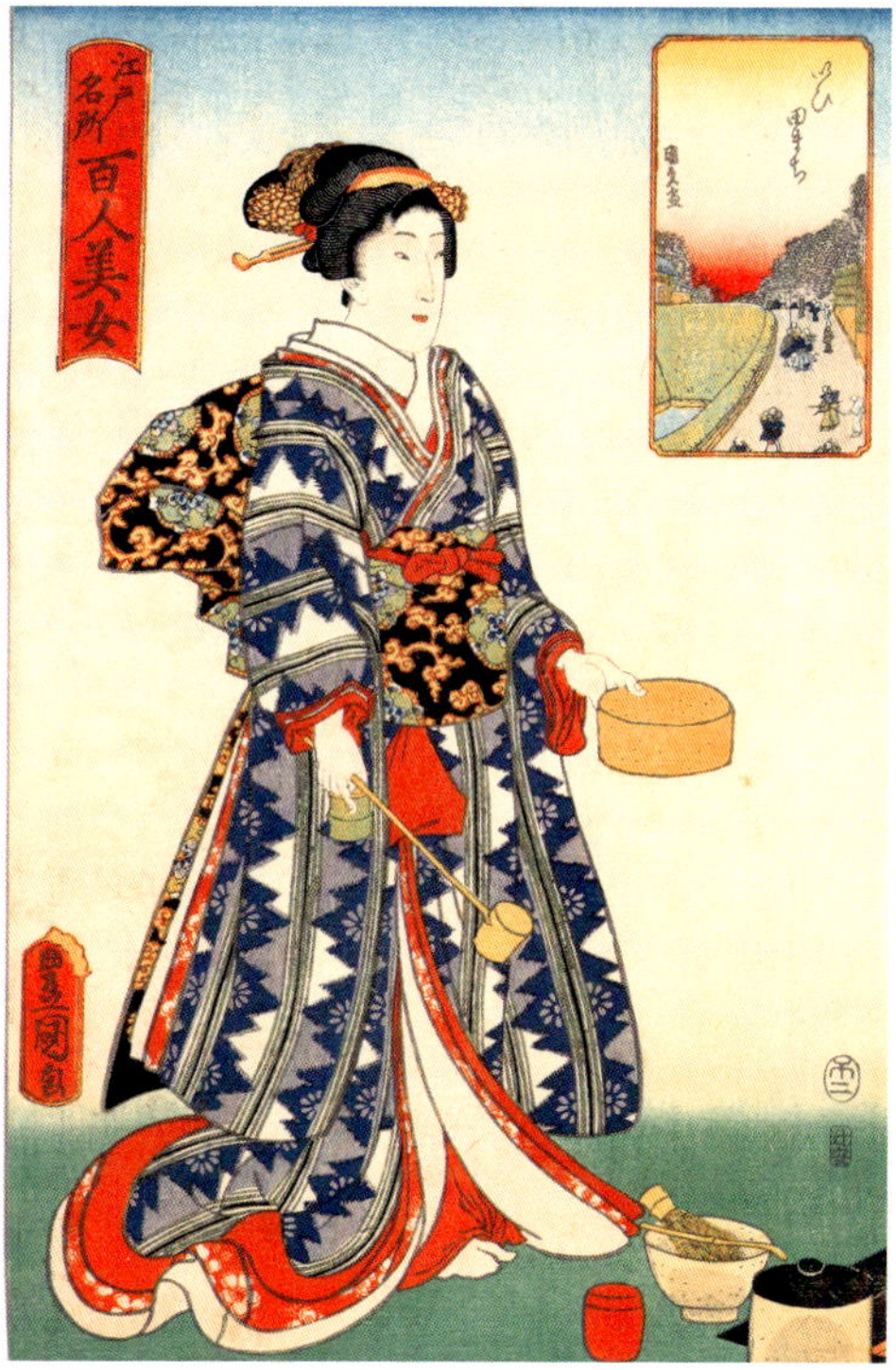

■振袖の武家娘

歌川豊国（2代）が描いた『江戸名所百人美女』「いひ田まち」です。江戸の飯田町には旗本屋敷が多く、この女性は旗本の娘です。行儀見習いとして、茶道の稽古をしています。松葉菱の菊紋の中を縞が通るという大胆な絣柄です。武家の娘はあまり絣柄を着ないので、普段着として着ているのでしょう。武家の娘の行儀作法が明治以降の女学校に引き継がれます。

（北海道立近代美術館）

着物以前 ——古代〜戦国時代

現代は洋服に対して、日本伝統の「和服」を「着物《きもの》」と呼んでいます。しかし、元々は「身に纏《まと》う衣服」を総称して「着物」と書いて、「きもの」と呼んでいました。『日本書紀』では、「衣装」や「服」と書いて「きもの」と読んでいます。

❖古代〜大陸文化導入の時代

弥生時代までは、埴輪《はにわ》などから想像すると「貫頭衣《かんとうい》」という布に頭が通るだけの穴を開けて被《かぶ》り、腰に布を巻くだけの衣服だったようです。冬には動物の毛皮を被ることもありましたが、基本的に衣服の形を成していませんでした。

3世紀に中国で編纂された『魏志倭人伝《ぎしわじんでん》』に登場する卑弥呼《ひみこ》の時代になると、中国や朝鮮との往来もあり、支配階級には大陸風の衣服が取り入れられていったと推測されます。

7世紀初頭、聖徳太子《しょうとくたいし》が中国に遣隋使《けんずいし》を派遣する時代になると、同じ文化レベルだと見栄を張るために、中国の宮廷服などを導入した可能性があります。ただし、紙幣にもなった有名な聖徳太子の肖像画というものが現存しますが、製作年代が平安時代に入ってからという説もあり、着ている衣服はあくまで想像で描かれています。

やっと、はっきりとした絵画史料が登場するのは、7世紀末期から8世紀にかけて造営されたと考えられる「高松塚古墳」の壁画です。石室の四面に埋葬者に仕《つか》えていたと想像される宮廷人の姿が描かれています。衣服のデザインが、当時往来のあった朝鮮の高句麗《こうくり》の古墳に描かれたものに近かったことから、高句麗から渡来した人々の影響が大きかったと考えられます。

■「高松塚古墳」の壁画
壁画は石室の東西北の3面と天井にあり、この女性群像は西壁のものです。裾をひいている縦縞のスカート状のものが、のちに「裳」になります。
（高松塚古墳／明日香村教育委員会）

❖唐文化追随の時代

西暦701年、日本で初めての法律集といわれる「大宝律令《たいほうりつりょう》」という法典が完成し、その中に官人が着る衣服の規定が記載されていたらしいのですが、残念ながら現存していないため、詳細はわかりません。ただ56年後の奈良時代に完成した『養老律令《ようろうりつりょう》』に記載されている「衣服令《えぶくりょう》」には、中国の唐の制度を参考に決められた衣服に関する法律があります。宮廷で着る衣服を、「礼服《らいぶく》」「朝《ちょう》服《ぶく》」「制服《せいふく》」の3種類としています。

礼服は親王、諸王並びに諸臣の五位以上の官人が元旦や即位の大礼などの時に着る衣服で、ほぼ唐風のものでした。

朝服は親王、諸王、諸臣の有位の官人が平時に宮廷に出仕する衣服。

制服は無位無冠の庶民が朝廷に出仕する時の衣服です。この中の朝服が平安時代になると、国風文化の発展によって次第に緩やかで幅広な「束《そく》帯《たい》」や「衣冠」に発展します。

男子の衣服が定められたのにしたがって、女性の内親王、女王、五位以上の女官である内命婦《ないみょうぶ》にも礼服、朝服の規定ができました。また、五位以上の官人の娘、無位の庶民の女性に対しても宮廷に出仕する場合には、制服が決められたのです。

❖国風文化展開の時代

平安時代の初期は奈良時代を踏襲《とうしゅう》していましたが、中国に派遣していた遣唐使が廃止され、唐風文化の直接の導入が少なくなった中期ごろから国風《こくふう》文化が発展していきます。国風とは、元々は「くにぶり」と読み、日本国内の地方の風俗や習慣を表す言葉でした。それが昭和40年代に中国の「唐風」に対する言葉として、日本の気候風土や生活に沿った文化という意味で「国風文化」という歴史用語が生まれました。

国風文化が起こりはじめるころ、政治の中枢を天皇の外戚《がいせき》である藤原氏が占めるようになります。それまでは中国式の宮殿「朝堂院《ちょうどういん》」で行われていた儀式が、天皇の住まいである「内裏《だいり》」で行われるようになります。朝堂院が靴を履《は》き、椅子に

なぜ？ なんで 着物のウンチク

右前・左前が生まれた理由とは？

現在は着物を着る時、相手から見て右の衽《おくみ》を上にする「右前」で着ます。この右前が決められたのが、平安時代です。それまでの日本では、高松塚古墳の壁画を見るとおり、「左前」で着ていました。

それが中国の唐で、左前は野蛮な国の習慣だという風潮があったため、それに合わせて元正《げんしょう》天皇の養老3（719）年、それまで左前（左衽）だった合わせが右前（右衽）となりました。

この変更によって、死装束が非日常的な「左前」になったようです。

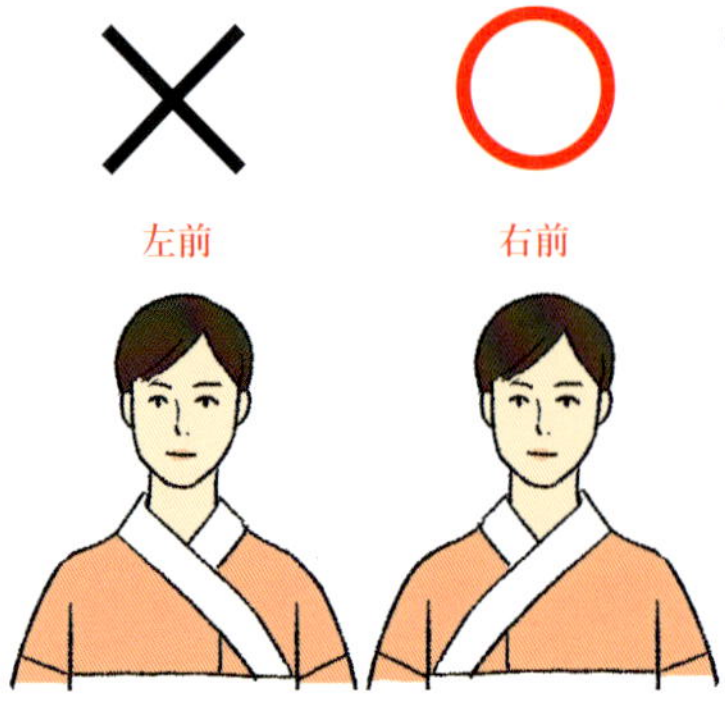

着物 用語解説

衣冠束帯

「束帯《そくたい》」とは、宮殿に昇殿する時の正装で、上着の「袍《ほう》」の腰の部分を貴重な石で飾ったバンドのような革帯で束ねたことから、この名前が付きました。

「衣冠」とは、天皇の傍《そば》に仕える官人が夜間に内裏で宿直する時に着た衣服です。冠は被っていますが、袍を束ねていた窮屈な石帯を外し、細身で固くて座りにくかった「表袴《うえのはかま》」を脱いで、裾が緩やかに膨らんだ指貫《さしぬき》を履きました。それが、政治の舞台が内裏に移るに従って、夜間に内裏で着ていたカジュアルな衣服が、昼にも着られるようになりました。そのため、一応冠を被っているので「衣冠」と呼ばれています。

さらに、下級官人の普段着であり、上級官人が狩りなどで郊外に行く時に着ていた「狩衣《かりぎぬ》」が、上級官人の普段着として着用されるようになりました。

平安時代初期に権威付けのために重量化してきた男性衣服は、中期以降には段々軽量化されるようになったのです。

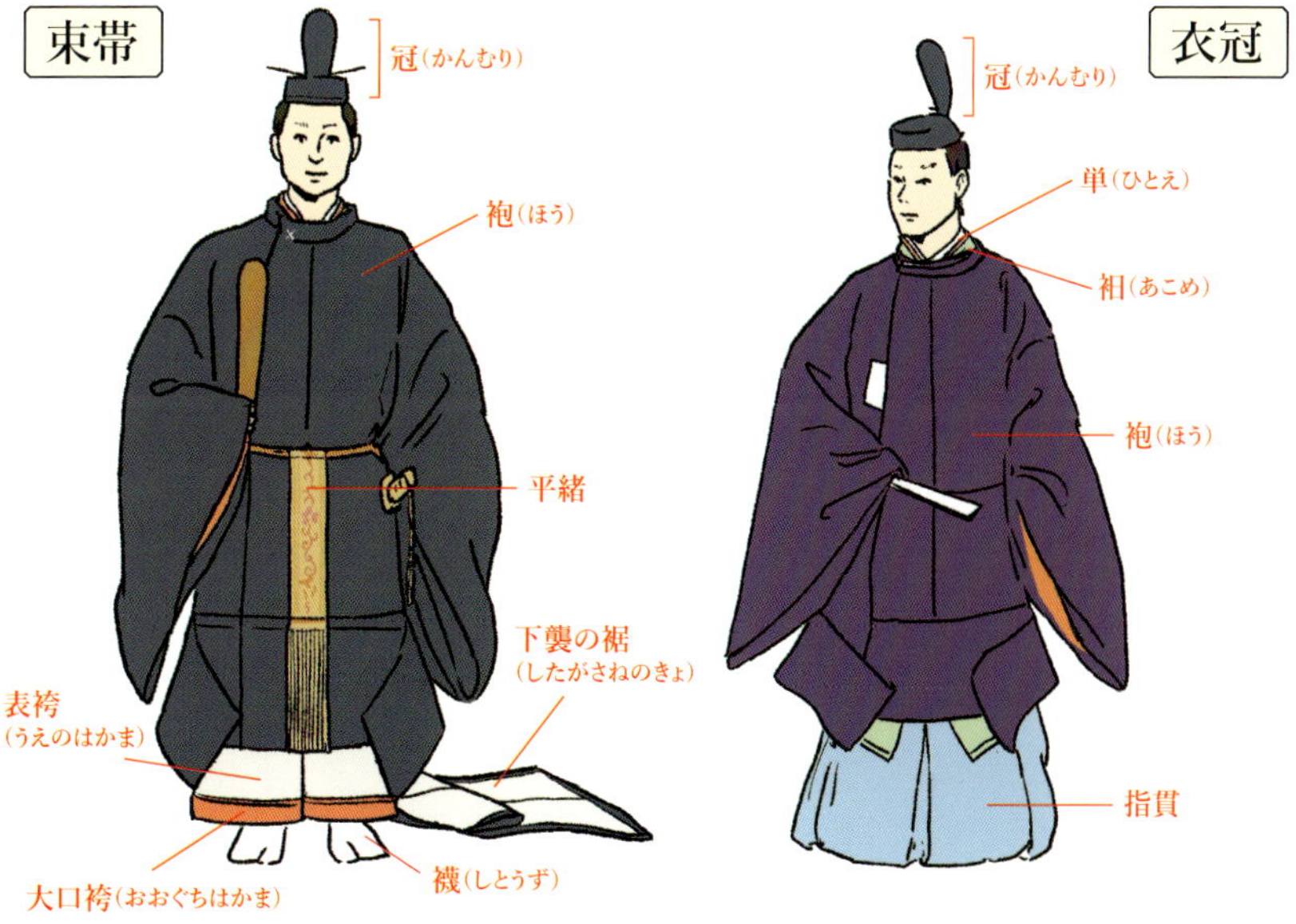

座る立礼だったのに対して、内裏は座礼でした。そのため、動作も座って行うことが多くなり、それに合わせて、衣服も幅広でゆったりとしたものに変わっていきました。

また、天皇の内裏には后《きさい》に仕える大勢の女房（女官）がいたため、女性の感性による、美しい色彩と柔らかく穏やかな造形の組み合わせが求められました。

それに伴って、『源氏物語』に代表される藤原氏の全盛期には、男性は衣《い》冠《かん》束《そく》帯《たい》、女性は現代「十《じゅう》二《に》単《ひとえ》」と呼ばれている「唐《から》衣《ぎぬ》裳《も》」姿になりました。十二単は重ねている枚数が多いことを表現した俗称で、実際に決まりはありません。鎌倉時代にできた言葉のようです。

「唐衣」は奈良時代に唐から伝わった上着で、「裳」は下半身に巻いていたロングスカートのようなものです。最初は下半身を全部被っていましたが、歩きにくいため、この時代には前を省いて後ろだけにして、裾を長く引いていきました。

唐衣裳（からぎぬも）

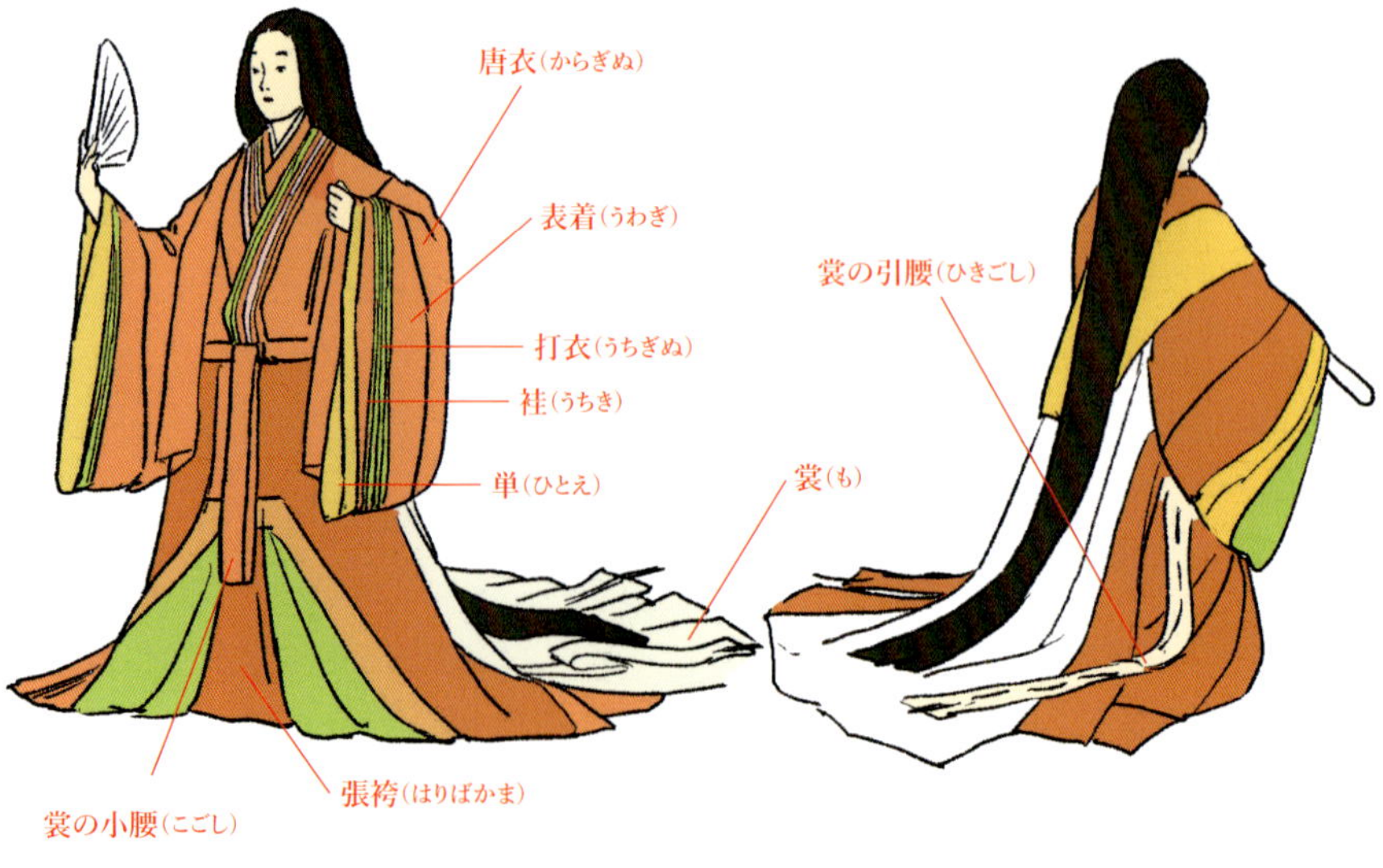

着物のことを「衣裳《いしょう》」というのは、この「唐衣裳」から「唐」を抜いた言葉です。

唐衣、裳ともに、天皇の御前に出る時などには必ず着用していたので、宮廷に仕える女房（女官）たちの正装となりました。

唐衣裳は同じ女官でも、天皇や后にどれだけ近く奉仕するかで変わりました。天皇や后に直接会える立場の女官は常に正装の「五衣《いつつぎぬ》唐衣裳」です。「五衣」とは、表着と単《ひとえ》の間に着る「衣」のことで、何枚も重ねているので総称して「五衣」と呼ばれています。重ねる枚数は、身分や季節などで変わるため、決まりはありませんが、重ねるほど豪華

着物
用語解説

十二単

■皇后の十二単（五衣唐衣裳）

令和の「即位礼正殿の儀」での皇后雅子様の十二単です。大正天皇即位の時に制定された様式です。唐衣には皇后だけが許される白を使い、衿には萌黄色を配して明るい感じになっています。上着には雅子様のお印であるハマナスの模様が織り出されていました。

（写真提供：時事フォト）

現代、天皇即位などの宮中儀礼で女性皇族や高級女官が十二単を着用されている映像を拝見します。しかし、この十二単は平安時代から時代ごとに変化してきました。そこで、大正天皇の即位の時に時代に合わせて詳細を制定し直しました。そのため、同じ十二単でも平安時代とは少し違うようですが、元の平安時代の詳細が不明のため、その違いはわかりません。

十二単を実際に着ると15～20kgぐらいになります。平安時代の糸は現在よりも細くて軽かったという説もありますが、それでも相当重かったことは確かです。そのため、着慣れない現代の女性皇族のために、見えないところでは、かなり軽量化の工夫がされているようです。

に見えるため、多く重ねる女性もいたようです。そのため、5枚を上限にするように規制がたびたび出されたために「五衣」といわれるようになりました。

5枚重ねたことをわからせるために衿・袖口・裾で、違う色の衣を少しずつずらせて着用します。その時に見える色の組み合わせが「かさね色目《いろめ》」といわれます。その組み合わせは千差万別で限りがありませんが、平安時代の人たちはそれぞれの組み合わせに四季折々の自然の風情から名前を付けて楽しみました。

時には唐衣を外すこともありましたが、裳は絶対だったようです。なぜなら、裳の小腰は五衣の上から結び、五衣の前が開くのを防ぐ、帯のような役目があったからではないかといわれています。

❖武家文化萌芽の時代

平安時代後期になると、それまでの藤原氏による摂関政治が衰え、天皇を退位した上皇や法王が政治の中枢になる院政がはじまります。また、それに伴って武家の力が増大していきました。武家

■かさね色目の袖口と裾

国宝『源氏物語絵巻』の一部です。4人の女性たちが室内で寛いでいる姿のため、唐衣と裳は外されています。袖口や裾には、それぞれ違う「かさね色目」の五衣が描かれています。

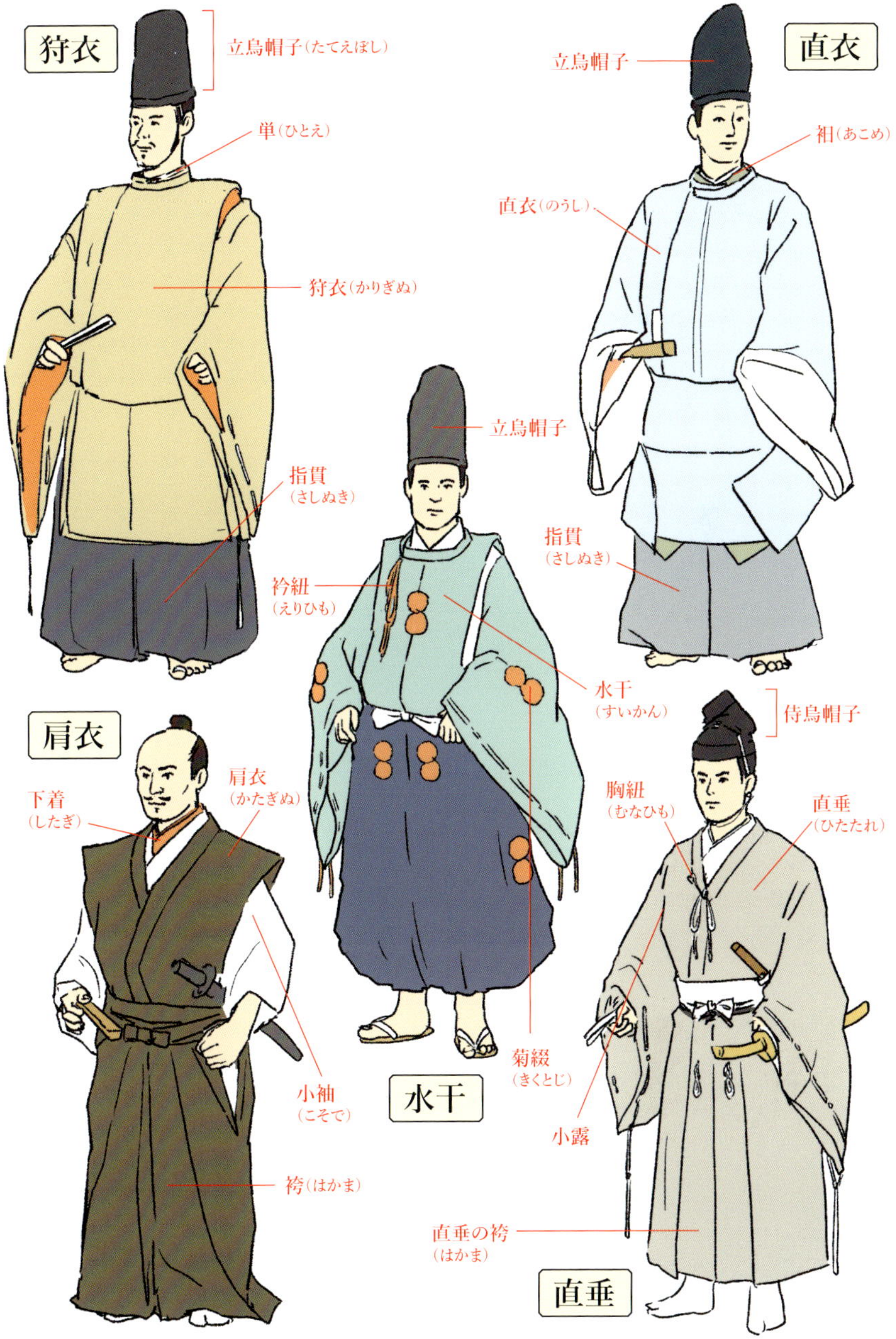
狩衣
立烏帽子（たてえぼし）
単（ひとえ）
狩衣（かりぎぬ）
指貫（さしぬき）
直衣
立烏帽子
衵（あこめ）
直衣（のうし）
指貫（さしぬき）
水干
立烏帽子
衿紐（えりひも）
水干（すいかん）
菊綴（きくとじ）
肩衣
下着（したぎ）
肩衣（かたぎぬ）
小袖（こそで）
袴（はかま）
直垂
侍烏帽子
胸紐（むなひも）
直垂（ひたたれ）
小露
直垂の袴（はかま）

の多くは地方に拠点を置き、日常の活動も活発だったため、衣服は公家よりもカジュアルな「水《すい》干《かん》」を好み、着方も裾を袴の中に着込んで活動しやすくしました。また、朝廷や摂関家を警備するために上京していた武家も、鎧の下に着る装束だった「直垂《ひたたれ》」を日常着としました。

源頼朝が鎌倉に幕府を開き、本格的な武家の時代がはじまります。

公家は武家に荘園を奪われたため、経済基盤が弱くなり、衣服も簡素化していきました。朝廷に出仕する衣服も衣冠からカジュアルな「直衣《のうし》」となり、さらに場合によっては「狩衣《かりぎぬ》」でもよいということになっていきました。

反対に政権を取った武家は、宮中に参内《さんだい》する場合は官位相当の束帯・衣冠などを着用しましたが、日常は狩衣を正装とし、水干が略式正装、直垂が平常着になりました。さらに直垂は生地が絹織物の豪華なもので仕立てられ、正装として格上げされるようになりました。また従来からの麻の直垂

■大袖・小袖

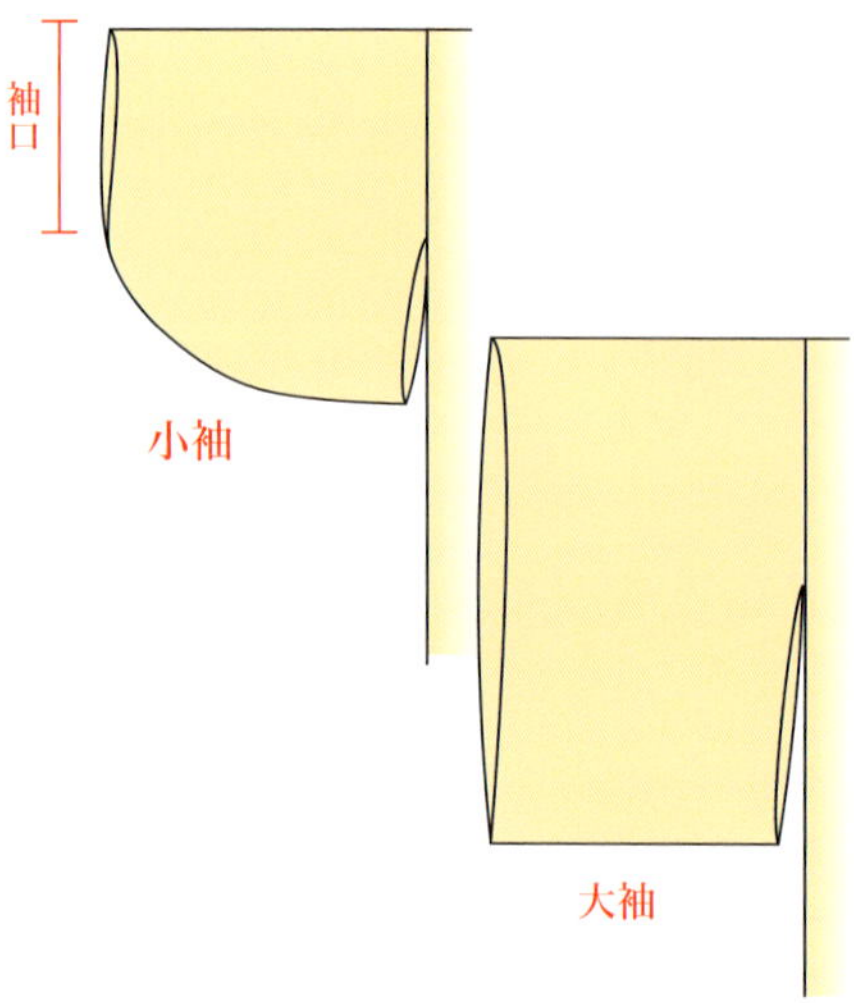

■五衣小袿

袿よりひとまわり小さく仕立てたもので、唐衣の代わりに五衣の上に羽織りました。室町時代になると、五衣も省かれて単の上に直接小袿を着るようになります。

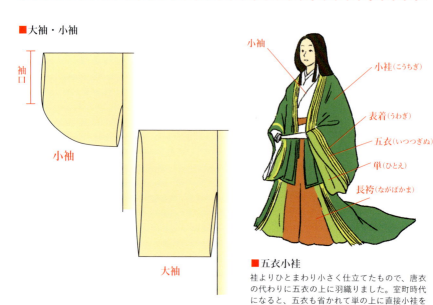

は、大きな家紋を染めた「大紋《だいもん》」と、大紋の胸元の組紐を革紐にした「素襖《すおう》」などのバリエーションが増えました。

応仁の乱がはじまり、日常的に戦闘が行われる可能性が出てくると、武家の衣服はより簡素化されていきます。素襖の袖をとった「肩衣《かたぎぬ》」は、その後「裃《かみしも》」に発展しますが、この時代には極略式の衣服でした。さらに袖はそのままに、脇を縫った「胴服《どうふく》」が生まれ、これが後《のち》に羽織《はおり》や半纏《はんてん》に変化していきます。

❖下着が着物になる時代

公家の女性たちも男性の経済的地位の低下に伴って、衣服は簡素化されていきました。奈良時代から続く唐衣や裳を略し、代わりに袿を少し小さくした「小袿《こうちぎ》」を着るようになりました。

公家に代わって政権を取った武家の女性たちは、初期には京の公家の女性たちの真似をしていまし

■安土桃山時代の庶民の小袖姿

❶**小袖**：この時代は木綿が普及していないため、麻の「帷子」が多かった（159ページ参照）。

❷**かけ湯巻**：本来は貴人の湯殿奉仕をする女官が汚れ防止に巻いた布で、のちに他の作業の時にも使われた。

■安土桃山時代の武家の打掛

❶**打掛**：形は小袖と同形だが、小袿を意識して丈は長い。

❷**小袖**：この時代は前の時代を意識して白地が多かった。

❸細帯を胴前で結び、垂らしている。

たが、地方で暮らすため、より動きやすく簡素な衣服が好まれました。そこで登場したのが、小袿の下着として袴の内側に着ていた「小袖《こそで》」です。

小袖とは、袖丈が短いという意味ではなく、袖口の大きさが腕を通すだけの小口だという意味です。反対に「大袖」というのがあります。十二単の五衣のように袖口をまったく縫わずに開けたままの袖で、男性の装束の上着もすべて大袖でした。

大袖は袖口から風が入るので、夏は涼しいですが冬は寒いです。そこで、大袖の下に袖口を小さくした小袖を着るようになりました。

小袖は袴の内側に下着として着たので、男女とも色は白が基本です。しかし、その袴も動きにくいというので、室町時代には脱いでしまいました。そうなると、全身白の下着姿となってしまいます。そこで、この小袖に色や柄を付けることで、表着の役割を持たせることにしたのです。

当時すでに庶民は、男女ともに動きやすい小袖形式の衣服を着ており、柄や色を染めて紐状の細帯をしていました。

室町時代は、日本の織物や染色の技術が向上した時代です。そのため、美しい生地が生産できるようになり、それを活かした衣服が女性たちに愛用されるようになります。

安土桃山時代になると、上級武家の女性が正装の小袿に代わって、「打掛《うちかけ》」という小袖と同じ形の衣を着るようになりました。生地は当時活発になった海外貿易で入手した明の高級織物やそれを真似た西陣織が「唐織」と呼ばれて人気でした。

江戸時代に入ると、上級武家の女性は前代の小袖に打掛というスタイルを踏襲しますが、庶民は小袖が表着《うわぎ》となり、「着るもの」の代表になったため、小袖を「着物」と書いて「きもの」と呼ぶようになったのです。

着物の発展 ——江戸時代〜令和

江戸時代に入ると、日本各地に都市が形成されていきます。特に「天下の台所」と呼ばれ、全国から米が集まった大坂、徳川家康が幕府を開き、参勤交代で大名が集まった江戸は、経済の中心地として栄え、豊かな商人が出現し、その財力を使った新しい着物の文化が生まれました。

❖江戸前期

江戸時代の前期には、応仁の乱で衰退した京の西陣《にしじん》などの絹織物が復活し、大坂は室町時代後期から西日本で栽培が盛んになった綿花が多く集まるようになりました。

それらを一手に商った京・大坂の商人たちは、自らの好みを反映した製品を作り、全国に販売しました。その好みに大きな影響を与えたのが、京都の六条柳町や大坂の新町にあった遊廓の遊女たちでした。遊女たちは豪華絢爛《けんらん》な桃山文化を受け継ぎ、着物の模様も全身に広がるような大胆なデ

■「遊里の女」
「洛中洛外図」（舟木本）の中に登場する遊里の女たちです。客寄せのために、手に笹や花を持ながら、通りで踊っています。派手な色と大柄の模様が目を引きます。

ザインで、帯も着物のデザインを邪魔しない細い帯でした。中には「名護屋帯」（46ページ参照）と呼ばれた組紐状のものも流行りました。

同じころ、江戸では江戸城築城のために全国から集められた工人や、幕府の政策で取り潰しになった大名の浪人が大勢いました。そのため、とかく喧嘩《けんか》が絶えず、その世相を反映した「男達《おとこだて》」という気風が生まれたのです。それを体現したのが武家の「旗本奴《やっこ》」と、町人の「町奴」です。その異様ともいえる派手な姿は「伊達姿」といわれ、その姿をした者を「かぶき者」と呼んで、若い人たちのスターとなっていきました。

江戸前期はこれら京・大坂の遊女たちと、江戸のかぶき者が織りなす趣向が着物に大きく反映された時代でした。

❖江戸中期

江戸時代の中期になると、参勤交代で江戸屋敷

旗本奴

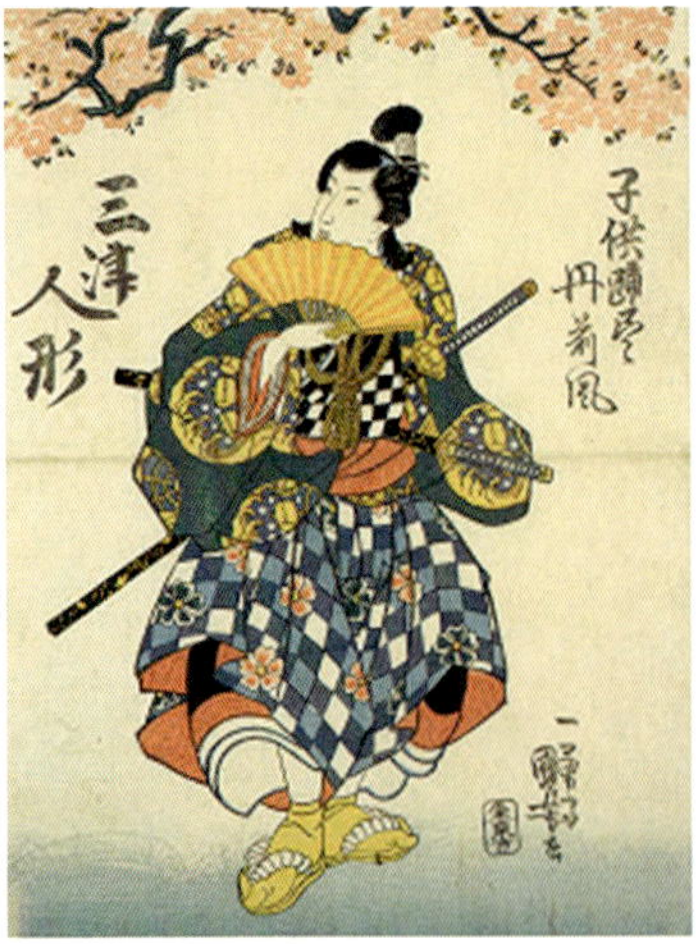

町奴

■丹前奴（たんぜんやっこ）

歌川国芳の歌舞伎絵で、江戸前期に成立した「丹前もの」といわれる舞踊です。神田にあった「丹前風呂」に通う伊達姿の旗本奴と町奴を模したものです。のちに裾や袖口に厚く綿を入れたこの形が、冬の防寒着の「丹前」になりました。

に暮らす大名の家臣団を含めると、江戸の人口は１００万人を超え、巨大な消費都市が生まれました。そのため、京や大坂の商人たちが江戸に出店《でみせ》を持ち、大量の衣服やその素材となる布を売りさばいたのです。初めは京・大坂で生産された製品が、京から江戸に下った品という意味で「下りもの」と呼ばれて喜ばれました。

しかし、江戸中期になると、江戸独自の好みが生まれてきました。

そのリーダー的存在が歌舞伎と吉原遊廓です。歌舞伎も吉原もそれまでは京・大坂の真似だったものが、この時代になると、江戸独自の好みを反映したものになってきました。それに伴い、庶民もその好みを受け入れて、「江戸っ子」の好みが確立したのです。

ファッションでいえば、男性は「本多髷《ほんだまげ》」という繊細な遊び人風を気取った細い髷を高く結う髪型が流行りました。

着物も遠くから見ると無地に見えるほど小さい小紋の着物を、「ゾロリ」と称されるくらい丈を長くして、しまりのない着方をしたのです。羽織の丈も着物と同じくらいに長くしたのが流行りました。

■五代目市川団十郎とその一家

鳥居清長が描いた江戸中期の歌舞伎役者・5代目市川団十郎と、のちに6代目なる息子の七五三の3歳のお宮参りの様子です。団十郎の髪型は当時流行していた本多髷で、羽織の丈も長くしています。女性たちも灯籠鬢の髪型で、帯幅も広く、着物の裾はたくし上げて、抱え帯でしっかり締めています。

Photo © RMN-Grand Palais (musée Guimet, Paris) / Harry Bréjat /distributed by AMF-DNPartcom

それに対応して、女性たちも、「灯籠鬢《とうろうびん》」と呼ばれる左右を大きく張り出し、中側が透けて見えるような髪型にしました。

着物も男性が丈を長くしたように、裾を引きずるような着方をし、袖も長くしたのです。着物の裾が長くなると、外出時には裾を汚すので、着物をたくし上げて紐で締めるようになります。この紐を「しごき」または「抱え帯」（179ページ参照）と呼び、現代の着物を着る時の「御端折《おはしょ》り」の原型となりました。

❖江戸後期

江戸時代の後期になると、男性は度重なる贅沢禁止令によって、目立たない小紋か縞模様ばかりを着るようになりました。そこで表地は地味なものを着るかわりに、外から見えない裏地や襦袢《じゅばん》を派手にして着るというオシャレをするようになりました。

■江戸褄の着物
歌川豊国（2代）が描いた『江戸名所百人美女』「阿寿かやま」です。江戸の飛鳥山に花見に来た女性で、家紋と裾模様に三味線の流派の杵屋一門の紋を描いています。色数も少なく江戸っ子好みの「江戸褄」です。帯も同系色を合わせて、すっきりとまとめているのが、さらに粋な感じがします。
（北海道立近代美術館）

女性も男性同様に贅沢が禁止されていたため、着物の模様がそれまでの総柄から、模様が目立たないように段々位置を下げて裾近くにしました。上半身は無地、腹部は幅広の帯、裾に柄という「裾模様」の着物が登場したのです。これを江戸っ子の好みで作ったというので、「江戸褄《えどつま》」と呼びます。帯は上半身が地味な分、幅が広がって、結び目も大きくなりました。極端に大きくなった結び目には、解けたり、ずり落ちたりしないために、「帯締め」（190ページ参照）を使うことも、このころはじまりました。幕末には、日常は小紋か縞柄、晴れ着には裾模様を着るということが一般に行われるようになりました。

❖明治・大正・昭和の前期

明治時代に入っても、着物の好みは江戸時代を引き継いでいました。ただ外出する時に、それまで、抱え帯でたくし上げていた着物を、最初からたくし上げて「御端折《おはしょ》り」をする着方になりました。

帯も現代に多く結ばれている「お太鼓結び」（192ページ参照）をする女性が多くなり、晴れ着の帯結びとして普及しました。それに伴い、お

■**銘仙の羽織**
鞠、水仙、椿、橘、竹というお正月らしいの模様が織り出されていることから、若い女性がお正月の晴れ着として着たものと思われます。

太鼓結びに必要な「帯揚げ」（192ページ参照）と「帯締め」も普及し、現代と同じ着方が定着したのです。

大正時代になると、若い女性の着物の模様がカラフルな総柄になりました。これは「銘仙《めいせん》」という明治時代から生産がはじまった化学染料で着色した糸を機械織りしたもので、安価に販売されたため、爆発的に流行したのです。

昭和10年代に入ると、日中戦争の初戦がはじまり、軍事物資優先のため着物の生産量が落ち、昭和15（1940）年には、豪華な着物の販売が禁止され、男性は国民服、女性はモンペ（77ページ参照）という時代に突入しました。

❖昭和後期から令和

第二次世界大戦が終わって、女性の洋装化が一挙に広がります。しかし、昭和30年代に入ると、生活にゆとりが出た人たちが、「晴れの日にはやはり着物を着たい」と思うようになりました。

このころ、子どもの入学式や卒業式に母親が黒の「絵羽織《えばおり》」（90ページ参照）を着たり、成人式に振袖（70ページ参照）を着る女性が増えました。

さらに、これまで普段着だった「結城紬」や「大島紬」がオシャレ着として人気が出たりして、TPOごとに着物を購入するようになり、生産量も販売量も増えていきました。

しかしこれは長い着物の歴史でみれば、一時の徒花《あだばな》だったようで、購入しながら、そのまま箪笥《たんす》の肥やしになってしまった着物が多いのも事実です。

令和になり、成人式を迎える女性のほとんどが振袖を着ることや、夏の花火大会に浴衣を着る若い人たちが増えていることを見ると、再び着物が見直される時代になったのかもしれません。

できれば、これを機会に人生の折々で迎える「人生儀礼」（二章）の場で、着物を着て楽しんでほしいものです。

■大正時代の着物

大正時代ころまで、晴れ着には江戸時代の伝統を継承するものがありました。着物（表着）の内側に、もう一枚着物（間着）を重ね着して格式を上げるのです。これが現代の留袖の「比翼仕立て」に継承されます。ただし、同じ着物では厚くて重いので、「胴抜き」という背中部分を裏地だけにする工夫がしてあります。また、表地は無地でも、裾裏に模様を入れて、裾捌きの時に一瞬見えることもしました。これは現代では八掛（223ページ参照）に模様を入れることに通じます。間着の裏にも表着と同じ「水仙」の模様が入っています。

ちょっと一服 箸休めコラム

天皇の黄櫨染御袍《こうろぜんのごほう》

❖太陽の色を示す「黄櫨」

平成から令和への天皇の代替わりに伴う諸儀式の場面で、天皇が着用する束帯《そくたい》の色が一般の神官などが着る黒や白の束帯とは違うと度々話題に取り上げられました。

この時に天皇が着ていたのは「黄櫨染御袍《こうろぜんのごほう》」と呼ばれるもので、「黄櫨」とは櫨《はぜ》の樹皮から抽出される黄色の色素と、蘇芳《すおう》の幹の心材から抽出される赤系の色素によって染め出される色で、「赤みがかった黄色」のことです。また「袍《ほう》」とは、中国から伝来した「衣服」のことで、古代から宮中で着る礼装用の衣服の名称です。天皇の衣服なので尊敬語の「御」を付けています。

つまり「黄櫨染御袍」とは黄櫨に染められた生地で仕立てられた天皇の衣服という意味です。

では、なぜ天皇は黄櫨という特殊な色の衣服を着るのでしょうか。

古代の日本は国家制度を整える段階で、その多くを中国から学びました。天皇制も中国の皇帝を模したといわれています。その中で、皇帝や臣下の衣服についても、そのまま導入したものや改良しながら着用したものがあります。

黄櫨染御袍は、唐の時代に黄色の「赭黄」が皇帝専用の色に決められていたのを受けて、日本でも平安時代初期の弘仁11（８２０）年に、同じ黄色系の黄櫨を天皇専用の色に指定したのです。これ以降、黄櫨は天皇以外には着用できない禁色となりました。

なぜ、黄色かといえば、真昼の太陽の色だという説があります。それを日本ではあえて赤系を足したのは、中国皇帝への遠慮でしょうか、それとも日本人の美意識でしょうか。

ただ、天皇といえども日常から黄櫨染御袍を着ていたわけではなく、儀式などの特別な日に着用していました。まさに今回のような特別な儀式にふさわしい衣服といえるでしょう。

❖皇室も西洋式に

現代の宮中儀式の多くは、男性なら燕尾服、モーニング、タキシード、女性ならローブ・デコルテ、ローブ・モンタント、アフタヌーンドレスという西洋式になりました。

天皇が「黄櫨染御袍」、皇后が「十二単」正しくは「五衣唐衣裳」を着て、国賓の晩餐会に出席していては、一人で歩けないし、乾杯のグラスも持ち上げられないという事態になりますから、致し方ないことでしょう。しかし、皇后や女性皇族が園遊会などで着物を着ていらっしゃると、なぜかより親近感を抱《いだ》きます。

皇室が日本の象徴であり続けるためにも、皇族の方々には、もっと着物を着ていただけるといいですね。

（写真提供：時事フォト）

着物の特徴

日本の着物の発祥の地はアジア大陸だと推測されますが、現代の着物から、中国や朝鮮との共通点を見つけるのはなかなか難しいものです。改めて日本独自の発展を遂げた着物の特徴を見てみましょう。

❖着物はフリーサイズ

洋服とは異なる着物の特徴は、前合わせにボタンや胸紐を使わず、帯だけで着用している点です。これができるのは、着物の前を深く合わせることができるためです。

古代の衣服は、前側の左右の身頃《みごろ》だけでした。そのため、前がはだけないように胸紐を付けていました。それが平安時代になると、前身頃に「衽《おくみ》」を足す工夫がされたのです。こうしたことで、前側の布幅を広げることができ、重なりが深くなったわけです。その代わりに窮屈になった胸元は斜めに切り落としてVネックにしています（実際は織り込んでいる）。また、前身頃、後身頃、衽を一枚の衿で繋ぐことで、首から胸元のゆるみを防いでいるのです。

こうした構造のため、着物は着る人が変わっても、横幅は前合わせの重なり具合で調節ができ、また丈も御端折りの部分でたくし込んで調節できます。

現代流にいえば、フリーサイズということでしょうか。おかげで、誰でも同じ着物を着ることができるのです。

何度でも新品

着物のもう一つの大きな特徴は、何度でも新品に近い状態に戻せる点です。洋服が着る人のサイズやデザインに合わせて立体裁断をするため、曲線が多く、使わないで切り落とす布が出てしまいます。そのため、その布で再び違うデザインの洋服を作るのは、大変難しいのです。

それに対して、着物は一枚の布（反物）をすべて直線で切って、一カ所も曲線で切ったり、切り落としたりしている布がありません。一度仕立てた着物を解いて繋ぐと、再び元の反物の状態に戻ります。しかも洗い張り（233ページ参照）をして、仕立て直せば、新品同様の張りのある布に戻るため、何度仕立て直しても、新しい着物のような感じがします。

収納においても、立体的に縫製された洋服とは違い、折り畳んでしまえば薄い四角い布になります。そのため、収納や運搬の時に嵩張《かさば》らないというメリットがあります。

しかも、長年箪笥の中で、眠らせておいても型くずれすることもないのです。

こうした特徴は、単に着る人だけでなく、着物の流通という意味でも大きなメリットになったのです。

■着物の名称

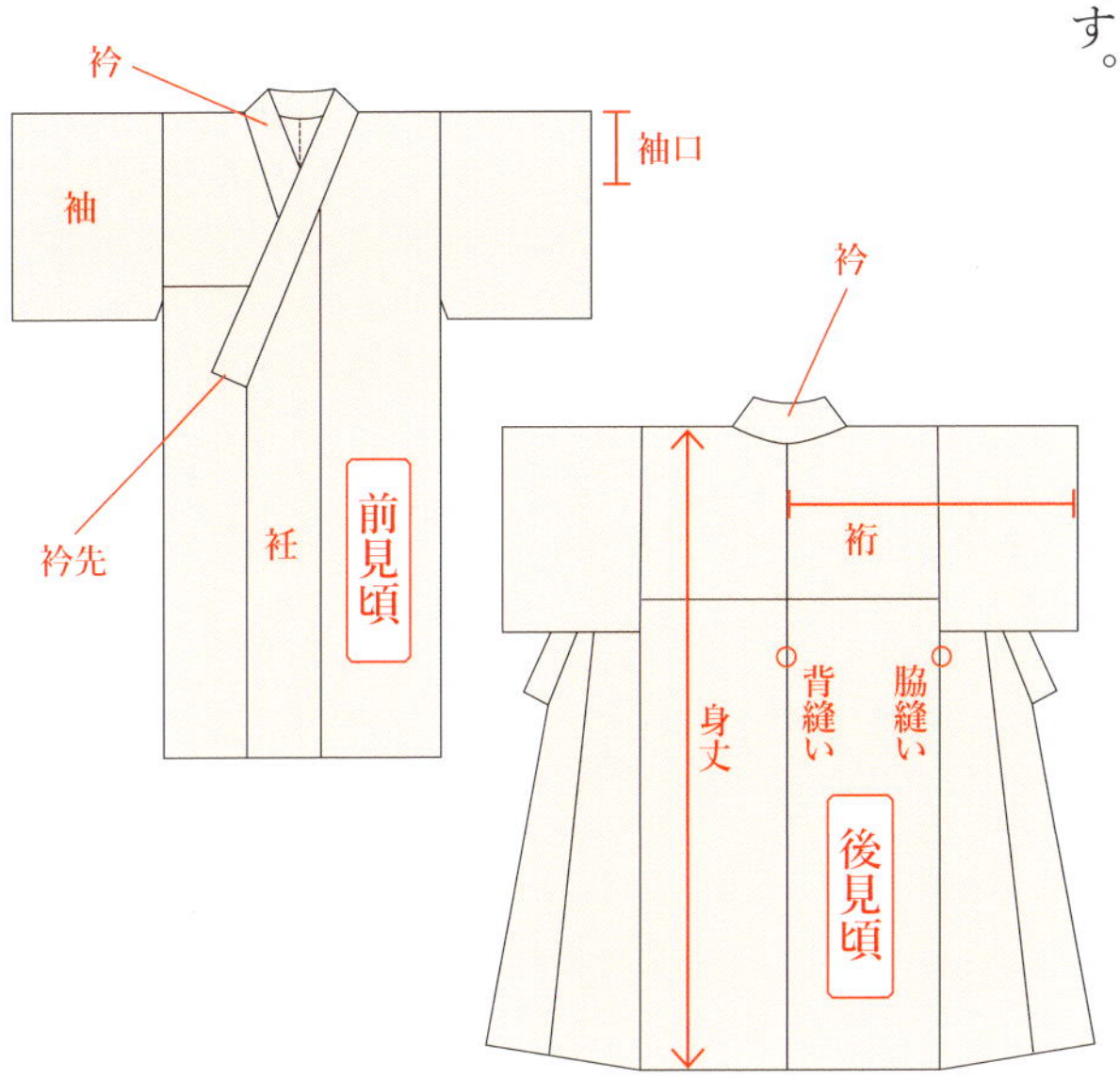

着物だけが持つ袖の形

日本の着物の形の中で、諸外国と一番異なる点が袖の形です。特に振袖には、きれいな模様が施されていて、着物をさらに優雅に見せています。しかし、動作をするのに邪魔で、汚れやすく、機能的ではありません。なぜ、着物には袖が必要だったのでしょうか。

❖着物の袖の進化と推移

【大袖・小袖】

着物の原型といわれる「小袖」は、「大袖」に対して生まれた名称ですが、単に大きさが違うだけではありません。

大袖は袖口が袖丈と同じ長さがあります。これは古代から続く宮廷衣服である「装束」の特徴ですが、現代でも赤ちゃんがお宮参りに着る晴れ着（56ページ参照）の袖は大袖になっています。また、襦袢の袖（181ページ参照）も大袖になっていますが、これは袖の中でごわつかないための工夫と思われます。小袖は袖丈が短いだけでなく、袖口を小さくしているため、外気が入りにくく、暖かい。小袖の上に、装束を重ね着しなくなった武家や庶民には、寒い季節にはありがたい衣服です。

室町時代に小袖が表着として着られるようになると、小袖の袖の形に変化が生まれます。特に、江戸時代には流行廃り《はやりすた》が起こり、その中のいくつかが現在も残っている形になりました。

【筒袖《つつそで》】

筒袖は、すべての袖の原型です。洋服の袖も筒袖です。日本では

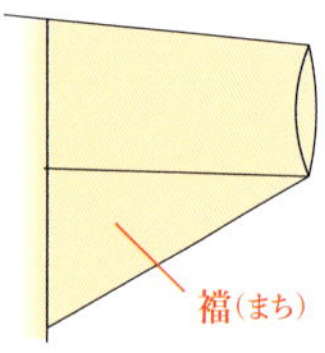

埴輪の袖に見ることができます。これが支配階級では袖丈を長くして大袖になり、下層階級では労働をしやすくするため細い筒状のままでした。のちに脇に襠《まち》を付けて動きやすくする工夫もされました。

筒袖は、昭和まで農業や漁業に携わる人たちの労働着の袖として使われました。

【薙刀袖《なぎなたそで》】

筒袖の袖丈が伸びて、脇から袖口まで丸みを持たせた袖で、その丸みが武具の薙刀の刃の形に似ているので「薙刀袖」と呼ばれました。船の底の形に似ているので、「船底袖」という名称もあります。

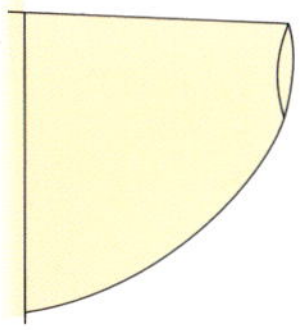

実用的な筒袖に少しオシャレな要素が加わった形で、現代でも袂《たもと》が物に触りやすい子どもや、作業する人の着物の袖として使われています。

【元禄袖《げんろくそで》】

薙刀袖の袖丈をさらに伸ばし、袖口の下部や袂《たもと》に直線の部分を残したのが、「元禄袖」です。元禄時代に流行ったので、この名前があります。薙刀袖に比べて、袖の形がふくよかになりました。

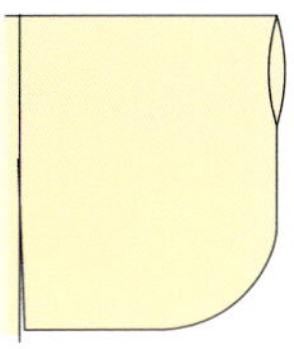

【角袖《かくそで》】

袂《たもと》の隅《すみ》に丸みを付けない袖ですが、必ずしも直角という意味ではなく、元禄袖などに対して、角張っているのでその名があります。

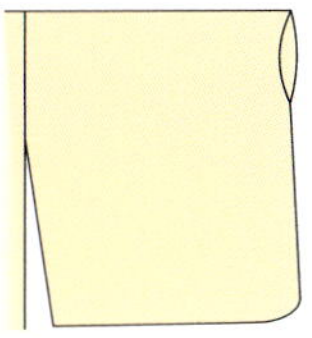

袂の丸みの直径は初期は大きかったのですが、時代が下がるにしたがって、小さくなりました。その円の大きさを決めるのに、茶碗を伏せたり、銭（コイン）を使ってラインを決めていました。

現在の着物は、ほとんどがこの角袖です。

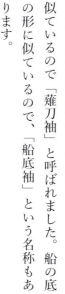

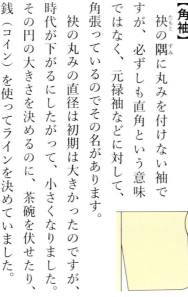

【振袖《ふりそで》】

袖丈が長い衣服は、平安時代の装束などにありますが、小袖の袖が長くなったのは、室町時代に入ってからです。初めは公家や武家の子どもの衣服として、男女ともに元服するまで着ていました。時代劇で見る殿様の太刀《たち》を持って従う小姓が、長い袖の着物を着ているのは、このためです。

女子は元服を過ぎても、結婚するまで振袖を着るようになり、現代に続いています。

振袖の袖の長さは、時代が下がるにつれて長くなり、「大振袖」といわれ、地面をする長さのものも出てきました。

振袖のもう一つの特徴が、「脇明け」です。

江戸時代初期までの小袖は、袖を身頃に全部縫い付けていました。そのため、袖が長くなるにつれて、脇の縫い付け部分が長くなり、動きにくくなりました。さらに子どもは体温が高いため、体温調節が必要でした。そのため袖と身頃の接続部分の一部を縫わずに通気孔を開けたのです。これを「脇明け」といいます。

この脇明けがあるため、袖がどんなに長くなっても、袂が自由に動くため、その袖が振れるということで「振袖」という名称が生まれました。

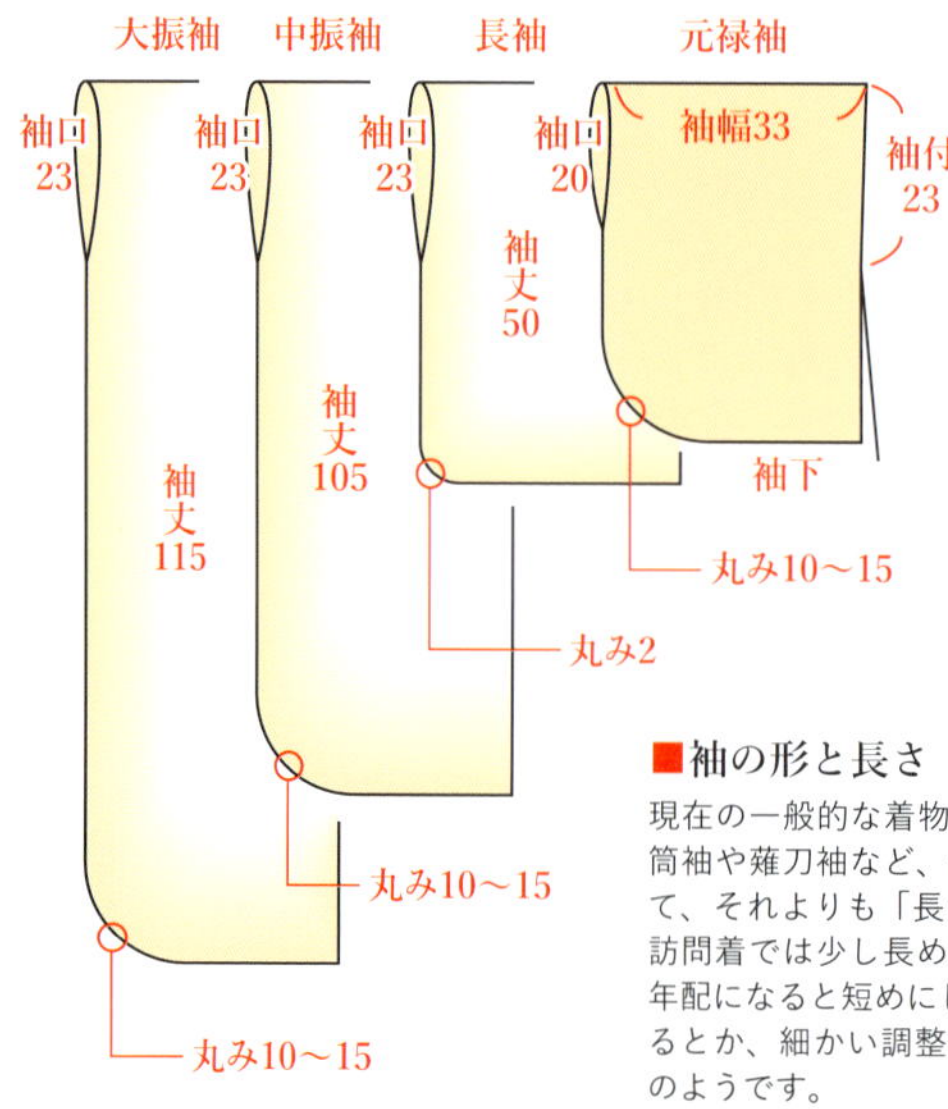

■袖の形と長さ

現在の一般的な着物の袖は「長袖」と呼ばれています。これは、筒袖や薙刀袖など、作業着としても着る着物の袖が短いのに対して、それよりも「長い」という意味です。長袖の袖丈は、留袖や訪問着では少し長めにすると格が上がるとか、若いうちは長めで年配になると短めにしたほうが着やすいとか、絹物より紬は短くするとか、細かい調整はありますが、身長の3分の1というのが目安のようです。
（図の数字cmは目安です）

着物の帯の進化論 ～縄から紐、そして帯へ

着物と帯は必ずセットのもので、着物を着ても帯を締めなければ、着物を着たとはいえません。しかし、帯の歴史は比較的遅く、最初は紐状だったものが現在のような帯になったのは、江戸時代中期以降です。なぜ、帯の幅が広くなったのかを探っていきましょう。

❖帯を締めない時代

「帯」という名称は、公家の男性が着る束帯の表衣の袍《ほう》の腰を束ねる「石帯《せきたい》」（23ページ参照）に由来していますが、女性が締める帯の発祥とは関係がないようです。

鎌倉時代までは、公家や武家は男女とも小袖の上から袴《はかま》を履いて、上に装束を着ていたため、腰で小袖を束ねる紐は、外からはほとんど見えませんでした。また、下級武家の女性たちは家事や子育てをしていましたので、袴を履かず、小袖の裾を被うために、「裳袴《もばかま》」という襞《ひだ》の付いた布を小袖の上に巻いていました。これは十二単の裳と袴が変化したものですが、これも帯は使いません。

室町時代には、裳袴の丈が段々短くなり、現代のエプロンのような状態になりました。ただこれも腰に巻いているため、これ自体が紐の役目をしていた可能性もあります。

❖縄

古代から庶民は衣服を腰で束ねるのに、縄を使っていました。素材は麻や手近にある繊維を縄にしたものです。

❖くけ紐

戦国時代に入ると、武家の婦人も庶民と同じように小袖だけを着るようになりました。そこで腰回りを束ねる紐が目立つようになったのです。しかし、この時代は帯というより、細く切った布を折り、端をくけ縫いした紐状の「くけ紐」で、幅は「一寸五分」（57㎜）くらいですから、現代の腰紐のようなものでした。

❖名護屋帯《なごやおび》

安土桃山時代の末期、豊臣秀吉が朝鮮出兵をした時代になると、「名護屋帯」と呼ばれるものが流行り出します。名護屋とは、秀吉が朝鮮出兵の時に本陣を置いた佐賀県唐津市の地名で、そこに集まった遊女たちから流行ったので、この呼び名があるようです。

朝鮮や中国から入ってきた色とりどりの絹糸を縄状に編んで、丸打ち紐にしたもので先端に装飾の総《ふさ》を付けていました。長く作って、腰に三重四重に巻いて、横で結び、先端を垂らしていました。

江戸時代に入ると、丸打ち紐から平打ち紐に変

■名護屋帯とくけ紐を締めた湯女たち

江戸時代初頭に湯屋で客の垢を流すサービスをしていた湯女たちで、男性の遊興の相手もしたため、流行りの派手な小袖を着ていました。左の女性は名護屋帯を、その他の女性はくけ紐を締めています。

わります。平打ち紐とは、後世の真田紐のようなものですが、袋打ちなので、筒状でした。使い方は違いますが、見た目は現代の帯締めのようなものでした（190ページ参照）。

❖くけ帯

「くけ帯」はくけ紐と同じように布を折って端をくけ縫いしたもので、幅が二寸（76㎜）くらいになったので、「帯」と呼ばれるようになったのでしょう。中には遊女などが三～六寸（11～23㎝）という幅の帯を締めている例もあるので、ファッションリーダーほど幅広の帯を好んだのだと思われます。長さは六尺五寸（およそ2m46㎝）くらいだったため、結び目はそんなに大きくありませんでした。

生地は絹が使われるようになり、緞子《どんす》や綸子《りんず》（綾子）などの高級な生地にいろいろな模様を染めたり、織り出したりして、見せる帯を意識しはじめました。これは応仁の乱で疎開していた京の機屋《はたや》が西陣に戻り、再興したためで、以後今日に至るまで、帯地の最高級品を生産しています。

元禄時代のころには、普通の帯幅が四～六寸（15～23㎝）になり、長さも一丈二尺（4m55㎝）くらいになりました。延伸は歌舞伎役者の上村吉弥《かみむらきちや》という女形が長い帯をだらりと下がるように結んだ「吉弥結び」が流行して、帯の長さが伸びたといわれています。

結び目が大きく垂れるようになったため、それまで前結び（前帯）だったのが、手作業の邪魔になるというので、後結び（後帯）になりました。これが帯の結び目が現代のように後ろになった理由です。

江戸中期になると、8代将軍徳川吉宗の享保の改革で、贅沢が禁止され、質素倹約が奨励されたため、帯幅が一時二寸五分（95㎜）に縮小され、生地も木綿が多く使われました。

しかし、江戸後期になると、倹約令が緩んだためか、以前にも増して帯幅が広くなり、文化期には一尺五分（40cm）にもなりました。この時期が日本の帯の歴史で一番幅が広い時期です。

明治時代以降、帯幅は少しずつ狭くなり、現在は八寸（30cm）か九寸（34cm）が一般的になっています。

和裁の寸法は「鯨尺《くじらじゃく》」を使うため、一尺が37・8cmです。

■大店の娘

江戸東京博物館で開催された「ぶらぶら町人」の登場人物。お正月の晴れ着姿ということで、振袖を着て、丸帯を平十郎結びにしています。文化～天保期を想定しているため、帯幅がとても広くなっています。

（撮影：K.KAJIYAMA ／江戸東京博物館）

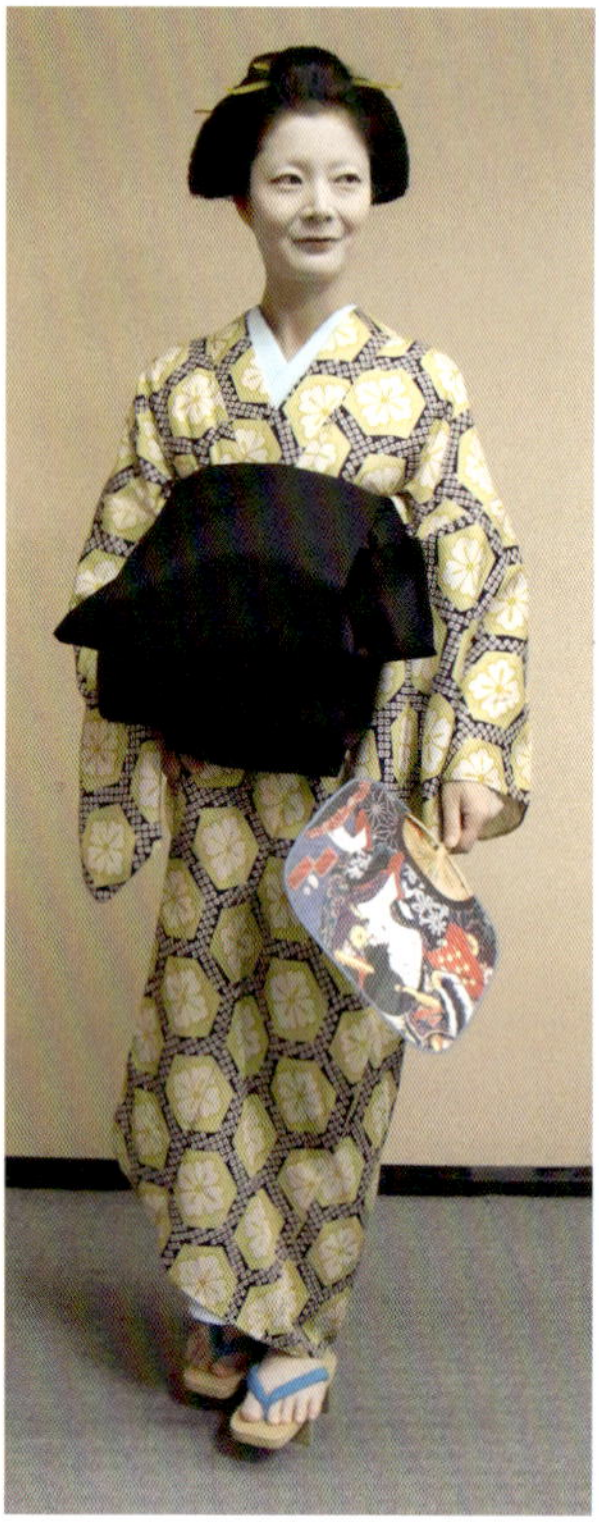

■大店のお内儀

江戸東京博物館で開催された「ぶらぶら町人」の登場人物。夏を想定して単の着物で、大柄な亀甲柄に江戸後期に流行った黒繻子（くろじゅす）の帯を、前側で結ぶ「前帯」にしています。大店の夫人のため、家事をすることがないので、古式を守って前帯にしているのです。

（撮影：K.KAJIYAMA ／江戸東京博物館）

【第二章】

着物と女性の人生儀礼

Kimono and the rites of a woman's life

現代社会では洋装が一般的になりましたが、冠婚葬祭や儀式では着物を着る機会が多いです。こうした着物を着る機会である「人生儀礼」の成り立ちをまとめました。その際に着るべき、ふさわしい着物も解説します。

儀礼ごとにどんな着物を着るのか？

❖女性は人生儀礼ごとに美しくなる

「人生儀礼」とは、人間が成長する過程に経験する「誕生」「成年」「結婚」「死亡」などで行う儀礼のことで、フランス語 rite of passage の日本語訳「通過儀礼」のことです。

日本では、これらの儀礼の間に、「お宮参り」「七五三」、学校に行けば「卒業式」、現在は少なくなりましたが、「お見合い」、結婚して子どもが生まれれば、母として子どもの人生儀礼に同伴します。高齢になれば「還暦の祝い」など長寿を祝う「賀の祝」もあります。親が死去すれば喪主や親族として参列し、その後には法事なども行われます。

日本人は昭和前期まで儀礼ごとに、その儀礼にふさわしい着物を用意して、その日を迎えました。

確かに面倒なしきたりや着物の選定がありましたが、それがうまくいけば、着ている本人は成長した自信になり、周囲の目もその成長を認めてくれたのです。

特に女性の場合は、子ども時代から着物を着る機会が多いほど、心構えや所作《しょさ》が美しくなり、大人への成長を早めるといわれています。その意味では、人生儀礼ごとに着物を着ることは、美しい大人への着実な近道です。

着物の価格は高く、なおかつ人生儀礼の着物は一生に一度しか着ないため、不経済という意見もあります。しかし、それは着物を知らないからで、買う時や選ぶ時に、その後のことを考えずにその場の雰囲気で決めているからです。着物は計画的に購入すれば、人生の成長とともに何度も着られますし、次世代にも引き継ぐこともできます。

また、「この儀礼には、この着物」という決めつけた情報に振り回されて、その都度、高価な着物を買うことも多いようです。着物には「格式」と、TPOを外さなければ、同じものをいろいろな儀礼や場面で着ることができますし、帯や羽織のコーディネートで、まったく違うイメージにもなるのです。

第二章では、女性の人生儀礼の意味や歴史を解説するとともに、それにふさわしい着物や、私の経験をご紹介したいと思います。

誕生

私たちがこの世に誕生して、初めて着る服が「産着」です。現代の産着にもさまざまな柄がありますが、それらは魔除けと子どもの成長への願いが込められています。

■産着の背守

1：梅花の形の縮緬（ちりめん）で作られた押絵細工の背守。
2 3：文結びの形に作られた背守。
4 5：飾り縫いの背守が付いた肌着。

❖魔除けの意味があった産着《うぶぎ》

現代では出産後に産湯《うぶゆ》を使い、あらかじめ用意してあった産着を着せますが、古代には両親が着古した衣服を解いて作った古布で包むだけでした。これは当時の新生児の死亡率が高く、生まれて数日は鬼がその赤ちゃんを奪いにくるので、親の匂いの付いた布の中に隠して、鬼を欺《あざむ》くという習わしでした。

ただ、古代の布は現在の産着に使われている木綿ではなく、麻《あさ》・葛《くず》・藤《ふじ》・科《しな》・楮《こうぞ》などの植物樹皮から作った繊維だったため、新生児の柔肌には硬すぎて、大人が使い込んで柔らかくなった布を使ったという理由もあります。

産着の原型は、弥生時代ごろから大人が着ていた「貫頭衣《かんとうい》」（20ページ参照）だったと考えられます。一幅の長い布の中央に穴を開けて頭を通し、前を垂直に切り裂いて、左右を打ち合わせ、胸元を紐で結ぶ形です。布が少なくて、簡単に仕立てられ、しかも乳幼児の動きが自由なので、かなり長い時代続いたと考えられます。

奈良時代になると、貴族階級では大人同様に中国の唐服の影響を受けて、脇を縫ったり、衿や袖を付けたりするようになります。ただ、現代と一番違うのは、産着の丈が身長の2倍くらいあり、そのため名称も「細長《ほそなが》」と呼ばれていました。

江戸時代になると、産着もほぼ大人が着ている小袖型になります。ただ、身体が小さく、身幅が狭いため、並幅の生地一枚で背側が仕立てられるため、「一つ身」と呼ばれました。

生地も江戸初期あたりから、国内での木綿の生産量が増えて、産着やおむつなどを木綿で作るようになります。庶民は親が着古した浴衣などで作りました。これは節約もありますが、当時の木綿が着はじめにゴワゴワして硬いので、何回か着て洗濯することによって柔らかくして、赤ちゃんの肌を傷めないためです。

江戸時代も、やはり乳幼児の死亡率は高く、親

たちはいろいろな魔除けをしました。産着に関しては、「背守《せまもり》」という風習があります。産着の背

■麻の葉の図柄の産着

歌川豊国（2代）が描いた『江戸名所百人美女』「溜いけ」です。寒い朝、母親が裸の赤ちゃんを着物の中に包み込んでいます。傍には籠を被せた火鉢で、白地に赤色の麻柄の産着を掛けて温めています。

（北海道立近代美術館）

は一枚の生地でできているため、縫い目がありません。これを、「背中に魔を除けるための目がな

■麻の葉の図柄の帯

歌川豊国（2代）が描いた『江戸名所百人美女』「湯島天神」です。文机の前に座っている少女の帯は、表面は宝相華と七宝柄ですが、裏面は赤地に白色の鹿の子絞りの麻柄です。若い女性の着物・帯・襦袢などに麻柄が多く使われました。

（北海道立近代美術館）

い」という理由から嫌い、それを防ぐために、新たに糸で縫い目を付けたのです。これが段々と装飾化していき、刺し子で縁起のよい模様を作ったり、布で作った装飾物を付けるようになりました。

魔除けという意味では、産着や子どもの着物の柄に「麻の葉」の図柄を染めたものを着せることもあります。特に女の子の場合は着物や帯の図柄としても人気がありました。

着物
用語解説

麻の葉

麻は成長が早くて丈夫で、しかも真っすぐに伸びるため、子どもも同じように成長することを願うことからたびたび用いられてきました。神社に参拝した人々の穢《けが》れを祓《はら》うために振られるのが「大麻《おおあさ》」という麻の繊維。そのため、魔を祓い除ける力があるともいわれています。諸説ありますが、実は鎌倉時代くらいから仏像の衣装や台座の模様として登場するなど仏教系の柄だったようですが、貴族や武家の装束の柄になることはありませんでした。

江戸時代に入ると、一般の衣服の柄にも取り入られるようになり、このころに麻の葉柄という名称が付いたようです。

麻の葉柄は正六角形をベースにした幾何学模様で、描き方を覚えると、誰でも簡単に正確に描くことができます。また、星のようにも、花のようにも見えて、とても親しみが持てたのでしょう。

後付けの理由ではありますが、麻という植物の力で子どもを守ろうという親の愛が、子どもの禍を避ける力となったのでしょう。

お宮参り

生後1カ月を過ぎるころに、「お宮参り」をします。生まれて初めて、産土《うぶすな》の神社にお参りをするので、「初宮参り」とか「産土参り」ともいいます。

赤ちゃんの「掛け着」は、薄紫色の地に兜、波、宝尽し紋と強さと豊かさを願った模様です。

❖お宮参りの際に着る「掛《か》け着《ぎ》」

産土とは自宅のある地域のことで、その土地を護っている神を「産土神」といいます。産土参りには、この産土神のご加護があったので無事に出産できたというお礼と、これからこの土地に暮らす仲間となるので、仲間入りのご挨拶という意味があります。

この儀礼は室町時代ごろからはじまったといわれていますが、最近では遠くの有名神社に詣でるケースも多くなりました。ただ、本来は産土の神社に参る儀式です。

そのため、赤ちゃんを抱くのは、赤ちゃんの母親ではなく、夫の母親（姑《しゅうとめ》）です。母親は産後しばらくの間は「産の忌《い》み」といわれ、穢《けが》れた身体をしているためとか、産後の女性に無理をさせないためとかいわれていますが、これもあとから考えたこじつけのようです。

本来は家族が増えたことを報告し、成長を護ってもらうために、神様にお願いする役目は家の女《おんな》主《あるじ》である姑の役目でした。現代のように核家族になると、姑の出番はなかなかありませんが、ぜひこの機会に家族の絆を確かめるためにも、姑にお願いしてほしいものです。

さて、赤ちゃんに着せる祝い着（産着）ですが、江戸時代以降は白の絹生地でできた「白羽二重《しろはぶたえ》」で作った細長（一つ身）を着せます。その上に、「掛け着」と呼ばれる祝い着を着せます。これは着せるというより、抱いている人も被うように着せ掛け、抱いている人の背中で付け紐を蝶結びにします。こうすれば、赤ちゃんを締め付けることもありません。

祝い着の多くは、羽二重に友禅染《ゆうぜんぞめ》で喜祥《きっしょう》模様や男子なら勇壮な模様、女子なら花や御所道具などの優雅な模様が描かれています。神社へのお参りをするため、単に可愛いというだけでなく格調の高い絵柄が選ばれます。

さらに絵柄の配置も大人なら、帯や袴で隠れる胴回りは無地や柄を少なくしますが、掛け着は広げたまま被せるので、背中から胴にかけてが一番目立ちます。そのため、掛け着は背中から胴、裾と流れるような柄が好まれます。

この掛け着は男女とも背縫いのない一つ身の広袖（大袖）ですが、七五三の儀礼などにも着ることを想定しているなら、大人と同じように四つ身仕立てにしておくといいでしょう。

昔はこの掛け着を、母の実家が調達して贈るのが習慣でしたが、現在は赤ちゃんのご両親が選んで、請求書だけが届くことが多いようですね。

また、昔は同じ掛け着を兄弟で着まわしたり、親から子に引き継いだりしていました。折角ですから、これから新調する場合は、何代にも渡って着られるものを選び、家族の絆の印にするというのもいいですね。

氏神と産土神の違いは？

なぜ？ なんで 着物のウンチク

「産土神」とよく間違われるのに「氏神」があります。氏神は、家系を護る神なので、家系の発生した土地や本家のある土地にあるため、必ずしも近所にあるとは限りません。中には先祖代々同じ地に暮らしているため、産土神と同じ神社ということもありますが、現代はごく少なくなりました。そのため、わざわざ乳児を連れて氏神にお参りするのは大変なので、ほとんどが産土参りとなっています。

付け紐飾り

着物 用語解説

祝い着についている紐が本体に接続している部分には、縫い付ける目的とは別に、糸で喜祥模様を縫い出している「付け紐飾り」というのがあります。

これがいつごろにはじまったのかはわかりませんが、明治時代以降の女学校の裁縫の授業で、その縫い方が指導されたため、広く普及したようです。

お宮参りの掛け着いろいろ

男子用の熨斗目（のしめ）の掛け着です。熨斗目は肩・胴・裾で地色を染め分けた着物で、江戸時代には大名が裃の時に着用したため、とても格の高い着物とされています。図柄は、全体を川の流れに例えて、背中の中央に兜を、その下に舟が描かれています。両袖には川の流れに御所車の車輪を浸している「片輪車」という図柄です。

女子用の赤地の掛け着です。右裾に水の流れを表す「流水紋」が描かれて、夫婦円満な象徴である鴛鴦（おしどり）が２羽います。全体に桜・菊・牡丹の花を散し、女の子の遊び道具の鼓、鞠も描かれて、子どもらしさにあふれた図柄です。

女子のピンクの掛け着です。裾にある扇の図柄がまるで風を起こしているようで、花吹雪が飛んでいます。背中には鼓と牡丹の大輪が配されて、両袖にも牡丹や鞠が描かれています。その間を蝶が舞って、華やかな図柄です。

七五三

子どもの成長を祝う儀礼として、「七五三」があります。
3歳・5歳・7歳になった子どもの成長を祝う儀礼で、
だいたい11月15日ごろに行われます。

■ 3歳

赤・ピンク・白に染め分けた地に小さな桜の花模様が散らされた三つ身の着物の上に、赤地の被布を着た可愛い姿です。

■ 5歳

灰色地に縦縞を織り出した袴に、黒地の絵羽織を着て、左手には刀を持った凛々しい姿です。

■ 7歳

ピンクと白に染め分けた地に牡丹・菊・桜・竹の葉と盛りだくさんに入った四つ身の着物です。「帯解」の由来を持つため、豪華な帯を飾り結びにして、しごき帯を結んでいます。扇子や筥迫も持ち、大人びた姿です。

❖七五三は数え歳

七五三の祝いでは歳を満で数えるのか、数えで数えるのか迷う方が多いようです。「数え歳」は生まれた時を1歳と数え、次に来る新年で2歳と数えます。年末に生まれても年が明ければ2歳です。「満年齢」は生まれた時は0歳で、誕生日ごとに1歳増える数え方です。

昭和25年から、数え歳をやめて満年齢を使うことが法令で決められ、現在はほとんどの場合、満年齢になっています。しかし、日本古来の行事が旧暦で行う例があるように、人生儀礼を旧来の数え歳で行う場合もあります。どちらが正しいというのではありませんが、せっかく日本の伝統儀礼ですから、七五三も数え歳のほうがふさわしいのではないでしょうか。

現在「七五三」と一括りにした呼び方をしていますが、元々一つの儀礼だったわけではなく、それぞれ別な意味を持つ儀礼でした。

❖3歳——「髪置」の儀式

3歳に行われるのが、「髪置《かみおき》」という平安時代から行われていた儀礼です。幼児は男女とも生まれて3歳になるまで、髪が伸びるたびに剃《そ》り、伸ばすことはありませんでした。これは、剃るほうが黒くて強い髪が長く伸びると信じられていたからです。

実際には、乳幼児は汗をかきやすく、髪の毛が多いと頭部に汗疹《あせも》などができるからだと思います。これも衛生状態のよくない時代の知恵なのでしょう。中には、全部剃らずに頭頂部や脇に少しだけ残す、子どもらしい髪型もありました。

儀式は、「白髪《しらが》」と呼ばれる真綿（絹の綿）で作られた綿帽子に苧麻《ちょま》の糸を長く垂らしたものを、子どもの頭上に被せます。これは子どもが白髪になるまで長生きするように祈ったものです。その後、子どもは髪を伸ばしはじめます。

❖5歳――「袴着」の儀式

現代では男子に限られていますが、平安時代には男女ともに行われていた「袴着《はかまぎ》」に由来します。

袴着とは、平安貴族が装束の下に着用した男性なら「指貫《さしぬき》」、女性なら「袴」を子どもが初めて着る儀式で、年齢に決まりはありませんでした。

これが鎌倉時代以降の武家社会になって、装束も変わり、男性は指貫に代わって直垂《ひたたれ》の袴を着用するようになり、女性は日常では袴を着用しなくなり、袴着は男児だけの儀礼となっていきました。

江戸時代には、武家の儀礼として定着し、式の日も11月15日で、歳も4歳から7歳ぐらいになりました。

袴を着用する子どもを碁盤の上に立たせ、「褐《かち》色《いろ》」という濃い紺色の袴を左足から着用します。褐色は「褐」が「勝」に通じるという縁起担ぎのようです。中には子ども用に仕立てた裃を着用する武家も登場するようになります。

❖7歳――「帯解」の儀式

女子の「帯解《おびとき》」の儀式です。儀礼名は時代や地方で「帯直」「紐落」などいろいろありますが、幼児の時から着ていた着物（小袖）に付いていた「付け紐」を取って、大人と同じように帯を結ぶという儀式です。

■皇室の「着袴の儀」

宮中儀礼としては、「袴着」を「着袴（ちゃっこ）の儀」といい、現代でも新王が5歳になった時に行われています。公家の童児の儀式用の「半尻（はんじり）」という狩衣の後部を子ども用に短くした装束です。右手に檜扇、左手に松と橘の小枝を持っています。

（写真提供：朝日新聞社）

付け紐は、子どもが着物を着た時、脇に空いた穴（八つ口）通して、後ろで結ぶため、子どもにも簡単に着られますし、ほどけにくく、活発な子どもには扱いやすかったはずです。これを大人と同じ帯を結ぶことで、大人の自覚を持たせ、まわりも大人扱いするのです。

本来は男女ともに行っていましたが、男子が袴着の時に、この紐を取って帯を締めるので、室町時代末期から女子だけの儀式となりました。

七五三の儀礼はそれぞれ別々に行われていたものが、江戸中期から11月15日に一緒に行われるようになりました。これは5代将軍の徳川綱吉が長男・徳松のために行ったのが11月15日。そのため、それ以来この日になったといわれています。

年齢も重複しないように、縁起のよい奇数を並べて、7歳・5歳・3歳となりました。

ただ、七五三が全国的になったのは、昭和になってからのようで、それまでは地方ごとに子どもの成長を祝う行事や祭りがありました。

着物 用語解説

被布《ひふ》

11月という季節がら、小さな子どもが風邪などを引かないように、防寒のため、着物の上に重ねて「被布」を着ることがあります。被布は羽織に似ていますが、左右の前身頃を深く打ち合わせて、丸衿にしたものです。

江戸末期より、老人や茶人・俳人などが羽織代わりに着用していたものが、明治時代に入ると、婦人や子どもの防寒用として着用するようになりました。

七五三の3歳児の場合、袖が邪魔にならないように袖なしに仕立て、可愛さを強調するために、胸部に飾り紐を付けています。

被布は羽織代わりなので、室内でも着たままでよく、その下に結んでいる帯を省略したり、簡易な帯にできるため、帯を窮屈がる3歳児にはちょうどよいのです。

卒業式

大学の卒業式に「女袴《おんなばかま》」を着用する、女子大生が多くなりました。今はこのスタイルが定着し、女袴＝卒業式という印象です。ではなぜ、卒業式に女袴が着られるようになったのでしょうか？

古風な女学生風に、「濃」色の女袴に、赤の矢絣の着物です。手には絞りで梅の花を表した巾着を持っています。

オレンジ色の女袴に、ブルー地に大柄な梅・松・菊の花が配されて、とても現代感覚あふれる姿です。

女袴は女学校の制服だった？

大学の卒業式に袴《はかま》を着用するようにと指導しているわけではないのに、年々卒業式で袴を着る人が増えているように思います。最近では、先生も黒紋付きに袴という方もいらっしゃるようです。

宝塚音楽学校の卒業式に黒紋付きの着物に緑の袴というのはありますが、まさか全員が宝塚に憧れているわけではないでしょう。

そもそも女袴という衣服は、宮中で平安時代から着られるようなった十二単《じゅうにひとえ》（唐衣裳《からぎぬも》）の緋色の長袴が原型です（24ページ参照）。ただ、袴の丈が長くては日常の作業ができないため、官位の低い女官や下級貴族の女性たちは丈を短くして床すれすれにしていました。

その後、武家社会になり、武家の女性たちが袴を着用しなくなると、袴は宮中や上流公家の女性だけの衣服となりました。

それが明治時代に入ると、一気に西洋化の波が押し寄せ、皇后をはじめとした宮中の女性たちも洋装のドレスを着るようになります。

明治8（1875）年に設立された日本最初の女子高等教育の場である女子師範学校、また明治18（1885）年に華族の子女のために設立された華族女学校も、最初は着物だったのが、明治19（1886）年には生徒の洋服着用が定められました。さらに、そのころは鹿鳴館《ろくめいかん》での外国人との交流が盛んに行われていたため、華族学校はもとより師範学校の生徒もダンスの相手として繰り出されることになり、積極的に洋装することが指導されたのです。洋服は高額だったため、調達できない師範学校の生徒は、自分でドレスを縫って参加したというエピソードも残っています。

これに対して、世間では女子の洋装を批難する意見が多く、特にスカートの下に着用するコルセットが健康に害があると主張されました。

明治20（1887）年、鹿鳴館をリードしていた井上馨《いのうえかおる》が外務大臣を辞任すると、洋装化の勢いは一気に下火になり、代わって女子教育に「良妻賢母」を旗印にする女学校の設立がはじまりました。

そんな時流の中で、華族女学校が「服装の心得」として「女袴を着て、靴を履くように」と定めたのです。これが「ハイカラさん」と呼ばれる女学生スタイルの誕生です。

なぜ、女袴なのか。

それは当時華族女学校の学監を務めていた下田《しもだ》歌子《うたこ》が、「皇后陛下がご臨席される学校行事の際、本来なら宮中の正装である『袿袴《けいこ》』（24ページ参照）という袿と袴を着用すべきところを、その代用として着物と、『濃《こき》』という濃い臙脂《えんじ》色の女袴を着用するように」と女学生に命じたからです。「濃」という色は宮中儀礼で、未婚の女性が装束を着る時に履く袴の色とされていたため、それを踏襲したものと思われます。ただ、この濃が黒に見えたという証言もあるので、かなり濃く染められた布だったのでしょう。

靴に関しては、明治以降に宮中でも十二単を簡略した袿袴を着る時に靴を採用していたので、それに合わせたと思われます。

ともあれ、この着物に女袴というスタイルは、その他の女学校でも採用されていき、瞬く間に全国に広がりました。いずれの学校も、着物は地味なものという指導はありましたが、ある程度自由でした。ただ、袴は新調することが多いせいか、学校によって色を指定するところが多かったようです。初めは濃だった華族女学校が最終的に海老《えび》茶《ちゃ》色になったのに対して、跡見女学校が濃い紫を指定し、その他の女学校でも紺やお納戸《なんど》色など、スクールカラーとして袴の色を指定いきました。その中で、一番人気があったのが海老茶色で、女子学生の袴の定番となったようです。

❖振袖の代わりに女袴で卒業式へ

この女学生の袴の流行はライフスタイルにも変

化を与えました。袴は着物のように裾《すそ》を気にする必要がないので、袴を着ると、どうしても動きが活発になり、当時輸入されはじめた自転車や、テニスといったスポーツ、果ては運動会まで、このスタイルでやるようになりました。するとさすがに、苦言を呈する人たちも現れて、女袴を履いた女子学生を教養を振りかざす「海老茶式部」と揶《や》揄《ゆ》することもありました。

しかし、女袴は従来の着物より動きやすかったため、女学校を卒業した女性たちが電話交換手や学校の先生などの職業を持つようになると、彼女たちのユニフォームとなったのです。そのため、女袴姿には社会進出する知的な女性というイメージが付きました。

この話の締めとして、女袴が制服の歴史から消えた事情もご紹介しておきましょう。

大正時代に入ると、ミッション系から徐々にセーラー服を取り入れる女学校が出てきました。しかし、まだ本格的に普及しなかった中で、大正12（1923）年に起こった関東大震災によって洋服の機能性が認められたのです。やはり、裾が長くて広がる女袴、さらに袖が長い着物では、いざという時、機能的ではないということになりました。

昭和になると、女学生の制服は洋服になっていき、女袴の時代は終わります。

それが昭和50年くらいから、明治時代を舞台にしたドラマの中で、女学生が海老茶色の袴を着て登場し、それを「ハイカラさん」と呼ぶようになると、憧れる若い女性たちが出てきました。

とはいえ、日常の通学などで着ることはできません。ちょうどそんな時代に成人式、卒業式に振袖を着る女学生が増えてきました。そこで亜流として「ハイカラさん」を真似た袴姿で、卒業式に出席する女学生が出てきました。これが学生らしいというので、大ブームになったのです。

成人式

着物を着る機会として一番多いのが成人式でしょう。成人を祝う人生儀礼ですが、20歳の成人式を祝う今日の形態となったのは戦後と歴史は浅いです。では、成人式と着物の関係を見ていきましょう。

紺地にモダンなバラ模様が金彩・銀彩で縁取られた、ゴージャス感あふれる現代風振袖です。ラメの帯揚げで、一層豪華に見えます。

❖成人式の起源と儀式

選挙の投票権年齢が18歳に引き下げられたのに続き、2022年から成人年齢が18歳になります。これは明治9（1876）年、明治政府が決めて以来、約140年ぶりの改訂です。

しかし、そもそも成人年齢は、江戸時代まで統一された根拠はありませんでした。

男性の場合、皇族や公家などは10歳くらいで、成人になった儀礼としての「元服」を行いましたし、武家は大人と同じように戦える15歳以上まで行わないことも多かったのです。

女性の場合は初潮を迎え、妊娠する能力が備わってから、成人と見なすことが多く、個人差がありますが、やはり15歳前後が目安でしょうか。中には結婚が決まったから急遽、成人させたという例もありますから、結婚をする前の人生儀礼として重要だったのです。

儀式は男女とも、髪型と衣服を子どもから大人のものに変更する儀式を行いました。

古代から室町時代まで成人男性の場合は常に、公家なら冠、武家なら烏帽子《えぼし》を頭に被っていました。そのため元服では、初めて冠や烏帽子を被る「加冠《かかん》」の儀を盛大に行いました。

江戸時代には武家や庶民が烏帽子を被ることが少なくなり、子どもの時に伸ばしていた額《ひたい》の前髪を剃る儀式に変わります。これは成人が額から頂頭部にかけて髪を剃る月代《さかやき》をしていたのに対して、子どもは頂頭を剃りながらも、額の前髪は伸ばしていたので、その前髪を剃り落とすことで、大人の髪型になる儀式です。

前髪を剃ったあとには、衣服も大人と同じ裃《かみしも》に改めて、名前もこれまでの幼名から大人の名前である諱《いみな》をもらい、大人の仲間入りをします。

女性の場合、加冠の儀に代わるのが、「眉作り」「鉄漿《かね》付け」「鬢批《びんそぎ》」「初笄《はつこうがい》」という化粧や髪形に関するものです。

眉作りは自分の眉を剃って、その上部に新たに書き眉をする、大人の化粧法です。

鉄漿付けも歯を黒く染める（お歯黒《はぐろ》）を初めてする儀礼です。ただ、この眉作りと鉄漿付けは公家では江戸時代まで男性も行う共通の儀礼でしたが、武家ではほとんど行われなくなりました。

鬢批は、長く垂らした髪の鬢の部分を短く切る儀式で、江戸時代になると髪型が頭部に結い上げるようになったため、やらなくなりました。

初笄は、江戸時代に入り、長く垂らし髪を頭部に結い上げるようになったため、それを留める道具として「笄」が生まれました。ただし、この笄を使う髪型は成人女性だけの髪型だったため、これを初めて使う儀礼が初笄となります。

❖成人式の着物

衣服に関しては、十二単を着ていた時代には、裳を初めて付ける「裳着《もぎ》」という儀礼を行いました。裳は表着《うわぎ》や唐衣《からぎぬ》の上に、後方の腰部より下に引きずるように着用する襞状《ひだ》の衣服です（24ページ参照）。この裳を付けることは成人の証であり、

■江戸の大人の女性
歌川豊国（2代）が描いた『江戸名所百人美女』「竪川」です。大きな商家の夫人が料理茶屋に来て、着物を着替えています。眉は剃った跡が薄っすらと残り、口元の歯が黒く見えます。髪は勝山髷に結い、笄をしています。

（北海道立近代美術館）

結婚適齢期を表すので、よい伴侶を求めて儀式は盛大に行われました。

十二単を着ない階層でも、この裳は成人の印として極小型のものを付けていました。見た目はほとんど現代のエプロンのようですが、これはあくまで裳です。庶民もささやかながら、裳着の儀礼をしたのでしょう。

江戸時代に入ると、宮中などの儀式以外では裳はほとんど廃《すた》れてしまいましたが、着物の仕立て方や着方を変えることで、大人になったことを表すようになります。

着物は、この年ごろになると大人とほぼ同じように仕立ててありますが、まだ御端折《おはしょ》りをしていないので、その分を「腰揚げ」といって縫い留めておきます。また、腕や手を動かしやすくするために、「肩揚げ」をして裄《ゆき》を短くしています。これらをやめて、大人の着物と同じようにして着ます。

着物や帯の柄なども大人と同じようになり、いよいよ女性は嫁入り支度で大人の着物を用意します。

さて、これが明治時代以降になると、女性も学校に通うようになり、結婚も卒業後というケースが多くなりました。男性も徴兵制度により20歳か

■子どもの肩揚げと腰揚げ

子どもの着物は日々の成長に合わせて、裄丈を調整するために肩の位置で摘まんで肩側に倒しておきます。腰揚げは着物の丈を調整するために、御端折りの位置を縫っておくものです。

ら成人として扱われるようになり、15歳前後の元服という儀礼も廃れていきました。

昭和24年から祝日として「成人の日」が制定されると、全国の自治体主催の成人式が行われるようになりました。初期のころは、第二次世界大戦後の衣服も少ない時代だったため、式には平服で出席していました。

昭和30年代の高度成長期に入ると、それまで戦争で壊滅状態にあった呉服業界が、江戸時代の「元服」をヒントに成人女性に振袖を着てもらおうと動き出したのです。それまで着物に飢えていた母親世代の後押しもあり、成人式は着物という流れが生まれました。

現代では男性も羽織袴という江戸時代の元服の再来のような姿になってきました。

なぜ？ なんで
着物のウンチク

振袖の袖が現在の形になった理由とは？

袖丈を長くした着物を「振袖」と呼びます。

室町時代に、元服前の男女の子どもの晴れ着の袖を長くしたことにはじまります。江戸時代後期には、未婚女性の晴れ着としても定着しました。

元々振袖は着物（小袖）と、装束の大袖が合わさったものだといわれています。そのため、江戸時代の振袖には、袖口を縫わずに大口にしたまま（大袖＝広袖）という例も見られます（42ページ参照）。

子どもの着物は、江戸時代初期の小袖が袖と身頃が全部縫い付けられていたため、体温が高く汗をかきやすい子どもには不向きでした。そこで脇をわざと縫わずに開けたままにした「身八つ口」を作って通気性をよくしていました。

それが江戸時代中期になると、大人の小袖の袖が従来の舟形（元禄袖）から、現在のような角形になり、身頃との接続部が長くなりました。また帯幅が広くなり、胸元まで上がってくると、大人の着物にも脇の開き「身八つ口」が必要になり、現在の形になったのです。

男性の着物は、帯幅は狭く、腹部に締めるため、脇の開きは必要ありません。

黒地にいろいろな花が大胆に描かれた古典柄ながらインパクトのある豪華な振袖です。帯はゴールドに輝く錦帯で帯締めも花形の飾り結びで、可愛らしさも表しています。

見合い

お見合いやお見合い写真といえば、昔は和装が当たり前でした。現代ではお見合いの席に振袖を着ていくと、気合いが入りすぎていると思われる可能性もありますが、訪問着や小紋などを粋に着こなすのがオシャレです。

45年前に撮影した筆者のお見合い写真（右）に合わせて、現代の女性にも同じポーズで写真を撮ってもらいました。

❖見合いのはじまりとオシャレ

現代はかなり少なくなりましたが、昭和40年ごろまでは、恋愛結婚より見合い結婚をした夫婦のほうが多いという統計があります。さらに遡《さかのぼ》れば、結婚は親同士が決めて、本人同士は婚礼の席で初めて会ったということも少なくありませんでした。

平安時代の『源氏物語』などを見ると、男女の交際の初めは歌のやりとりをして、相手に確認してから、男性が女性の実家に通うという「婿取《むことり》婚《こん》」でした。意外にこの時代のほうが恋愛結婚に近かったかもしれません。

しかし、鎌倉時代以降、武家の世になると、女性が男性の自宅に嫁入りする「嫁入婚」になります。この時には、歌のやりとりという本人同士の交際はなく、すべて親やその氏の長が決めていましたので、選考理由に本人の容姿などは、ほとんど考慮されなかったようです。特に武家同士の場合は、結婚が即軍事力の増強に直結した政略結婚でした。

江戸時代に入ると、政略結婚は少なくなりましたが、家の格式や家柄が声高にいわれるようになったため、事前に釣り合う家同士を紹介する仲《なこ》人《うど》（世話人）が登場します。しかし、ここでは、本人同士が相手を見初めるお見合いはやりません。容姿で選ぶことは武士の恥だったのです。

しかし、民間の商家では、本人同士は容姿が大切ですが、親にとっては商売を続けるための人柄や性格が問われるようになり、その確認のために見合いをするようになりました。ただ、お互いが向き合って話すというのではなく、花見や芝居見物、神社仏閣の参拝など、大勢が集まる場所で、それとなく見合うということをしたのです。これが「見合い」のはじまりです。もちろん、見た目も大切ですから、女性は目一杯のオシャレをします。髪飾り、化粧、遠目にも一番目立つ着物は大切な要素です。ここでは未婚女性として一番格式の高い振袖姿を着ます。自分を美しく見せるためですが、お見合いの相手に対して、最高の敬意を払ったという意味もあったのです。

江戸後期には、この見合いが武家の間にも広まりましたが、断ると相手の家の名誉を傷つけるので、なかなか断ることはできず、お見合いは事実上の結婚を前提の顔合わせとなりました。

明治時代に入ると、このお見合いに画期的な変化が訪れます。それは事前に写真を見てお見合いの相手を選ぶことができるようになったのです。これを「お見合い写真」といいます。

男性の場合は、ほとんど洋服姿で、軍人なら軍服、商人や勤め人なら背広で、ビシッと決めた姿です。

女性は、ほぼ全員和装です。ごく稀《まれ》に洋装があっても、これは和装の付録として、一応洋装も似合いますという程度でした。やはり、婿側の両親などが、洋服を着るような嫁は困ると思ったのでしょう。

第二次世界大戦中は、「贅沢は敵だ」の掛け声の中、地味な着物か、モンペ姿でした。

戦後の昭和30年代に入り、成人式に振袖姿で出席する人たちが出てくると、その記念写真がその

歌川豊国（2代）が描いた『江戸名所百人美女』「梅やしき」です。亀戸（江東区）にあった梅の名所です。ここでお見合いをする武家の娘です。菊の花模様が衿元にも配された豪華な振袖姿です。

（北海道立近代美術館）

ままお見合い写真として使われるようになりました。

当時はまだ見合い結婚が多かったため、親も見合い写真には大変気を使いました。特に、カラー写真が多くなり、着ている振袖の色や柄がはっきりわかるようになると、振袖も単なる高級品から、写真映りのよいものへと選択の基準が移っていきました。

現代は見合い結婚も少なくなり、そのための見合い写真を撮影することは減りました。しかし、せっかく卒業式や成人式で用意した振袖なので、それを着た記念写真を青春の思い出として撮影する女性が最近は増えているようです。

なぜ？　なんで
着物のウンチク

戦争中のモンペは正装だったのか？

ドラマ『この世界の片隅に』では、登場する女性たちは皆モンペ姿でした。若い女性は腰にゴム紐の入ったズボン形式、年配の女性は腰に共布の紐の付いた袴形式のモンペでした。

モンペは本来、山仕事や畑仕事をする女性たちや、雪国の女性たちが防寒のために履いていたものでした。

それが第二次世界大戦中に、着物では空襲の時に危険だということで、全国の国民に半ば強制的に着用を義務付けたため、モンペは礼服として扱われました。

戦後はモンペに対するイメージも悪く、顧みられませんでしたが、最近、新しいファッションとして見直されはじめています。

結納

女性にとって結婚が、人生儀礼の中で最も需要で華やかなのは今も昔も同じです。

結納とは結婚すなわち婚約の成立を確約する日本の儀礼です。その際に品物を取り交わしますが、なぜ、白生地が用いられるのでしょうか？

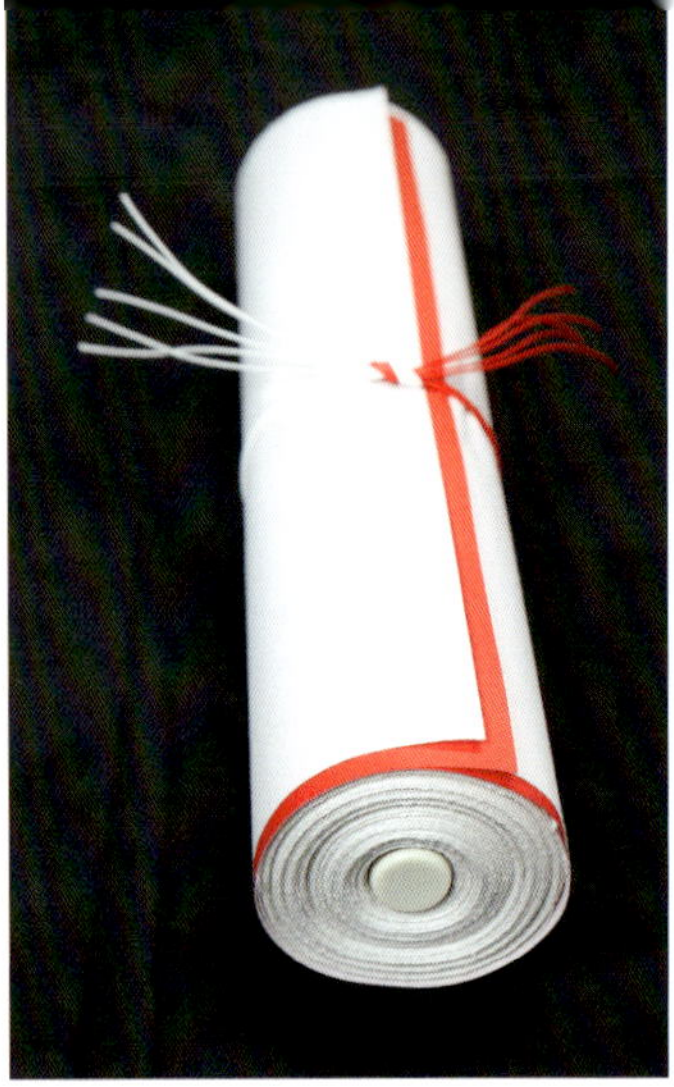

紅白の水引が結ばれた白生地の包み

■皇室の「納采の儀」

小和田雅子様（現皇后）が皇太子に嫁がれる時に行われた「納采の儀」です。皇太子の使者である菅野弘夫東宮大夫（右）から納采の品の目録を受ける小和田雅子さん（左から３人目）。（写真提供：朝日新聞社）

❖結納時に持参した酒、肴、白生地、帯

古代は男性が女性の家に通う婿取婚でしたが、女性が男性の家に嫁ぐ嫁入婚になったのは鎌倉時代の武家からです。室町時代になると、将軍をはじめとした武家のために、独特の儀礼が制定されました。その中心的役割を担ったのが、小笠原家や伊勢家などの式礼の家系で、直接の指導だけでなく、多くの儀礼に関する書籍を残しました。そのため、現代の私たちが結婚に関して行っている儀礼の多くが、この室町時代にはじまったのです。

江戸時代に入ると、徳川幕府でも小笠原家など式礼の家を「高家」として召し抱え、室町時代から続く儀礼をさらに盛大に行いました。それが豊かな商人や農民の間でも略式ながら真似て行うようになり、それが現代に伝わっているのです。

結婚が決まると、まずは「結納《ゆいのう》」を行います。現代は省略することも多くなりましたが、皇室では「納采《のうさい》の儀」としてニュースになっています。

婿の代理人が、嫁の家に結納の品を届けて挨拶します。その時に持参するのが、酒と肴（昆布、するめ、塩鯛、串鮑、鰹節）、白生地と帯でした。

白生地は「これで花嫁衣裳を仕立てて、帯を締めて来てください」という意味です。現代の皇室では、この白生地はドレス用の生地で婚儀の時に着るローブ・デコルテというロングドレスを仕立ててくださいという意味だそうです。

この時、花嫁になる女性が着るのは振袖です。振袖はお宮参り、七五三、卒業式、成人式、見合い、結納と未婚の女性の人生儀礼には必ず着る着物です。そのため、振袖には着た時、それぞれの思い出も重なることから、その選択は慎重に行いたいものです。

結納の品をもらった花嫁方は、その場では婿方にお返しはしませんが、結婚の時に花嫁道具と一緒にお返しの品を土産として持参します。これも着物の生地が多く、いかに着物が生活に必要だったかがわかります。

結婚式

結婚衣装といえば、白無垢や色打掛、引き振袖など種類がたくさんあります。特に白一色で織り上げられた白無垢は最も格式の高い正礼装です。

綿帽子を被った花嫁。白無垢は鶴が金糸で刺繍されたとても豪華なもので、鶴の頭の赤がより華やかなアクセントになっています。

❖「白無垢」は純真な身体を表す？

花嫁衣裳は武家の式礼によれば、「白無垢」です。ただし、同じ白でも、着物は「練絹」の小袖、その上に「綾」の小袖を重ね、帯は「幸菱《さいわいびし》」を締め、打掛も「幸菱」を着ると、細かく生地の指定がありました。

練絹は、柔らかく美しい光沢を持つ生地で、この場合は平織と思われます（125ページ参照）。綾は「斜文織《しゃもんおり》」とも呼ばれ、経糸に緯糸を斜めにかけて模様を織り出した生地（129ページ参照）。帯と打掛の幸菱は公家の装束に使われる模様で、縁起がよいとされています。

白無垢に関しては、「花嫁は何色にも染まっていない純真な身体であることを意味し、結婚することで、婚家の如何なる色にも染まることができる」という意味から白を着たという説があります。あながち間違いではありませんが、白は古代から神聖な色として敬われてきた色で、「無垢」は、仏教の汚れがないことを表す言葉です。そのため、古代から神官の装束や葬礼の色として使われてきました

「色に染まる」とは、実際に白無垢の花嫁衣裳が式後には、それぞれ普通の着物に仕立て直される時に、白のままではなく、いろいろな色に染められて使われるために、生活に密着したこじつけになったのでしょう。

白無垢の花嫁衣裳を親から娘、孫に伝えるとい

着物 用語解説

輿《こし》入《い》れ

江戸時代の結婚の儀式は花婿の家で、夜に行われました。家の門前に篝火《かがりび》を焚くか、大きな高張り提灯が灯されて、花嫁行列の到着を待ち受けます。室町時代には花嫁が輿《こし》に乗って来たため、これを「輿入れ」と呼びました。江戸時代には輿が駕籠《かご》に変わりましたが、結婚のことを「輿入れ」と呼ぶことは今日まで続いています。

う話も聞きますが、よほど保管状態がよくないと、黄ばんだり、カビや虫が付くため、実際はなかなか難しいことでした。

江戸時代までは葬儀の遺族が白の着物を着るという風習もあり、その時のために仕立て直して用意していたということもありました。

❖時代とともに移り変わった「角隠し」

花嫁衣裳を着たら、最後に頭の上から「被衣《かづき》」と呼ばれる白生地を小袖仕立てにしたものを被ります。

被衣は、鎌倉時代から室町時代まで身分の高い女性が外出する時に、顔を隠すために被っていた袿《うちき》（24ページ参照）が、時代を経るにしたがって、被りやすいように薄くて透けた布で作るなどの改良がされたものです。江戸時代に入ると、幕府は男性が女装をして犯罪に及ぶのを予防するため、江戸の市中で、被衣を被ることを禁止しました。

■被衣を被った女性
歌川広重（初代）が描いた『東海道五十五』「京」です。幕末ですが、京では公家の女性たちが外出する時にはまだ被衣を被っていました。

■揚帽子を被る女性
歌川豊国（2代）が描いた『江戸名所百人美女』「東本願寺」です。寺詣りに来た武家の若い女性が浄土真宗で「角帽子」と呼ばれた「揚帽子」を被っています。

（北海道立近代美術館）

そのため、江戸では大名の婚礼などを除くと被る女性はいなくなりました。

ただし、公家社会の残る京や大坂では明治時代まで輿入れで、被衣を被る風習が残っていました。

それに代わって、元禄時代ごろから使用されるようになったのが真綿（122ページ参照）を集めて、伸ばしながら帽子形にした「綿帽子」です。元は老人の寒さ除けだったため、花嫁にとってはかなり暑かったようで、のちには練絹の生地で作るようになり「練帽子」とも呼ばれました。被衣や綿帽子はいずれも、これを脱ぐのは式場の花嫁の席に着く時で、事前に逢っていなければ、花婿はこの時に初めて花嫁の顔を見ることになります。

綿帽子は明治時代くらいまで使用されましたが、明治時代後期になると、綿帽子に変わって「角隠し」が登場します。角隠しは婚礼で女性の嫉妬心

文金高島田の髪を結い、角隠しをした花嫁。

を隠すためとか、出さないように戒《いまし》めたとか、いわれていますが、どの説も婚礼にはふさわしくないように思います。

形からみると、江戸時代に武家の女性たちが被っていた「揚帽子《あげぼうし》」がその原型のようです。白絹を前髪から後ろに回して、針で留めたもので、現代の角隠しと形は同じです。揚帽子は女性が髪を整えるのに油を使っていたため、外出すると土埃がつくので、それを防ぐために被っていました。庶民が被る手拭いの「姐《あね》さん被り」と同じ用途です。

それが、どうして結婚衣装の一つになったのか、確証はありませんが、綿帽子の簡略化と庶民の上流への憧れで、武家の女性たちのファッションを晴れの日に取り入れたのではないでしょうか。

角隠しは、浄土真宗の信者の女性たちが報恩講という行事で被っていた角帽子と、名称で混乱したと考えられます。

❖豪華な帯、金襴緞子《きんらんどんす》の登場

江戸時代も幕末になると、町人の間では結婚式も簡素化されて、花嫁衣裳も本来なら、お色直し

■昭和27年の結婚式

（86ページ参照）に着る色柄ものを着るようになりました。

江戸は黒縮緬紋付裾模様《くろちりめんもんつきすそもよう》の着物の下に白の着物を重ねるというように、現代の結婚式で親族が着る「黒留袖」（92ページ参照）と同じものでした。京・大坂では「三枚重ね」といい、黒と白の間に紅を一枚重ねていました。帯は丸帯で、頭には角隠しです。

これが明治時代から昭和10年代初めまで続きました。大正時代の丸帯については、童謡『花嫁人形』の歌詞に「金襴緞子の帯締めながら」と出てきますから、かなり豪華な帯が一般にも締められていたのでしょう。第二次世界大戦中は、花嫁衣裳は贅沢だというので、モンペ姿で結婚式ということもありました。

戦後の復興の中で花嫁衣裳も、以前以上に華やかになり、振袖の打掛という、江戸時代の大名のお姫様のような衣裳も登場し、さらに最近は復古調で白無垢に綿帽子まで復活しています。

花嫁衣裳の歴史は、その時代の最高の技術が反映されてきました。現代はまさに百花繚乱の時代です。

着物 用語解説

婿入《むこいり》

現代ではほとんど省略されていますが、結婚式の数日後に花婿が花嫁の実家に挨拶に行く「婿入」という儀礼があります。この時に花婿は花嫁の父（舅《しゅうと》）から贈られた生地で仕立てた着物を、花嫁は花婿の母（姑《しゅうとめ》）から贈られた生地で仕立てた着物を着ます。ここでは、披露宴に参列しなかった花嫁の親族などと宴会をして、親交を深めるのです。

衣服が貴重品だった時代、結婚に関しての贈答品には、着物の生地が贈られことが多くありました。生地を選ぶのは花婿や花嫁の母親の役目です。そのため、鑑識眼やセンスを問われるため、かなりプレッシャーだったようで、迷う場合には白地にして、着る人の好みに染めてもらうようにしました。

披露宴のお色直し

結婚披露宴の途中で、新郎新婦が衣裳をチェンジする「お色直し」。結婚式の白無垢衣装から色打掛に着替えて、相手の家に染まったことで嫁入りが認められたのが起源といわれています。

御端折りをせずに「引き」という着方をした黒地に百華宝づくし模様の振袖。懐に筥迫、帯に懐剣、手に扇という武家伝統の装いです。

❖披露宴の起源とお色直しの意味

現在のように、結婚の儀式が神社の神殿で行われるようになったきっかけは、明治33（1900）年に当時皇太子だった大正天皇が九条節子《くじょうさだこ》妃と結婚する時に、結婚の儀式が宮中賢所（皇居の神殿）で行われたことによります。それまで、皇族の結婚の儀式も花婿の屋敷で行っていたため、神前で結婚式を行うということはありませんでした。

これを知った国民が同じように神前結婚式を挙げたいと思うようになりました。これに応えて東京の「日比谷大神宮」（現在の東京大神宮）が皇室の儀礼を参考にしてはじめたのが、今日の神前結婚式です。

これに伴い、それまで花婿の家で行われていた披露宴も、料理屋や旅館の大宴会場で行われるようになりました。そのため、花嫁は招待客に花嫁衣裳を披露するために、披露宴の最初は花嫁衣裳で登場し、主賓の挨拶や乾杯がすむと、花嫁はお色直しのために退場します。つまり、結婚の儀礼で着る衣裳と披露宴の衣裳を、披露宴の中で、お色直しをするわけです。

昔は、花婿の自宅で結婚式や披露宴が行われていました。そのため、大名などは別室で三々九度の儀式を行いましたが、下級武士や町人などは招待客の前で行いました。現代流にいえば、人前結婚式ということでしょう。三々九度の盃《さかずき》の儀式が終わると、ここからが披露宴です。そのけじめとして、花嫁はお色直しをするのです。

お色直しは、すでに花婿の妻になったあとなので、花嫁衣裳が白無垢姿だった場合には、赤地の着物に着替えます。庶民で三々九度の盃から黒縮緬紋付裾文様だった場合には、そのままということもありました。

花婿も花嫁に合わせて、結婚式には裃《かみしも》だったのが、披露宴には黒紋付に着替えました。

子どもの入学式・卒業式

母親が着物を着る機会として多いのが、子どもの入学式や卒業式などの学校行事。華やか、かつ気品のある着物は季節感を表現するのも適しており、式典に花を添えます。

裾に祝儀に使われる「熨斗（のし）あわび」と扇が描かれて、慶事にふさわしい訪問着です。

❖母親が学校行事に出席した理由とは？

小学校の入学式・卒業式から大学の入学式・卒業式まで、母親が出席する慣習は、いつごろからはじまったのでしょう。

江戸時代の小学校にあたる寺子屋や手習いの師匠への入門は、時期に決まりがありませんでした。そのため、子どもが7～8歳くらいになると、随時入門できました。その場合、親が師匠のところに、「束脩《そくしゅう》」というお金を持参して挨拶をします。束脩とは束ねた乾肉のことで、古代中国で弟子入りの時に持参した謂《いわ》れから、入門時に持参する品のことをいい、これが入学金となったのです。金額は決まっておらず、師匠の意向や親の経済状態に合わせてさまざまでした。

この挨拶は師匠と親が町内で顔見知りということもあり、儀式というほどでもなく、母親は普段着のまま行くことが多かったようです。また、師匠の元を去る時は、本人の挨拶だけでした。

明治時代に入ると、小学校の義務教育がはじまり、学校教育が行政の監督下に入ったため、入学式や卒業式が一律に行われる公の儀式となりました。

行政だけでは運営が難しい学校では、保護者が経済的支援や労務支援などをする組織を作り、「父兄会」と称していました。「父兄会」とは文字通り、家長である父親か、その代理をしている兄が参加する組織ですから、ここに母親は入っていません。

これらのことから、第二次世界大戦以前の入学式には父親か兄が出席するのが普通でした。父兄が出席できない場合だけ、母親が遠慮がちに隅っこに座っていました。

それが、大戦後にアメリカの制度を見習った「PTA」が組織されました。保護者と教職員からなる団体ですが、男女平等のアメリカ流ですから、母親の積極的な参加を促進しました。

そこで学校行事への母親の参加が増え、入学式はもちろん、卒業式にも母親が出席するようになりました。

さて、ここで問題となるのが母親の服装です。戦前の父親なら礼装である紋付羽織袴か、洋装ならモーニングでした。戦争中には軍服か国民服が礼装となり、戦後はモーニングか黒のスーツが礼装となりました。

❖戦前は略式礼装だった「黒羽織」

女性が男性の服装の格に合わせると、黒留袖か訪問着となります。これではあまりにも仰々しいということになりました。また、戦後の衣類品不足が続いていたため、新しく着物を用意できないという事情も重なり、苦慮されたようです。

そんな時に、戦前に略式礼装として着ていた黒羽織を着る母親が登場したのです。着物はそれぞれ異なっていても、同じ黒羽織という、まるで制服のような安心感がよかったのか、昭和30年代から40年代には母親たちの定番の衣装となったのです。

ただ、黒一色の羽織では、お葬式や法事の喪服と一緒だというので、背中の裾に模様の入った黒地の「絵羽織」が流行しました。

しかし、昭和50年代に入ると、羽織は元々防寒用に着ていた胴服からはじまったものだから、礼装には合わないという論調が婦人雑誌に掲載されるようになり、急速にその姿を消していきました。

現在、入学式に着物を着る母親が少なくなりましたが、小学校の入学式に若い母親たちの華やかな和服姿は、式を華やかにしてくれていいものです。

ここで着るのは略式礼装の訪問着でしょうか。古くからのしきたりや決まりはないので、何を着てもいいのですが、あまり豪華過ぎてまわりが霞《かす》むのは困ります。春らしい淡い色合いで落ち着いた柄の着物が似合うと思います。

卒業式には、入学式と趣《おもむき》を変えて、色無地か小紋の着物に、黒か渋めの色の絵羽織というのはどうでしょう。礼装に羽織は不向きという説もありますが、洋装だって本来礼装はドレスなのに、男性と同じようなスーツを着ている時代ですから、いいと思いますよ。

■手描き京友禅の訪問着

小菊と橘だけに紅色をさした上品な模様で、小菊の何輪かは刺繍で艶が出ています。秋を感じさせる模様ですが、美しい藤色の地が春を感じさせます。

■黒の絵羽織

黒地に、一見地味に見えますが、薄い藤色でバラの花と枝をまるで西洋画のように大胆に描いた刺繍です。昭和40年代のモダンを感じさせます。

仲人・媒酌人・花婿花嫁の母

仲人や媒酌人、花婿花嫁の母は最上級の礼装である黒留袖を着用するのが一般的です。では、なぜ、黒留袖が最上級の礼装となったのでしょうか？

水辺から飛び立つ金色の鶴の群れと、その下に百華を散らした慶事にふさわしい黒留袖です。帯は正倉院文様の「宝相華紋（ほうそうげもん）」という格調の高い錦帯です。

❖仲人が誕生した歴史

結婚式で新郎新婦並みに緊張するのが、「仲人」「媒酌人」と呼ばれる夫妻です。

そもそも仲人という立場の人が登場したのは江戸時代初めだといわれています。戦国時代までは武家同士では勢力拡大や主従関係による政略結婚が多かったのですが、江戸時代に入ると戦いがなくなり、武家の地位が固定化してしまいました。そのため、同格の家同士の交際が重要視され、家格が釣り合う家の息子と娘の結婚が望まれるようになりました。

しかし、藩内や親戚など身近なところで見つからない場合は、困ってしまいます。

そんな場合に登場したのが、仲人と呼ばれる人たちです。初めは自分の知っている男女を紹介していましたが、のちには必ずしも本人をよく知っていなくても、その親や親戚から頼まれて息子や娘を、それぞれ組み合わせて紹介するようになりました。

さらに、結婚が決まり、結納の伝達をする役目を担ったり、結婚式の作法を教えたりしたので、仲人は結婚に関する専門家として頼りにされたのです。

それが明治時代以降、本人同士の恋愛で結婚をしたり、職場の上司が紹介したりするようになると、仲人を介さない結婚が多くなり、その代わり、結婚式の三々九度の儀式だけを取り仕切る役目として「媒酌人」と呼ばれる夫婦が登場します。

そのため、現代では仲人と媒酌人を同一視して、呼ぶようになりました。

中には「頼まれ媒酌人」と呼ばれる、それまでの新郎新婦の出会いにはまったく関知していないのに、突然媒酌人を頼まれる夫婦が出てきました。多くの場合、新郎の職場の上司などが頼まれます。

そこで問題になるのが、媒酌人の特に妻の衣裳です。キリスト教の場合は、新婦に合わせて洋装のドレスという人もいますが、そのために新調するのも辛いので、自分の子どもや親戚の甥姪の場合にも着用できるということで、着物という方もまだ多いようです。

❖黒留袖が最上級の礼装

ここで着るのが「黒留袖」と呼ばれる、裾に模様の入った黒地の着物です。黒留袖は現代の既婚女性が着る最高の礼装ですから、いろいろ細かい約束ごとがあります。しかし、その約束ごとを守れば、どんな格が高い場面にも着れる万能着です。

なぜ、黒地の着物に裾模様を入れた黒留袖が、和装の最上級の礼装になったのでしょう。その答えは明治時代の文明開化にありました。

明治初期、政府は欧米諸国と対等に交渉するために、欧米を見習っていろいろな制度や技術を導入しました。もちろん衣服も欧米と同じ洋服を導入したのです。

西洋化を推進したい政府高官や、制服を支給された軍人や警官などは早い時期から洋服を着るようになりました。しかし、元公家や大名だった華族などは、外出の時にも狩衣《かりぎぬ》・直垂《ひたたれ》・裃《かみしも》といった江戸時代以来の装束を着ていました。

そこで明治5（1872）年、政府は官員（公務員）に、「大礼服」と「一般通常礼服」を着用するようにという命令を出しました。しかし、通常礼服に指定した燕尾服の購入費用すら、下級官員の年収に匹敵するほどだったため、当時「白衿紋付」と呼ばれた「家紋を入れた黒地の羽織に袴《はかま》」でもよいということになりました。以来、中央政府では洋装化が進みましたが、地方では第二次世界大戦のはじまるころまで、白衿紋付が礼装として着用されたのです。

さて女性の場合は、庶民は相変わらず和服のままでよかったのですが、宮中行事や外国使節との交際に参加する皇族や政府高官の夫人たちの服装が問題になりました。宮中ではそれまで儀式や天皇皇后に拝謁する時の服装は、江戸時代からの

「袿《うちき》」と「袴」でした。そこで明治17年、従来の和装の他に、洋服も着ていいということになりました。さらに明治19年には、儀式や夜会・晩餐・午餐などの場面ごとに着るドレスを指定したドレスコードが制定されて、洋装への移行を促しました。

同じころ、女子教育の先端を行っていた女子師範学校や華族女学校でも制服を洋服にする動きがあり、一気に洋装化するかと思えたのですが、実際はなかなか進みませんでした。

鹿鳴館《ろくめいかん》においても夫の仕事柄しかたなく洋装で行く夫人もいましたが、実際は相変わらず和装で通していました。当時の錦絵などにはドレス姿の夫人が多く描かれていますが、実際はそれ以上に和装の夫人が多かったのです。

鹿鳴館政策を推進していた井上馨が明治20年に失脚すると、女性たちの洋装化の動きは一旦後退します。

しかし明治21年からは、欧米のように政府高官の夫人たちが夫に同伴して政府主催の行事に出席することになりました。この時、皇后や高級女官は洋装のドレスだったため、参列する夫人たちも洋装の礼装であるドレス着用を求められました。

着物
用語解説

白衿紋付

「白衿」とは、表着の着物の下に、もう一枚白無地の着物を重ねて着るため、襟元に白の衿が見えます。現代は襦袢の衿に白の半衿をかけていますが、白衿は半衿と着物の間に白の衿をもう一枚入れるという意味です。

「紋付」は、着物に5つの家紋を入れるということです。背中・両胸・両袖の外、5カ所に入れます。この五つ紋は、男女とも最も格式の高い紋の入れ方です。

男性の場合は、「白衿紋付」といえば、黒紋付羽織袴を指すようになりました。

女性の場合には、着物の生地や模様に関しての規定はありませんでしたが、実際に夫人たちが着てきたのは、黒か地味な色の無地の着物で裾に簡単な模様の入ったものだったのです。

しかし、ドレスを仕立てるのは高額で、さらにコールセットがきつくて苦しく気分が悪くなるというのです。かといって、袿に袴という宮中装束も高額で、かつ作法もあって堅苦しいということになり、夫人の多くが病気を理由に欠席するという事態に陥りました。

これでは政府の体面が保たれないため、苦肉の策として白衿紋付での出席でもよいということになりました。

これが、現代「黒留袖」または「色留袖」と呼ばれる着物が、和装の礼装となるきっかけでした。

❖黒は正装の色？

こうして政府の行事への参加者は、和装の場合、「白衿紋付、無地の裾模様」が、明治20年代に普及していきました。さらに、天皇皇后が地方に行幸することが多くなり、それに合わせて道路に並んで歓迎する国民はどんな服装をしたらいいのかが問題になりました。それまで、天皇皇后の姿を直接見る機会のなかった国民には、衣服のマナーがなかったのです。

そこで、迎える地方の責任者たちは、東京の上流階級で普及してきた白衿紋付を取り入れることにしました。

ここで混乱が起きます。白衿紋付の黒地の着物ということから、全身黒で〝裾模様のない着物〟を着る人が出たのです。当時の地方では葬儀で着る喪服は白系の色というのが常識でした（106ページ参照）。黒はむしろ吉色だったため、黒無地の着物を着ることに抵抗がありませんでした。しかし、西洋式の黒の喪服を推進していた政府関係者は、これを問題視して、必ず裾模様のある着物にするように指導しました。

これによって、裾模様入りの黒紋付きが正装として全国的に普及していったのです。

しかし、裾模様の奨励は模様に贅《ぜい》を凝らすことになるので、贅沢だといって反発を受けます。そこで、日清・日露戦争の戦死者の遺族や傷病者を救うために創設された「愛国婦人会」が、自主的に会員たちが活動する時の式服として「黒無地」の着物を制定しました。この時に喪服にならないように帯は黒以外で自由としたのです。

こうして全身黒づくめではありませんが、黒は正装の色として定着していきました。

結婚式や披露宴では、新郎新婦の母親や仲人・媒酌人が最高の格である黒留袖を着て、親戚や来賓が次に格が高い色留袖を着るという習慣が生まれたのは、このような歴史があったからです。

ちなみに、最近の天皇主催の園遊会では、色留袖姿の婦人を多く見かけます。また、文化勲章伝達式に同伴した夫人たちも色留袖が多くなりました。昭和の時代には、どちらも黒留袖というほうが多かったのですが、どうも結婚式のイメージが強いせいか、一段格落ちの色留袖になってきたようですね（102～105ページ参照）。

■青海波紋の黒留袖と唐織の袋帯

昭和40年代の黒留袖で、朱色の青海波（せいがいは）模様とそれを囲む重ね菱の銀線はすべて刺繍です。「青海波紋」とは、半円を連続して積み重ね、静かな波の模様を表している吉祥紋です。合わせた帯は、銀の菱型の中に、平安時代から公家の装束に使われた「有職文様（ゆうそくもんよう）」の花菱紋を織り込んだ唐織の袋帯です。

■波頭紋の黒留袖

大正時代の夏の絽の黒留袖です。裾に鮮やかな青の波と、白の波頭がダイナミックに描かれています。「波頭紋」は江戸時代に好まれた模様で、荒ければ荒いほど魔を飲み込むといわれました。波の合間に撫子と萩の花が描かれて、女性らしさを表しています。

結婚記念日

銀婚式や金婚式のお祝いの席や記念写真でも着物を着る機会はあります。結婚記念日の着物ではルールはありませんが、せっかくの記念日ですので、オシャレな和装で出かけたいものです。

準礼装やオシャレ着として人気のある御召縮緬（おめしちりめん）です。格子の中に小さな菱の花がとても品よく織り出されています。帯は茶道具に使われた中国渡来の布「名物裂（めいぶつぎれ）」の写しです。御召に合わせると、さらに格調が上がります。

明治天皇結婚25周年祝典で定着

結婚後の周年を祝う習慣は、イギリスから入ってきたようで、特に結婚50周年は「golden wedding」と呼ばれてお祝いをしていました。

本来日本は家同士の結びつきを重要視していたため、本人同士の結びつきの長さには無頓着でした。それが明治27（1894）年に、明治天皇が結婚25年を迎えるにあたって、イギリスの習慣を見習って「大婚二十五年祝典」と題した「銀婚式」を盛大に催したのです。

その後、華族や富裕層にもこの習慣が広がっていき、周年も25年の倍になる「金婚式」を盛大に行うようになりました。

すると、銀婚や金婚を待てない夫婦や、金婚を越した夫婦が年数を重ねていく結婚記念日を祝うようになりました。

結婚の周年によって、貴金属や宝石などの名前を充てて、夫婦間で贈り物をするのは、いささか商業的ではありますが、折角の記念日にオシャレをしてお出かけというのはいいですね。

また、若い時代に花嫁衣裳を着る機会がなかったご夫妻が花嫁衣裳で写真を撮ったというエピソードをお聞きすると、心が温まります。

■結婚記念日一覧

結婚年数	結婚記念日の名称
1年目	紙婚式（かみこんしき）
2年目	綿婚式（わたこんしき）
3年目	革婚式（かわこんしき）
4年目	花実婚式（かじつこんしき）
5年目	木婚式（もっこんしき）
6年目	鉄婚式（てつこんしき）
7年目	銅婚式（どうこんしき）
8年目	青銅婚式（せいどうこんしき）
9年目	陶器婚式（とうきこんしき）
10年目	錫婚式（すずこんしき）
11年目	鋼鉄婚式（こうてつこんしき）
12年目	絹・麻婚式（きぬ・あさこんしき）
13年目	レース婚式（れーすこんしき）
14年目	象牙婚式（ぞうげこんしき）
15年目	水晶婚式（すいしょうこんしき）
16年目	黄玉婚式（おうぎょくこんしき）
17年目	紫玉婚式（しぎょくこんしき）
18年目	石榴婚式（ざくろこんしき）
19年目	風信子婚式（ひやしんすこんしき）
20年目	磁器婚式（じきこんしき）
23年目	青玉婚式（せいぎょくこんしき）
25年目	銀婚式（ぎんこんしき）
30年目	真珠婚式（しんじゅこんしき）
35年目	珊瑚婚式（さんごこんしき）
40年目	紅玉婚式（こうぎょくこんしき）
45年目	金緑婚式（きんりょくこんしき）
50年目	金婚式（きんこんしき）
55年目	翠玉婚式（すいぎょくこんしき）
60年目	黄金剛婚式（きこんごうこんしき）
65年目	星条灰玉婚式（せいじょうかいぎょくこんしき）
70年目	プラチナ婚式（ぷらちなこんしき）
75年目	金剛石婚式（こんごうせきこんしき）

賀《が》の祝

賀寿とは、節目の年齢に長寿をお祝いすることを指します。数え年60歳を祝う「還暦」や、数え年88歳を祝う「米寿」などがよく知られていますが、そうした祝いの席でも着物を着たいものです。

柊を描いた手描き友禅の付け下げです。柊は節分に魔除けとして玄関口に飾る植物です。この柊を身のまとうことで、健康と長寿を願った模様です。帯は「正倉院文様」を中心に、地にいろいろな花紋を配した落ち着きのある錦帯です。

❖10歳ごとの長寿を祝う

「賀の祝」とは、「還暦」「古希」「喜寿」「傘寿」「米寿」「卒寿」「白寿」など、長寿を祝うことをいいます。

「人生100年時代」になると、賀の祝をするべき人が多くなり、珍しくなくなったためか、祝いの存在が薄くなりました。

しかし、どんな人も100歳になるまでには人生いろいろあるわけですから、時には立ち止まって賀の祝を行うのはいかがでしょうか。

賀の祝は、中国の「算賀」という「四十」「五十」「六十」と10歳ごとに長寿を祝う風習が日本に伝わったものです。最初に賀の祝をしたのは、奈良時代の聖武天皇で「四十の賀」の祝いをしたと歴史に残っています。

平安時代になると、「四十の賀」「五十の賀」が盛んに行われたという記録があります。当時は40歳でも長寿だったわけです。

鎌倉時代に入ると、長生きになったため40歳50歳は珍しくなりました。そのため、賀の祝は「六十の賀」からということになったのです。

江戸時代には10歳刻みの、60歳「還暦」、70歳「古希」、80歳「傘寿」以外にも、漢字の「喜」を草書体で書くと七を三つ重ねて書いたので77歳を「喜寿」、八十八を合体した漢字が「米」になるので88歳を「米寿」というこじつけのような祝いも増えてきました。長生きが難しい時代には、少しでも長生きすることは、祝うべきことだったのです。

賀の祝は、年齢を数え年でいっていた時代は、新年を迎えた正月に、一つ歳を取ると考えていたので、賀の祝もお正月にしました。

平均寿命が80歳を超えた現代、賀の祝になっても現役で活躍していらっしゃる方も多くなりましたが、人生の一つの区切りですから、賀の祝をして、改めて人生に感謝するのはいかがでしょうか。

園遊会

毎年、天皇陛下が主催される春と秋の園遊会の様子がテレビのニュースやワイドナショーで放映されます。その時、主催側の皇后や女性皇族だけでなく、招待客の着物姿が話題になります。

薄いクリーム地に金箔をふんだんに使った豪華な色留袖です。日本画の屏風を思わせる友禅染で、秋から冬にかけての花や樹々が描かれています。帯は正倉院文様と、輪繋ぎの喜祥文様で、地色の落ち着いた金色がとても上品に見えます。

❖園遊会にふさわしい着物は？

園遊会の招待客は、政府や都道府県の高官、外交官、各界の功労者、そして時には話題の著名人などです。しかし、ここで問題が起きます。その すべてが配偶者同伴で招待されることです。ご本人は公の場に出席することに慣れていても、夫人方は初めてということが多いのです。そのため、何を着て出席するかで大いに悩むことになります。

園遊会は、明治13（1880）年にはじまった「観菊会」と、翌14（1881）年にはじまった「観桜会」がその原型です。それまで天皇や皇后が屋外で宴会をすることはありませんでした。しかし、条約改正などで西洋諸国と交際をするためには、西洋の王侯が行っているガーデンパーティーをする必要が出てきました。

観桜会は八重桜の咲く浜離宮で、観菊会は赤坂離宮で行われました。大戦中は中止され、復活したのが昭和28（1953）年で、名称を「園遊会」と変え、赤坂御苑で催されました。

さて、ガーデンパーティーですから、ラフな服装でいいかというと、そうはいきません。なぜなら、天皇皇后が主催する会で、招待客は両陛下に拝謁することになります。例え、遠くにいても同じ空間にいるということで、拝謁したことになります。そうなると、それにふさわしいドレスコードが必要になります。明治10年代の「観桜・菊会」の場合、「通常礼服」すなわち洋装ならローブ・モンタントという裾をひくほど長くしたドレスです。

しかし、実際に招待された夫人たちは、ドレスを着るくらいなら、病気と称して欠席することを選んだのです。

そこで明治20年代に入ると「白衿紋付」（95ページ参照）でもよいということになりました。つまり現代流にいうなら黒留袖か色留袖です。

現在は、黒留袖では結婚式の仲人や媒酌人のようだというので、着ない方が多くなり、ほとんどが色留袖になりました。

勲章の伝達式のあとに、改めて宮中豊明殿で、天皇陛下に拝謁します。その時は配偶者同伴です。
(写真提供：時事フォト)

勲章と褒章の伝達式

毎年、春と秋に勲章と褒章の受章者が発表になります。その中の最高位の「大綬章」と「重光章」は天皇から直接授与されます。では、その際の衣装に決まりはあるのでしょうか？

旭日小綬章を叙勲した本人はモーニングコート、同伴した夫人は色留袖です。秋の叙勲にふさわしく、グレーの地に秋の花々を色彩豊かに描いた手描き友禅の色留袖に、帯は色紙柄の中に花を織り込んだ落ち着いた色合いの錦帯です。

❖同伴する夫人には服装の規定はなし

勲章は国に対して長年貢献した人に授与されるもので、「菊花《きっか》」「桐花《とうか》」「旭日《きょくじつ》」「瑞宝《ずいしょう》」「宝冠《ほうかん》」があり、特に文化に貢献した人には別に「文化勲章」が授与されます。勲章は春・秋合わせて1万5000人くらいが授与されています。

褒章は特別に表彰される功績があれば授与される栄典なので、短期の功績でも授与されますが、多くは長年活動を続けている人に授与されることが多いようで、芸能人や職人などがよくニュースになります。こちらも春秋合わせて1500人くらいです。

かなり多くの人が授与されていますが、夫人同伴で皇居に行けるのは最高位の大綬章と重光章だけで100人くらいです。

この時の服装はどのようなものがいいのでしょうか？　実は勲章を受け取ったあとに、天皇に拝謁するため、「勲章等着用規程」という政府の決めたドレスコードがあるのです。男性なら燕尾服、女性ならローブデコルテもしくはローブモンタントのドレスです。本来なら裾を引く長さですが、最近は歩きにくいので床すれすれの丈にしている女性もいます。

受章者本人には規程があっても、同伴する夫人には規程がありません。そこで考えられるのは、夫人も受章者と同格のドレスとなりますが、いざとなったらなかなか裾を引くドレスを着る人は少ないようで、ほとんどが和装となります。

現代の着物の中で一番格の高いのは留袖です。園遊会などの皇室行事同様、以前は黒留袖が多かったようですが、現代はほぼ色留袖になっています。

勲章や褒章の他にも、人生いろいろな受賞のチャンスはあります。その時の受賞式には、お礼の意味を込めて色留袖を着るのがいいでしょう。きっと主催者にも喜んでいただけるはずです。

葬儀・告別式

故人の死を弔《とむら》うために行われる祭儀である「葬儀」は一般的に、1日目がお通夜、2日目が葬儀・告別式となります。その際に着用する喪服の着物はどのような起源とルールがあるのでしょうか。

喪服は正礼装ですから紋は五つ紋です。生地は平織で地模様はありません。留袖とは違い衿を重ねる「白衿紋付」にはしませんが、襦袢は必ず白です。帯には、地模様が入ってもいいのですが、喜祥模様は避けます。ハンドバッグや草履は革を避けて布製がいいでしょう。

❖遺族が縫って作った「死装束」

人は生まれた時から、お宮参り、七五三、成人式、結婚、賀の祝といろいろな人生儀礼を行い、その度、晴れ着を着て成長してきました。

人生最後の儀礼である葬儀・告別式に着る「死装束」も晴れ着なのです。しかし、本人が何を着るかを生前遺言しない限り、葬儀屋さん任せにすることが多いようです。

地域や宗派によってそれぞれ違いもありますが、遺族がその事情に通じてない限り、すべて葬儀屋さんの指示通りとなります。

葬儀を葬儀屋さん任せにしなかった時代、昭和30年ごろまでは、死装束は遺族や親戚、近所の女性たちが亡くなったことを知ってから縫いはじめました。多数でやれば一晩で仕立て上がります。縫い方では、「糸尻を結ばない」「返し縫いはしない」「一本糸で縫う」「布を鋏で切らず裂いて断つ」など死者の魂がいつまでもこの世に残らない

着物
用語解説

死装束

葬儀屋さんは、あらかじめ用意されている白の死装束を、湯灌《ゆかん》や死化粧をした遺体に着せてくれます。

この死装束は、死者がこれから冥途《めいど》への旅に出るということから、旅支度という想定で、着物以外にもいろいろな旅道具を用意します。額烏帽子《ひたいえぼし》、手甲と脚絆、足袋、草履、杖、肩掛け袋、その中に三途の川の渡し賃の銭、途中で食べ物に困らないように穀物など、まさに旅支度です。

しかも、着物を裏返しに着せ、普通は右前のところを死者には左前に着せて、足袋や草履を左右反対に履かせるなど、生きている人間と反対にする風習もあります。

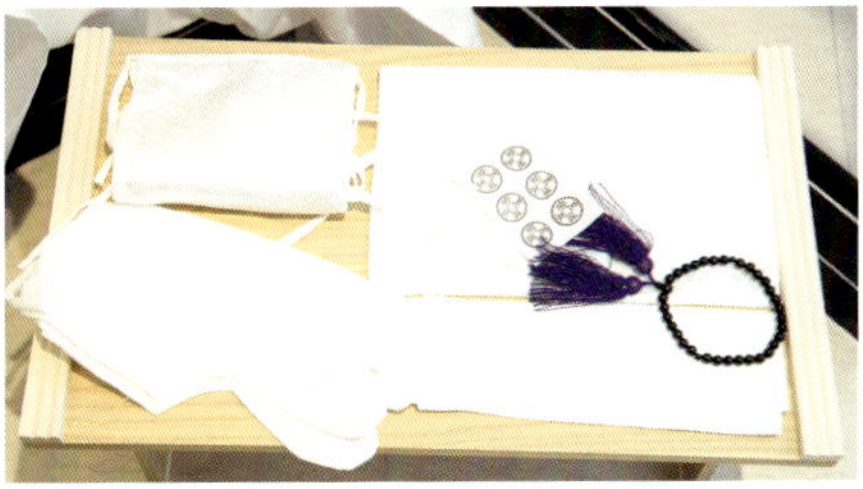

ようにという意味で行われていたようです。

　さすがに、現代では和裁ができる人が少なくなっているので、こんな早業はできません。そこで既製品に頼ることになります。

　しかし最近、死者の個性を尊重し、その人らしい姿で送りたいという遺族が出てきました。生前、本人が気に入っていた衣服や、記念の日に着た晴れ着を着せます。また、本人が生前に自ら選んでおくというケースも出てきました。

❖江戸時代までは喪服は白色

　遺族や参列者が着る喪服が黒となったのは、明治時代からです。7世紀に書かれた中国の『随書』「倭国伝」や『日本書紀』には、当時の日本で、肉親の葬儀に白の喪服を着ていると記載されています。それ以前の中国や朝鮮でも喪服は白だったので、大陸からの影響かもしれません。

　それが奈良時代に天皇の喪服が薄墨（薄い黒）になり、それが平安時代には貴族社会に広がったのです。

　しかし、身分の差別化を図る目的もあり、庶民は古代からの白を着続けました。また黒は白い布を何度も染め重ねて作る色なので、庶民には手が出せなかったこともあるようです。

　それが室町時代になると、貴族社会の影響力が弱まり、庶民の色である白が武家社会の喪服の色となり、明治時代まで続きました。

　白といっても、現在のような「真っ白」ではなく、「浅黄《あさぎ》色」（薄い藍色）や、「鈍《にび》色」（薄い墨色）（鼠色）も白の仲間だったようです。

　時代劇で江戸時代の切腹のシーンに、白の着物に、同じく白の裃《かみしも》を着たり、葬儀のシーンで未亡人が白の着物を着ているのも、喪服が白だからです。ただ、それ以外の親戚や焼香に来る客は特別に喪服ということはなく、普段着や武士なら普通の裃や黒紋付の羽織でした。

　葬儀に参列する全員が黒の喪服を着るように

なぜ？ なんで
着物のウンチク

「振袖火事」で見る遺体に愛用の衣服を掛ける風習

遺体に愛用の衣服を掛けるという風習は、江戸時代にもありました。

明暦3（1657）年。麻布の裕福な商家の娘が本郷の本妙寺にお参りした帰り道に出逢った若者に一目惚れをしてしまいました。しかし、どこの誰かがわからず恋の病で本当の病気になってしまいました。心配した両親が慰めに若者が着ていた着物と同じ荒磯と菊の柄の振袖を作ってやりました。娘は毎日振袖を抱いて泣いてばかりいましたが、残念ながら亡くなってしまいました。そこで両親は葬礼の日、せめてもの供養にと、この振袖を棺桶に掛けてやったのです。

当時、棺に掛けられた遺品は墓穴を掘る寺男がもらってもいいという風習があったため、この振袖は古着屋に転売され、それを買った上野の町娘のものとなりました。

ところがこの娘も病で亡くなり、また本妙寺に棺桶が持ち込まれましたが、これにもあの振袖が掛かっていたのです。さらに同じことが起こり、さすがに住職や寺男たちは恐ろしくなり、この振袖を燃やしたのですが、折から吹いてきた北風に煽《あお》られて、火のついた振袖が本堂に飛び、火を移し、その火が次々に燃え移り、江戸の大半を焼く「明暦の大火」と呼ばれる大火事になったのです。

この謂《いわ》れから、この明暦3（1657）年の火事を別名「振袖火事」と呼んでいます。

この「振袖火事」とよく混同される話に「八百屋お七」の話があります。こちらは歌舞伎などにもなったため、ご存じの方も多いでしょう。

天和3（1683）年に、駒込の八百屋の娘のお七が、それ以前の火事の時に避難した寺の寺小姓（坊主になる前の少年）に恋をしてしまいました。しかし、常時では逢えないので、再び火事になれば逢えるのではないかと思い、放火をして、死罪になりました。この話が実話かどうか議論のあるところですが、その後、悲劇のヒロインとして歌舞伎になり大ヒットしました。

娘らしい美しい振袖姿で、火の見櫓《やぐら》に登るシーンが印象的だったらしく、その姿を描く浮世絵も多く描かれ、そのためか、振袖と火事ということで、どうやら「振袖火事」と「八百屋お七」が一緒になってしまったようです。

なったきっかけは、明治5（1872）年に太政官から公布された「政府高官は大礼服か燕尾服を着用するように」という命令でした。それまで、衣冠束帯《いかんそくたい》や直垂《ひたたれ》、裃《かみしも》などを着ていた公家や武家が、全員洋服を着なければいけなくなったのです。そして上着の色は、黒と指定されます。

　これまでも黒の羽織を着ている人もいましたので、正装としての黒には抵抗はなかったのかもしれません。

　問題は喪服です。欧米では喪服は黒一色だったので、日本も衣服を洋服にしたのに合わせて、喪服も黒としたのです。軍人は軍服の基本色が黒だったので、そのまま着用しました。

　女性の場合、明治の初期には公の場に出席することはほとんどなかったので、宮中では袿に緋色の袴という平安時代を彷彿とさせる装束のままでした。また、政府高官や華族の婦人たちも江戸時代同様の和装でした。

　ところが、明治19（1886）年に皇后が礼服を洋装に変更したのです。これに合わせて、政府は政府高官や華族たちの婦人に、洋装礼服の着用を推奨しました。そしてこの洋装化に合わせて喪服も黒のドレスで、帽子や手袋も黒という西洋式に指定したのです。こうして、明治時代末には皇族をはじめ華族や政府高官の婦人たちに喪服は黒というイメージが定着しました。

　しかし、日常はもちろん礼装にも着物を着る庶民の喪服は、江戸時代からの白を基調にして・鼠色・浅黄色が続きました。

　それが明治30年に孝明天皇の后であり、明治天皇の嫡母であった英照《えいしょう》皇太后が崩御したため、国民も30日間、喪に服することになりました。

　その時、国民有志から政府に対して、庶民も喪服を着たいので、服装の規定をしてほしいという希望が出たのです。当時の庶民はまだ喪服は白というイメージを持っていたため、政府関係者が黒の喪服を着用するのに対して、庶民はどうすればいいのか迷ったようです。

■喪服の帯

喪服の帯は、悲しみが重ならないように、一重太鼓にしました。そのため、帯は名古屋帯にすることが多いようです。合わせる帯揚げ・帯締めも黒に統一します。夏の絽の場合は透ける可能性もあるので、着付け紐や帯板・帯枕も黒にしたほうがいいでしょう。帯締めの端は、慶事や日常は上向きにしますが、喪服の場合は下向きにします。

そこで政府は「国中喪期間庶民喪服心得」というのを出しました。強制ではありませんでしたが、喪服や腕の喪章の色を黒と指定したのです。和装なら黒の紋付に茶系の袴です。

この場合、女性は蚊帳《かや》の外です。しかし、明治天皇の后だった昭憲《しょうけん》皇后が、喪中は従来の和装で過ごし、上着の袿を古来の宮中の喪の色であった黒橡色《くろつるばみいろ》（茶色がかった黒）という黒系の色にし、宮中の女官たちも同じ色にしました。

こうして、宮中からはじまった和装の黒と、男性の黒喪服の普及によって、昭和初期くらいから段々庶民の女性にも和装の黒喪服が普及しはじめます。

法事・偲ぶ会

法事とは、死者の冥福を祈るため行う追善供養のことで、読経を行い、招いた僧侶に食事を供える仏教儀式です。その際に着用する着物にはどのような種類があるのでしょうか。

白鼠色（最も薄い墨色）の揚柳（ようりゅう）縮緬で、縦方向に柳の葉のような大きなシボがあるため肌触りが涼しいので、夏用の単に仕立ててあります。帯は、薄紫の塩瀬生地に、仏事でよく用いられる蓮の葉が墨絵で、小さな蕾が薄紅で描かれています。

❖法事の起源と決まりごと

法事は追善供養《ついぜんくよう》であるため、読経《どっきょう》のあとの会食は、昼食を抜いて来ている参列者への御馳走というわけではありません。現代では僧侶も忙しいというので、お弁当にしたり、「御膳料」としてお金を包むことが多くなりましたが、本来は僧侶を囲んで死者を偲《しの》びながら食べることに意義があるのです。

さて、一口に法事といっても亡くなった日から数えて、7日目に行われる「初七日忌」から、7日ごとに、二七日忌・三七日忌・四七日忌・五七日忌・六七日忌・七七日忌という法事があります。最後の「七七日忌」を「四十九日忌」ともいいます。

死者は亡くなったあと、冥途《めいど》に行く前に7日ごとに7回、生前の罪状などを裁く審判があるとされていますので、それに合わせて無事に冥途に行けるよう読経をするのです。それが終わるのが49日目で、すべての審判が終わった死者の魂がようやく我が家を離れて冥途に行きます。この49日間を「忌中《きちゅう》」といい、遺族は外出をせずに自宅に謹慎していました。そして50日目が「忌明《きあ》け」となり、これで普通の生活に戻るのです。そのため、四十九日忌の法事は特別な意味を持ち、忌明けした喪主から「香典返し」などが贈られてきます。

死者の埋葬方法が土葬の場合は、そのままですが、現代では「百カ日」のころに遺骨を墓に埋葬する「納骨」などをすることになります。

そして、1年を過ぎると毎年回ってくるのが死者の亡くなった日の「祥月命日《しょうつきめいにち》」で、「年忌」とか「回忌」といいます。ただ、法事としては毎年行わず、亡くなった翌年の「一周忌」、2年目の「三回忌」と続きます（ここからは亡くなった年も含めて数えます）。その後は七・十三・十七・二十三・二十五・二十七・三十三・三十七・四十三・四十七・五十と続きます。

この何も法則のない数字は、仏教だけでなく、儒教や道教などの民間宗教の影響も入っており、実は根拠のない数字なのですが、法事は多いほどよいということからか、どんどん増えたようです。宗派によっても違いがありますが、大体三十三回忌か五十回忌で終わることが多いようです。

神道では回忌ではなく「年祭」（または式年祭）といい、一年祭、三年祭、五年祭、十年祭と続き、以降5年ごとに行い、「五十年祭」をもって終わりとします。

❖忌中か喪中か、それ以降かで変わる「色喪服」

さて、法事に何を着るか。葬儀には黒の喪服が定番となりましたが、法事は忌中か喪中か、それ以降かで変わります。

忌中はまだ喪服のままです。ただ、現代では洋装だとすべて黒の喪服のままですが、和装の場合は、着物は鈍色や鼠色という薄墨で、帯を喪服と同じ黒とする方が多くなりました。着物の色は、江戸時代の公家の喪服の色が引き継がれているという考察と、葬儀と区別するために黒を薄めた色だという考察がありますが、はっきりとした根拠はありません。

これが忌明けとなり、一周忌、三回忌、七回忌となるにしたがって、洋装は派手な色やデザインでなければよいという曖昧な基準になります。和装も地味な色の無地の着物に、帯は絵柄が吉祥柄などでなければよいというようになってきました。

年号が平成から令和に変わる時、上皇后が明治天皇や大正天皇の陵墓に拝礼される際に、グレーのロングドレスを着ていらっしゃいました。これは明治政府が黒喪服の普及に努め、皇族が率先してその見本を示してこられたことを考えると、上皇后の着られた色がこれからの法事などの基準色になっていく可能性は大きいです。

【 第三章 】

着物を知る

Know the kimono

「絹の国」と呼ばれ、繊維大国であった日本。日本にはさまざまな織物の技術と文化があります。本章では織物の素材、養蚕技術、織りや染めとその種類、そして織物の産地の歴史と特徴、柄などを解説します。

日本の繊維

江戸時代以前の着物や帯に使われる繊維の代表は「麻」「絹」「木綿」の3種類でした。このうち、木綿は戦国時代以降に普及したので、まずは麻と絹の話からはじめます。

❖税の一種だった麻と絹

本来「麻」は植物の茎《くき》から採取される繊維の総称で、日本に自生していた「麻」「苧《からむし》」「藤《ふじ》」「葛《くず》」「科《しな》」「楮《こうぞ》」などの繊維です。この中で、「麻」と「苧」は合わせて「苧麻《ちょま》」と呼ばれ、奈良時代の税である「租庸調」の「庸」と「調」として全国から平城京の朝廷に納められていました。そのため単に「布」と表記する場合は、この苧麻の織物だということになります。それ以外の繊維は生産量が少なく、それぞれの繊維名で呼ばれていました。

絹を作るための養蚕が大陸から日本に導入されたのは弥生時代末期です。柔らかくて光沢のある絹は支配階級の衣服に採用されました。奈良時代には苧麻と同じように絹も庸調として重要視されていました。

朝廷に納められた絹糸は、織部司《おりべのつかさ》という役所の織工が唐の高度な技術を真似ながら染織して、皇族や貴族の衣服となっていました。

また、地方で織られた布は、貨幣経済が未発達だった平安時代までは貨幣の代わりに物々交換に使われていました。そのため、布や絹の幅や長さがそれぞれ違うと、とても不便だったのです。

そこで、朝廷は規格を統一しました。

布（麻）は、幅二尺四寸（72㎝）、長さ五丈二尺（15m60㎝）。
絹は幅二尺二寸（66㎝）、長さ五丈一尺（15m3㎝）と決めました。

この規格が厳密に守られたかどうか不明ですが、室町時代まではこの規格が続きました。

現在の絹の幅が36㎝、長さが11m40㎝ですから、幅も長さも昔はかなり大きかったのです。ただし、庶民はこのサイズをこのまま使うことはなく、自家用に織った幅の狭い布や、寸法の足りない布を継ぎ合わせて着ていました。

鎌倉時代になると、生産者が地元で直接販売するようになり、産地に市場が立つようになりました。しかし、布にするために織っていたのは、養蚕をしている農家の織手だったので、織部司のような高度な技術では織れませんでした。

貴族たちは奈良時代に中国の唐の衣服を導入して以来、宮廷などで着る装束は中国から輸入した高級絹織物で仕立てていました。

室町時代に入ると、京の西陣（のちの地名）あたりに、中国から渡来した織工から技術を習得した日本人が高級絹織物の生産をはじめました。これが西陣織（168ページ参照）のはじまりです。ただし、国内ではまだ良質の絹糸ができないため、

なぜ？　なんで
着物のウンチク

着物のことを「呉服」と呼ぶ理由とは？

着物のことを「呉服」と呼び、絹織物を販売している店舗を「呉服屋」と呼びます。これは、中国の揚子江河口部に位置する「呉」（現在の蘇州）付近の地名に由来します。

呉は古代から絹織物の産地で、平安末期から日本に大量に輸出していました。そのため、日本では中国からの絹織物を「呉で織られた布」という意味で「呉服」と呼んだのです。

呉服屋に対して、江戸時代には「太物《ふともの》屋《や》」と呼ぶ店舗がありました。呉服屋が京都の西陣で生産された高級絹物を販売しているのに対し、紬や木綿などを販売していました。

西陣では中国から輸入した糸を使っていました。

❖木綿栽培の日本の発祥地はどこか？

木綿が大陸から日本に渡来したのは、鎌倉時代末期から室町時代前期で、初めは布や糸の状態で輸入されていました。当時の貴族や武士の下着には麻が使われていましたが、木綿は麻に比べて肌ざわりが柔らかく、保温性も高く、しかも色を染めやすいという特長があったため、下着の繊維として人気を呼んだのです。

戦国時代に入ると、戦う兵士の衣服として大変重宝されました。そのため、中国や朝鮮から大量の木綿製品を輸入するようになります。しかし、中国の明王朝や朝鮮の李王朝は、その量があまりにも多いというので輸出規制をかけるようになったのです。

そこで国内でも木綿栽培をはじめましたが、発祥地や時期については諸説あって定説はありません。温暖な気候や栽培技術の伝来という意味では、北九州からの東進と考えるべきですが、その後の

■繭

■麻

■綿花

産地形成から考えて、「摂津《せっつ》木綿」の近畿地方や、「伊勢木綿」「三河木綿」の東海地方が先進地域だったようです。

　安土桃山時代には木綿栽培は関東地方や瀬戸内沿岸にも産地ができて、東北地方と北海道を除く日本各地で栽培されるようになり、日本を代表する繊維になったのです。

❖江戸時代の麻・木綿・絹事情

　こうして江戸時代初めには、現代の着物の生地となる麻・絹・木綿が出揃いました。

　寛永5（1628）年に幕府が出した衣服に関する規制では「百姓は布・木綿たるべし」「百姓の女房は紬着物までは苦しからず」とあります。百姓には町人も含まれているので、「庶民は布（麻）と木綿を着なさい。その妻は紬までは着てもよい」と定めています。

　「紬」は養蚕した繭から絹糸を紡ぐ時に出たくず繭から紡ぐ糸で織った布（122ページ参照）なので、商品価値も低く、絹でありながら、庶民も着てもよいというのです。しかも女房ですから、幕府も女心を少しは理解していたのでしょうか。これ以降、庶民は麻と木綿を着るというのが定着しました。

　江戸も中期になると、経済の発展により、幕府や各大名の財政状態が悪くなり、反対に商人が豊かになるという逆転現象が起きました。そのため幕府や大名は「奢侈《しゃし》禁止令」という贅沢を禁止する規制をたびたび出します。その中には武士も含まれており、日本人がこぞって木綿を着るという時代になったのです。

しかし、人生儀礼などには絹の着物を着ることが許されていましたので、庶民も絹の晴れ着を一枚は持っていました。

❖羊毛の登場

明治時代になると、西洋の衣服である洋服が入ってきましたが、日本人の多く、特に庶民は着物を着続けました。ただ、洋服に使われている羊毛はとても温かいため、男性は着物の上に着るコートに、女性は衿にかけるショールに取り入れました。

そして昭和30年代に、良質なウールの着物地が製造されるようになると、着物をウール地で仕立てることも多くなり、冬の温かい普段着として普及したのです。

現代は、洗濯が簡単で価格も買いやすいというので、ポリエステル、レーヨン、キュプラ、アセテートなどの化繊の着物もあります。

❖自然繊維

この他にも、日本には天然の植物繊維から作られた布があります。

藤の繊維から作る「藤布《ふじふ》」
科から作る「科布《しなふ》」
葛から作る「葛布《くずふ》」
楮から作る「太布《たふ》」
芭蕉《ばしょう》から作る「芭蕉布《ばしょうふ》」
楮や雁皮《がんぴ》からできた紙を糸にして織った「紙《し》布《ふ》」

現在もごく限られた地域で生産されていますが、あまりにも貴重なため、着物や帯の生地として使うと、大変高価なものとなってしまい、なかなか着ることができません。

絹の糸 ～生糸と紬糸～

着物を知るには、まずは着物を作り上げている糸の知識を押さえておきたいところです。着物に使用される糸の代表で量としても多い絹糸のことを知りましょう。

❖生糸と練糸

絹は蚕《かいこ》の繭《まゆ》から引き出した極細い繭糸を数本揃えて繰った糸を「生糸《きいと》」と呼びます。生糸はその表面がセリシンという膠《にかわ》成分で覆われているため、少しクリーム色で手触りはごわごわしています。

この生糸からセリシンを精錬して取り除くと、絹特有の美しい光沢と柔らかさを持つ「練糸《ねりいと》」ができるのです。

江戸中期までは、日本の練糸を作る技術が未熟だったため、高級な絹織物や糸は中国から輸入していました。しかし、その量があまりにも増加したため、幕府は輸入制限をしました。そこで困った京都西陣の織元たちが練糸の技術を向上させたのです。そのため、全国の養蚕地で生産された生糸は京都に運ばれて練糸に加工され、西陣織や友禅染の着物になりました。

❖紬糸

しかし、江戸時代には養蚕している農家がすべて良質な生糸を作る技術を持っているわけではありません。また、繭自体に欠陥があって生糸ができない場合もありました。

そこで養蚕農家が、生糸にならない繭から紡いだ糸が紬糸で、織ったものが「紬《つむぎ》」です。そのため、紬は生糸で織られた絹織物に対して、二等品という位置づけになったのです。

紬糸には、大きく分類して次の4種があり、これが産地の風合いの違いにもなっています。

- 繭を茹でて広げ、袋状の「真綿《まわた》」にしてから紡いだ糸。
- 2匹の蚕が入って作った玉繭《たままゆ》から紡いだ節のある糸。
- 蚕が繭を作るのを途中でやめたなどの未完成のくず繭から紡いだ糸。
- 糸は生糸ですが、地方の産地で織られたため、紬と呼ばれているもの。

現在は、紬糸もセリシンを取り除く精錬を行うことで、生糸と同じような光沢や柔らかさを持つものが多くなりました。

■繭

左：くず繭。未熟な蚕が作った繭。
中：良質な繭。
右：玉繭。２匹の蚕が作った繭。

■生糸

繭から繰った糸で、表面にセリシンが付いているため、クリーム色で手触りも硬いです。

■練糸

精錬でセリシンを取り除いたあとで、絹特有の美しい光沢と柔らかさがあります。

着物の織りと染め

着物を仕立てる生地には、大きく分けて「織り」と「染め」があります。本来、生地は糸を織って作りますから、すべて織りといってもいいはずです。しかし、着物には、織りと染めの分類があるのです。

織りは、まず糸を染料で染めてから、それを織ることで、色無地や柄物の生地を作ります。染めは白糸を織って白生地を作り、その生地を染めて色無地や柄物の布を作ります。つまり、色を付けてから織る「先染め」、織ってから色を付ける「後染め」の違いです。

❖織り（先染め）

織りは糸の段階で染色するために、養蚕をして糸を引いたり、布を織ったりする生産地で多く作られました。そのため、産地名を冠したブランド

■染めた糸と織り上がった生地
生糸のセリシンを残したまま草木染めで色糸にして、縞柄に織った生地。

名で呼ばれることが多いのです。絹では、大島紬・結城紬《ゆうきつむぎ》・上田紬・黄八丈《きはちじょう》などが有名です。

木綿では絣《かすり》模様の生地がその代表です。また、農家の女性たちが織るため、風合いが素朴でしっかりとした生地が多いのも特徴です。色も庶民が着るため地味で、昔は仕事着や普段着として着られることが多かったのです。

現代では伝統工芸品として高く評価されるようになったため、高価な生地も出てきましたが、趣味のオシャレ着として人気があります。

❖染め（後染め）

染めは産地から生地を仕入れて、それに染色するので、消費地に近い京都・金沢・江戸（東京）などの都市部に生産地が形成されました。柄は産地ごとに手法の特徴があり、京友禅・加賀友禅・江戸小紋・江戸更紗《さらさ》などが有名です。

生地はごく細い絹糸で織られているため、薄くしっとりとして柔らかいのが特徴です。そのため、高級呉服として晴れ着に仕立てられることが多く、留袖・振袖・訪問着・付け下げ・色無地・小紋となります。

■白生地と染め上がった生地

生糸のセリシンを落とした練糸にして白生地を織り、そのあとで黒の縞柄に染めた生地。

着物地

染めの着物にする生地には、平織・羽二重・塩瀬・縮緬・綸子、そして夏用の紗・絽などがあります。

平織《ひらおり》

平織は基本中の基本の織り方で、経糸《たていと》と緯糸《よこいと》を上下に交差させる織り方で、布の表面に凹凸がなく、平らなのが特徴です。

■平織の訪問着

羽二重《はぶたえ》

平織の一種ですが、平織が緯糸と同じ太さの経糸１本で織るのに対し、羽二重は経糸を細い２本の糸で織るため、柔らかくて軽い生地になります。そのため「羽二重」と呼ばれます。

羽二重は江戸時代初頭には、「光絹」と表記されていましたが、寛永年間(1624 ～ 44)には、「羽二重」の名称が出てきます。白く風合いがとてもよいことから、『絹のよさは羽二重にはじまり､羽二重に終わる』といわれるほどで、黒留袖などの礼装用に使われます。また滑りのよいことから、高級着物の裏地としても人気があります。

■羽二重の黒留袖

塩瀬《しおぜ》

塩瀬は「塩瀬羽二重」の略で、厚地の羽二重のことです。経糸を密にして太い緯糸を打ち込むため、横畝《よこうね》が現れた生地で、模様を織りだしたものは「紋塩瀬」といいます。

主として帯地に用いられますが、他に半衿《はんえり》や袱紗《ふくさ》などにも用いられます。

■塩瀬の付け下げ

縮緬《ちりめん》

縮緬は布面に細かくシボ（凹凸）を立たせた生地です。シボがあることにより、シワがよりにくく、しなやかな風合いが生まれ、凹凸の乱反射によって染め上がりの色合いが豊かで深みのあるものになります。

縮緬の製法が日本に入ってきたのは、南蛮貿易が盛んな安土桃山時代で、中国の明から堺に伝わったのが、のちに京都の西陣に伝わりました。

西陣ではその製法を門外不出にしていましたが、江戸中期の享保4～7（1719～22）年にかけて、丹後国（京都府北部）の人たちがいろいろ手を尽くして入手しました。

丹後には、当時すでに紬などの製織技術があったため、縮緬製造の技術は瞬く間に丹後一円に広まったのです。

丹後に広がった製法は、近江国（滋賀県）長浜にも伝わり、丹後の「丹後縮緬」に対して、長浜の縮緬なので「浜縮緬」として京都や大坂で販売されました。

■縮緬の色留袖

綸子《りんず》

■綸子の訪問着

綸子は、縮緬と同時期に中国の明から技術が伝えられ、堺や京都の西陣で織られるようになりました。江戸時代になると、小袖(着物)の生地として人気が高まりました。

織り方は、撚りのない生糸で、経糸と緯糸の交差するところが少なく、経糸または緯糸の浮きが多い織り方をします。こうすると表地紋と裏地紋ができるので、これを組み合わせて地紋(模様)にします。

織りあがったあとで、精練をすると表面が滑らかになり、強い光沢と粘りが出ます。そのため、晴れ着や長襦袢・伊達衿などに多く使います。

強く撚った糸を使えば、縮緬と同じようにシボのある生地になり、これを「綸子縮緬」といって、手描き友禅などの高級着物にもなります。

紗《しゃ》

盛夏の暑い時期だけに着る単《ひとえ》の薄い生地です。シャリ感のあるさらっとした肌触りで、レースのように透けるので、風通しのいいのが特徴です。

2本の経糸を1本の緯糸にからませるところから「搦織《からみおり》」とも「捩織《もじりおり》」とも呼ばれています。「羅《ら》」(173ページ参照)から発生したもので、平安時代ごろから夏の装束に使われ、現在は僧侶の夏の衣などにも使われています。

織り柄のない無文紗と、織り柄のある有文紗があります。

絽《ろ》

盛夏に着る着物です。紗と同じ綟織ですが、紗が友禅模様のような細かい柄を染めるのが難しかったため、江戸時代に紗の改良品として考案されました。奇数の緯糸ごとに経糸をよじって織り、定期的に隙間を開けたものです。そのため、途中に平織の部分が入るため、紗よりも透ける部分が少なくなり、模様が染めやすいのです。

留袖、訪問着、付け下げ、小紋といった着物に使われ、夏の正装の定番になっています。

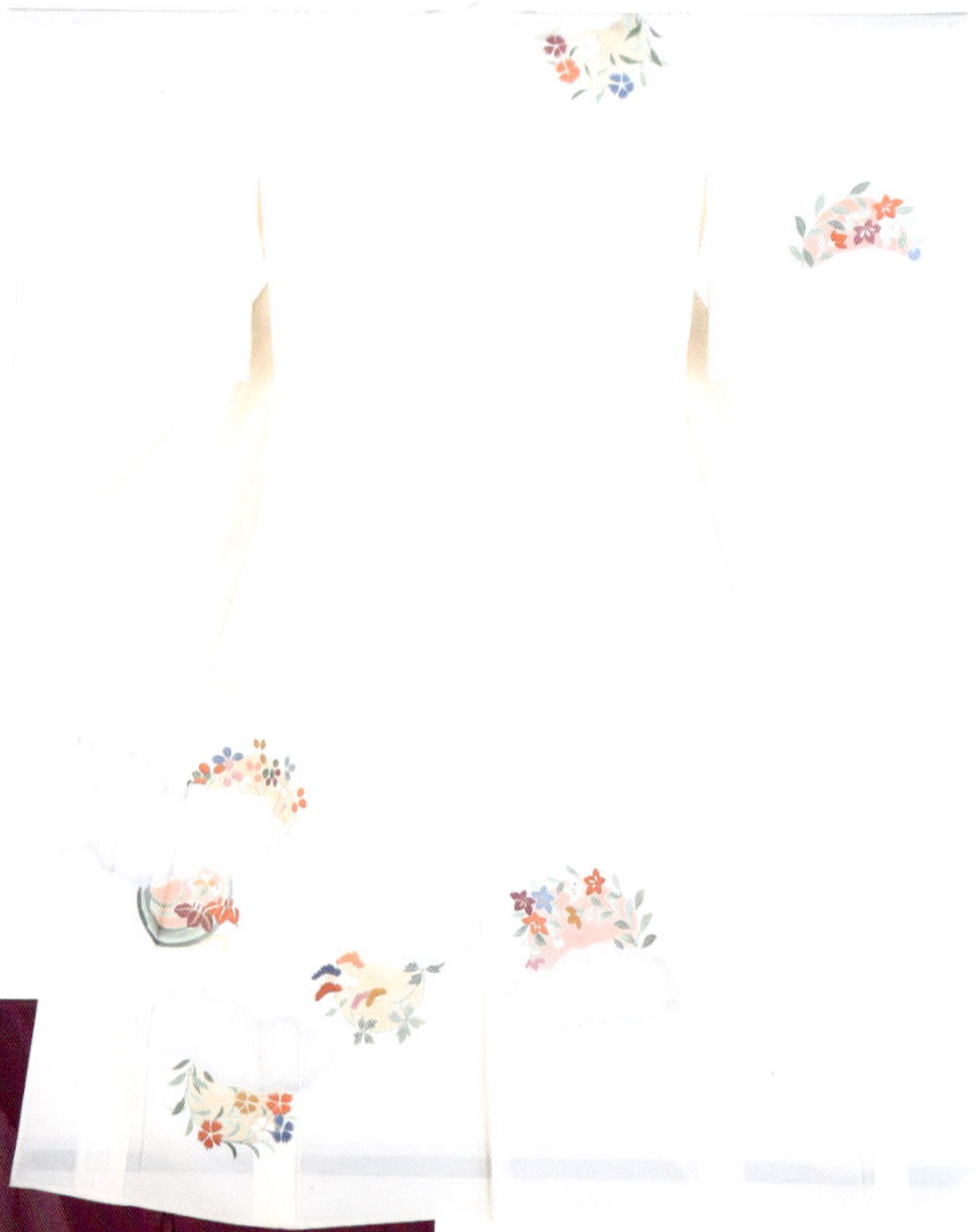

地紋【じもん】

「地紋」とは、生地に織り出した模様のことで、白生地の段階で模様が見えます。縮緬に織り出せば「紋縮緬」、綸子に織り出せば「紋綸子」と呼ばれます。

■松皮菱繋ぎ菊菱文様（綸子）

松皮菱とは菱形を三段重ねた文様が松の木の皮に似ているので、この名がある。その中に菊を菱形にデザインした菊菱紋を入れて繋いだ文様で、能装束などに使われました。

■毘沙門亀甲文様（綸子）

３つの亀甲を繋いだ輪郭線を基本にした模様で、毘沙門天の甲冑にある文様なので毘沙門亀甲文様といいます。この文様を繋ぎ、さらに二重にしたため、立体感のある模様になっています。

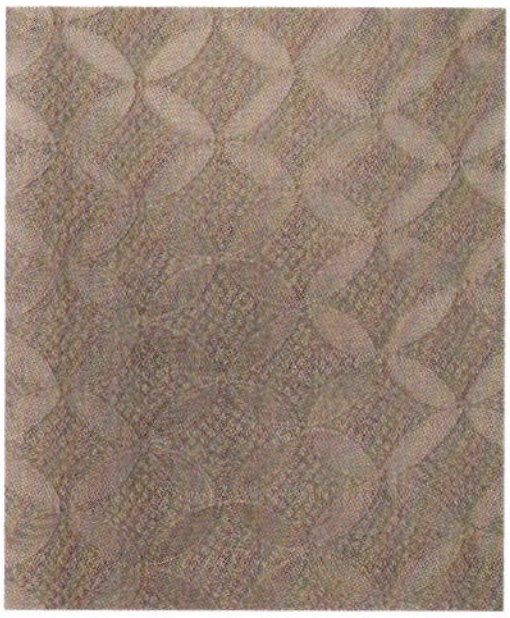

■七宝繋ぎ文様（縮緬）

円や輪ははじまりも終わりもなく、永遠に続くことを表す吉祥紋で、平安時代から装束などにも使われる歴史のある模様です。

■菊花文様（綸子）

菊は奈良時代に中国から薬草として渡来し、長寿を象徴する花として尊ばれ、多くの文様にデザインされてきました。しかし天皇が16花弁の八重菊を紋章としているため、一般には同じ形を避けています。

■紗綾形文様（綾）

卍を斜めにくずして繋いであるので、「卍崩し」とも呼ばれています。桃山から江戸初期に中国から輸入した紗綾織の生地の地紋に多く使われていたので、この名が付きました。

■更紗文様（縮緬）

インドを起源とする更紗文様（●ページ参照）のデザインを、本来の染めではなく、縮緬のシボで表現している、珍しい生地です。

友禅染 ——三大友禅

日本の代表的染色工芸の一つ「友禅染」は、布の上に絵を描くように花鳥風月や四季の草花などを多彩な色で表現する染色方法です。京友禅、加賀友禅、江戸友禅が三大友禅として有名です。

❖友禅染《ゆうぜんぞめ》

「友禅」とは、天和のころ（１６８１～１６８４年）に京都の知恩院門前で、扇に絵を描く絵師をしていた宮崎友禅の名前にちなんでいます。

宮崎友禅は扇面絵師として大変人気があったため、頼まれて着物の模様をデザインしたのです。これが大評判になり、元禄（１６８８～１７０４年）以降に大流行しました。

現代の友禅染というと、染色の技法と思われていますが、本来は「友禅がデザインした着物」という意味だったのです。当時の京都には多くの絵師がいたため、売れる友禅デザインを真似たものが多く生産されて、京都の染めの着物といえば、友禅染といわれるようになりました。

友禅染の技法の特徴は、糊《のり》を使って染料の染み込みを防ぐ「糊防染」技法です。まず下絵の輪郭線を描き、その上に糯米《もちごめ》と糠《ぬか》と塩を混ぜた「糸目《いとめ》糊《のり》」を筒金《つつがね》に入れ、置いていきます。その後、模様に彩色してから、その色の上に「伏せ糊」として全面に糊を置きます。この後、白生地の部分を刷毛で染色して地染めします。

こうすると、糊を置いた部分が白く残り、輪郭がはっきりした模様になるのです。

三大友禅　京都・金沢・江戸

現在、「三大友禅」と呼ばれている友禅染があります。古い伝統と新しいセンスを取り入れて、着物の芸術作品ともいうべきものが、生産されています。

京友禅

京都で染められる友禅染を「京友禅」といいます。友禅染発祥の地です。その後、技法は各地に広まりましたが、京都にはそれまで培ってきた着物への伝統があります。着物全体に広がる模様と華やかな色使いが特徴です。

模様の特徴は、四季の花などの間に有《ゆう》職《そく》模様など、宮廷文化を感じる絵が入っています。またその図柄も図案的になっていてデザイン性を感じます。

完成後には部分的に、刺繍を入れたり、金箔を貼ったりして豪華にしているのも京友禅の特徴です。

加賀友禅

加賀百万石の城下町だった金沢で生産される友禅染です。友禅染の考案者である宮崎友禅は、加賀国の隣国・能登国の生まれで、晩年は加賀に戻って暮らしたと伝えられています。そのため、加賀に友禅染を伝えたのも友禅本人だといわれています。

加賀友禅の特徴は京友禅に比べて、模様が加賀の自然を写したものが多く、花などは小さく可憐に描かれています。色彩は京友禅に比べてやや沈んだ色が特徴で。「臙《えん》脂《じ》」「藍《あい》」「黄土《おうど》」「緑」「紫」を多用しているため、この色を「加賀五彩《ごさい》」といいます。

加賀友禅は、刺繍や金箔をなど他の技法を用いないシンプルさが特徴です。

江戸友禅

江戸友禅は江戸が文化の中心となった江戸後期（19世紀）に、それまで京都で活動していた友禅染の職人が江戸に移り住んだことにはじまるといわれています。

江戸は、「江戸っ子」気質といわれるように、さっぱりとした色使いや模様が好みだったため、友禅染も自ずとそれに合わせていきました。

京都が公家の好んだ宮廷風だったのに対して、江戸は武家が好んだ磯の松や網干し、千鳥など、江戸の海岸の景色が多く描かれました。

模様の配置も、衽《おくみ》と前《まえ》身《み》頃《ごろ》の裾に近い部分にあるだけで、これを「江戸褄《づま》」と呼んでいました。現代は留袖が華やかになったので、模様部分も広がっています。

型染めの着物

「型染め」とは模様を彫った型紙を使って染める技法です。型紙を使えば、同じ模様が何回でも染められるので、手描きと違って量産ができます。また、何枚かの型紙を使えば、多色染めもできます。

❖型染めの染色方法は3種類

型染めで用いられる型紙として有名なのが、伊勢（三重県）で作られた伊勢型紙です。楮《こうぞ》から作った和紙を柿渋で2〜4枚張り合わせ、さらに表面も柿渋でコーティングした紙を使います。この紙に鋭利な刃物で模様を切り抜きます。

染色技法は3種類あります。

型友禅のように、型紙の上から染料を混ぜた糊（写し糊）を塗る技法。

更紗（140ページ参照）のように型紙の上から刷毛で染料を刷り込む技法。

江戸小紋（136ページ参照）のように、型紙の上から防染糊を置いて、模様を白く抜く技法。いずれも一反の生地（11・4m）を染めるためには何十回も型紙を送って染めなければならず、熟練した技が必要です。

着物 用語解説

手描き友禅

友禅染はのちに「型友禅」が考案されたため、生地に日本画のように、筆で一つひとつ模様を描く手法を「手描き友禅」といい、差別化しました。

型友禅【かたゆうぜん】

手描き友禅が高価だったため、明治時代に多くの人に友禅を着てほしいということからできたのが型友禅です。友禅の柄を色ごとに型を作り、染料を混ぜた糊（写し糊）を型の上から塗る技法です。多色の場合にはその色の数だけ型紙が必要です。

現在は、振袖・訪問着などの礼装から付け下げなどのオシャレ着まで豊富な着物が生産されています。

江戸小紋【えどこもん】

「小紋」とは、全体に細かい模様が連続して入っている型染めです。鎌倉時代くらいにはじまり、室町後期に普及しました。

当時の武士は「素襖《すおう》」を着ていましたが、大名クラスになると、その柄として小紋を使うようになったのです。

江戸時代になると素襖が大袖を省いた肩衣袴《かたきぬばかま》になり、上衣と袴が同じ生地で仕立てられていたことから「上下《かみしも》」と呼び、漢字も「裃」と表記するようになりました。そのため、素襖の柄だった小紋がそのまま裃の柄となったのです。

江戸初期は大名クラスだった小紋の裃も段々と武士全体のものとなり、それぞれが差別化するために、小紋の柄に凝るようになります。その結果、遠目には無地に見え、近づくと非常に細かな模様が見えるという武士の美意識を反映した「江戸小紋」が生まれました。江戸小紋の模様は、最盛期には数千種あったといわれています。その中には将軍・大名などが、その家独自の模様を決めて、他者が使うことを禁じた「留柄《とめがら》」というのもありました。

江戸小紋を主に染めていたのは、参勤交代で武士が集まってくる江戸でした。ただし、「江戸小紋」という呼び名は昭和30年に他の小紋と区別するために付けられたもので、江戸時代は単に「小紋」と呼ばれていたようです。

江戸も元禄期になると、通人《つうじん》と呼ばれたオシャレな町人たちの間で裃ほどではありませんが、少し大きめの小紋が着られるようになりました。

江戸中期には女性も江戸小紋を着るようになりました。これは幕府が贅沢を規制する「奢侈《しゃし》禁止令」などを出しはじめたころで、一見無地に見える江戸小紋の特徴が規制逃れに都合がよかったのでしょう。また当時生まれつつあった粋で、すっきりとした江戸っ子の気質にも合い、地色も落ち着いた色が好まれました。

こうして江戸小紋は、それまで着物デザインの牙城だった京都に対して、小紋では対抗することができたのです。

江戸小紋はその誕生が武士の礼装にはじまる格の高い着物なので、女性の場合も紋を付ければ略礼装となりますし、色を押さえれば、法事などにも着ることができます。

■江戸小紋　鮫

■江戸小紋　麻の葉

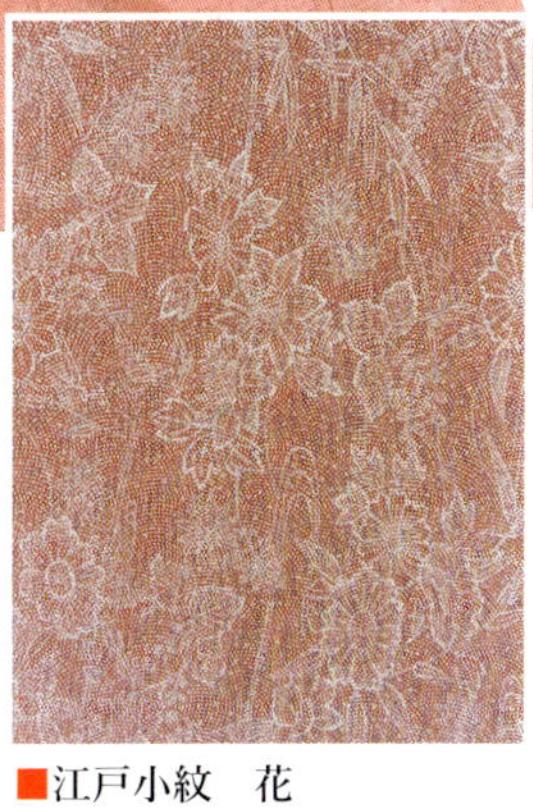

■江戸小紋　花

小紋

「小紋」は模様に上下がなく、生地の全面に小型の模様を配しています。染めの技法は型友禅の写し糊（色糊）を使って染色する方法や、江戸小紋の防染糊で模様を白抜きにする方法などがありますが、その両方を使う場合もあります。

　産地によって「京都小紋」「加賀小紋」「東京小紋」と呼ばれ、それぞれの個性を生かした模様を創作しています。

■違い釘抜き

昔の大工道具の釘抜きを互いに組み合わせた文様を連続させています。

■百花と雲

花と疋田染の雲を組み合わせた模様です。

■梅

薄墨色に白梅を描き、花芯に赤や黄色の色をさした水墨画のような模様です。

■秋草と蝶

菊や萩などの花の間を蝶が舞っている絵柄が、一つの模様となって散りばめられています。

■貝桶と網

全体に魚を獲る漁網を配し、公家の娘が花嫁道具に持っていく絵の描かれた貝が入った貝桶です。

■蜀江文様

八角形と四角形を隙間なく繋いだ文様で、中国の蜀から輸入された錦に由来します。

紅型【びんがた】

「紅型」は沖縄の型染めで、藍一色で染める「藍型《あいがた》」に対して、赤・黄・緑・紫など多くの色を使った型染めをいいます。ただ、この紅型という名称は、昭和初期にそれまで名称がなかった沖縄の型染めに、新たに名付けられました。「紅」はいろいろな色の総称で、「型」は模様という意味だそうです。

紅型の初めは 13 ～ 14 世紀ごろといわれ、15 世紀に琉球王国が成立すると、王族・貴族・士族だけが着る衣服として染められたため、色や模様に決まりがありました。

■琉球紅型

黄色地は王族の色なので、それ以外の人が着ることができない「禁色」で、花や鳥、鳳凰や龍も王族だけが使える模様でした。さらに一つの模様の大きさが着物の縫い目を渡って構成される大模様（大柄）は王族のみ、次の大きさは貴族以上、士族は身分が低くなるほど小柄のものを着用しました。これを「首里《しゅり》型」といい､決まった工房だけが世襲で染めていました。

その後、庶民も晴れ着として着られるようになると、本土から伝わった友禅模様や中国風の模様も取り込んで、沖縄独特の模様を作り出し「那覇《なは》型」と呼ばれています。

明治維新で琉球王朝が消滅し、第二次世界大戦で、人材や道具類が失われて、技法の伝承が危ぶまれましたが、現在は南国の自然を映した鮮やかな色や模様が人気を得ています。

更紗【さらさ】

「更紗」とは、室町末期から江戸初期に、ポルトガルやオランダの貿易船が寄港地だったインドやジャワ（インドネシア）から運んできた人・花・鳥獣などが手描きや木版で染められた木綿布、またはその模様です。

更紗発祥の地はインドで、のちにアジアやヨーロッパに伝わり、ジャワ更紗（バティック）・シャム（タイ）更紗・ペルシア更紗・オランダ更紗など生み出しました。

更紗の語源は、ジャワの古い言葉で「花などの模様をまきちらす」という意味を持つ srasah だとか、インドで極上の木綿布を指した saraso, sarasses だとかいわれていますが、確証はありません。

更紗という漢字表記が定着するのは江戸末期のことで、それ以前には「佐羅紗」「沙羅沙」「皿紗」「佐良左」など、音に合わせて適当に表記していました。

海外から入ってきた更紗は、臙《えん》脂《じ》・藍・緑・黒・黄などの色を使い、日本では見られない草花や鳥獣の模様が染められており、異国情緒あふれる珍しいデザインでした。そのため、「名物裂《めいぶつぎれ》」（169ページ参照）として茶道具を入れる袋などに仕立てられ、とても大切にされていました。

江戸中期になると、その色や模様を模した日本製の更紗が生まれました。長崎更紗・鍋島更紗・天草更紗・堺更紗・京更紗・江戸更紗などがあり、総称して「和更紗」と呼びます。

絞《しぼ》り染め

絞り染めは白く残そうとする部分に圧力をかけて、染料が染み込まないようにして模様を作る技法です。作りたい模様によって、布を糸で括ったり縫い締めたり、板で挟んだりします。染色模様としては簡単にできるため、古代から行われていた技法です。そのため貴族階級の衣服に使われることは少なく、庶民の模様染めでした。

京鹿の子【きょうかのこ】

江戸時代になると、京都で絹布を糸で小さく括って布面に凹凸を残した「京鹿の子紋」が生まれ、一躍ブームになりました。鹿の子とは模様が鹿の背中にある斑点に似ているためです。

京鹿の子の中でも生地の全面に鹿の子絞りを施した「疋《ひっ》田《た》絞《しぼり》」は、高度な技術と製作時間がかかります。そのため、高価な値段がついたので、幕府の奢侈禁止令で生産を規制されました。それでも疋田絞を欲しい庶民のために考案されたのが、疋田絞の模様を型友禅の技法で染めた「摺《すり》疋田」です。

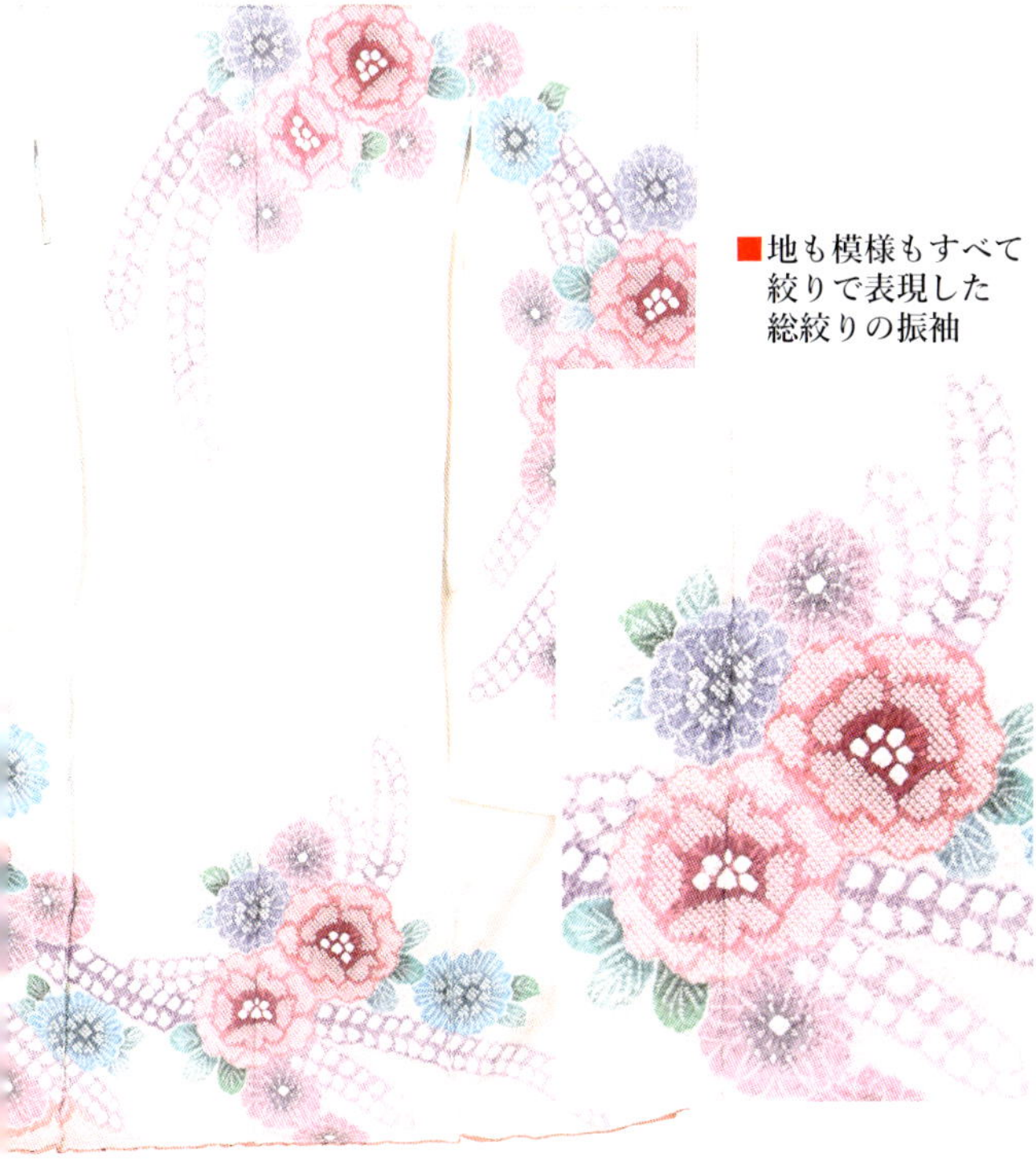

■地も模様もすべて絞りで表現した総絞りの振袖

有松【ありまつ】・鳴海【なるみ】絞

江戸時代、京鹿の子が絹生地だったのに対して、木綿生地の絞りで有名だったのが「有松絞」「鳴海絞」でした。現在の愛知県名古屋市緑区の有松と鳴海地域で生産されたため、この名があります。

江戸初期、東海道を整備するために尾張藩が街道沿いの有松に人々を移住させました。米の栽培が難しかった土地なので、東海地方で生産がはじまっていた三河木綿を利用して、簡単な絞り染めの手ぬぐいを生産して販売しました。

江戸中期になると生産地は鳴海にも広がり、かつ鳴海が東海道の宿場だったため、絞りを販売する店も建ち並び、有松と鳴海は絞り染めの産地として有名になったのです。

手ぬぐいからはじまった有松・鳴海絞ですが、江戸後期には浴衣を多く生産し、江戸時代の浮世絵にも多く登場します。

■鳴海絞の店が並ぶ鳴海宿

歌川広重（初代）が描いた『東海道五拾三次』「鳴海」です。街道沿いに絞りの反物を売る店が並んでいます。

■有松絞の浴衣

歌川豊国（2 代）が描いた『江戸名所百人美女』「木場」です。風呂屋帰りの女性が「竹馬きれ売り」という端切れを売る行商人を冷かしています。着ている浴衣は有松絞の総絞りで、碇とそれを繋ぐ綱を全身に描いています。

（北海道立近代美術館）

着物を知る

伝統の絹織物
～三大紬～

織物の名称が生産地の地名で呼ばれることが多いのは、原料となる繊維、染色技法、そして織り方などが産地ごとに特色を持っているからです。数ある紬の産地から「日本三大紬」といわれた結城紬・大島紬・上田紬（信州紬）をご紹介しましょう。

❖日常着だった紬

織りの着物の代表が紬です。しかし、かつてはどんなに高価でも日常着や仕事着というイメージがありました。その理由の一つが、農家の女性が自家用に織ったもので、その種類も「十軒あれば十の紬がある」といわれていました。また、その品質も大名から幕府に献上される品質のものから、家族が着るために織られるものまで、「ピンキリ」だったのです。

そのため、京都・加賀・江戸の専門の職人が生産する友禅染や小紋などに比べて、低い格として扱われたのです。

しかし、現在は家庭での生産がなくなり、専門の工房が伝統工芸品として生産するようになったため、その希少価値から高価な紬も現れるようになりました。それに伴って、略礼装にも着られる着物となりました。

紬の名称は、生産地の地名で呼ばれることが多いです。それは紬がその地方で生産された繭や、その地方独自の技法で染色されたり、織られているためです。その違いを知って着るのが、紬を着る楽しみです。

結城紬【ゆうきつむぎ】茨木県・栃木県

茨木県結城市から栃木県小山《おやま》市の鬼怒川《きぬがわ》沿いで生産している紬です。その歴史は奈良時代まで遡ることができ、正倉院《しょうそういん》には常陸《ひたち》国（茨城県）から特産物として朝廷に納められた布が残っています。

鎌倉時代にはすでに「常陸紬《ひたちぎぬ》」の名称で呼ばれてブランドが形成されていました。室町時代には領主だった結城氏が保護したため「結城紬」と呼ばれるようになりました。関ヶ原の戦い後に、結城氏を継いだ松平秀康が越前国に移封したため、産地を引き継いだ幕府の代官だった伊奈忠次が、京や信州上田から染工や織工を招いて、さらに品質を向上させて、最上級の紬という評価を得るほどになりました。

江戸時代には無地や細かい縞柄でしたが、幕末に絣柄を織るようになると、その細かさを競うようになり、細かいほど高級品といわれています。

結城紬の糸は「手紡ぎ」という真綿から手で紡いだ糸を使うため、柔らかくてふっくらとした生地ができ、身体に馴染んで着心地がよいという特徴があります。そのため、秋から冬の季節に着るのが適しているといわれています。

染色は絣柄ができる「絣括り」で糸を括りますが、精巧な十字や亀甲柄にするには、1㎜単位の作業が必要です。織機は伝統技法の座って織る「居座機《いざりばた》」を使用します。昭和31（1956）年に国の重要無形文化財に指定された時、この「手紡ぎ」「絣括り」「居座機」で生産されたものだけが「重要無形文化財結城紬」と名乗れるようになりました。

■結城紬　絣括り

遠目には無地に見えるほど細かい絣柄が入っています。

■結城紬　柄入り

山と林に雲というやまと絵風の模様が織り出されています。

大島紬【おおしまつむぎ】鹿児島県

■大島紬　泥染め

■大島紬　白大島

■大島紬　色大島

奄美大島で紬が織りはじめられたのは、7世紀ごろといわれています。江戸時代までは、薩摩藩が幕府に献上する品や大名同士の贈答品として、無地や縞柄を織っていました。

明治初期になると大島独特の「泥《どろ》染め」が考案されました。糸を島に自生するテーチ木（和名：車輪梅《しゃりんばい》）の煮汁で20回以上染め、その後に染め専用に造った泥田に漬けて、さらにこれを繰り返すこと3～4回。こうするとテーチ木に含まれるタンニン酸と泥の鉄分が化合して、艶のある大島独特の黒色が出るといいます。奄美の風土が生んだ見事な黒色です。泥染めした糸はシワになりにくく、汚れにくい、虫が付きにくいという特徴があり、一躍人気の紬となりました。

現在は黒の他にも、茶泥で染めた濃い茶、藍泥で染めた藍色、各種染料で染めた色大島、そして地色を染めずに織った白大島などがあります。

名称は「大島紬」ですが、現在は紬糸ではなく、より細くて光沢のある練糸に変わっています。その分、細かい模様が作り出せるようになりました。

信州紬【しんしゅうつむぎ】長野県

信州（長野県）は古代から養蚕が盛んで、朝廷へ多くの生糸を納めていました。その分、生糸にできないくず繭も多く残り、それを紬糸にして、家庭の機で織っていました。

江戸時代になると諸藩が殖産として養蚕を奨励したため、藩の数が多かった信州では、藩ごとに産地ができて、それぞれ特徴のある紬を織るようになり、ブランド化していきました。

昭和50（1975）年に「信州紬」として伝統的工芸品に指定されましたが、同じ信州紬でも産地ごとに、その特徴があり、違う名称を名乗る産地もあります。

■上田紬（縞）

信州紬の中でも、江戸時代に最も有名だったのが、上田紬です。藍染系の縞柄を基調にしたため、「上田縞」とも呼ばれました。江戸前期、井原西鶴が貞享5（1688）年に刊行した『日本永代蔵』の中に「上田縞」として登場し、当時江戸や大坂でかなり有名ブランドになっていたことがわかります。上田紬には「三裏縞（みうらじま）」というたとえがあります。上田紬の表地が丈夫で、裏地を3回取り替えても着続けられるという意味です。

■飯田《いいだ》紬・伊那《いな》紬

天竜川の流域に位置する地域で、江戸前期は、紬糸を生産して出荷していました。しかし、上田紬などの発展を見て、江戸後期には「飯田紬」や「伊那紬」と呼ばれるブランドを確立しました。太さの違う糸や節くれた糸を織り込んでいるため、上田紬に比べて、柔らかい手触りで、縞なども素朴な感じがします。

伝統の絹織物 ～産地別～

絹織物は産地名を聞けば、生地の特徴がわかり、生地選びや売買価格のヒントになります。つまり産地名が織物のブランド名というわけです。

久米島紬【くめじまつむぎ】沖縄県

15世紀に明（中国）から養蚕の技術を学んで、絹織物を織りはじめたのが初めだといわれています。

江戸時代に薩摩藩の支配に入り、絹織物を献上するように強要されました。そのため、品質向上を目指し、黄八丈《きはちじょう》の泥染めの技法を取り入れ、黒褐色や鶯色の染色ができるようになりました。また、島に自生する植物から取った染料で染めた赤茶・黄・鼠色などは島独特の色として評価されたのです。柄は鳥·雲·花·亀甲などの絣柄で、琉球王朝時代に生まれた伝統柄です。

久留島紬の特徴に、織り上がった生地を砧《きぬた》で打つという古い技法があります。こうすると、生地の布目が均一になり、艶と柔らかさが出るのです。

■久米島紬

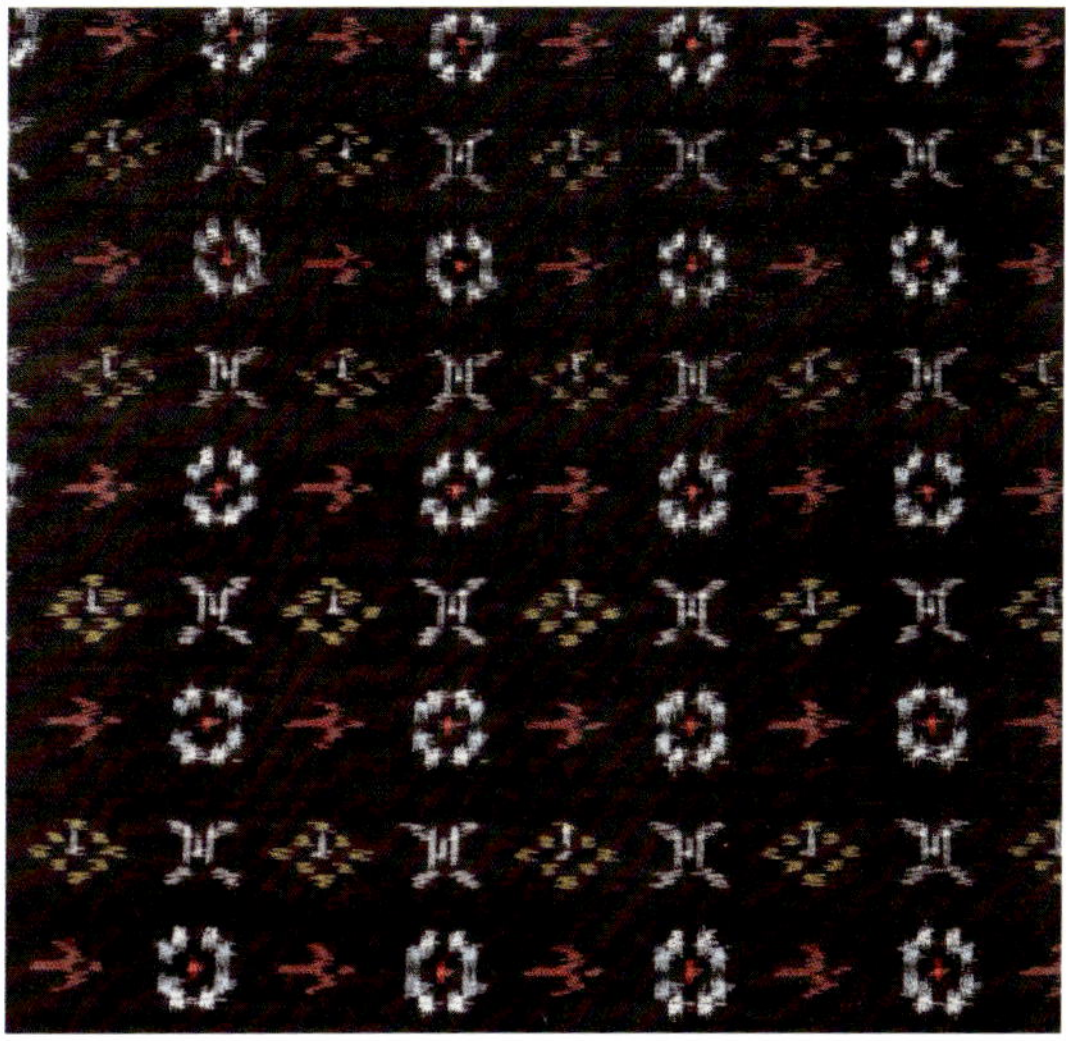

黄八丈【きはちじょう】東京都

伊豆七島の一つ、八丈島で生産する黄色い布なので「黄八丈」と呼んだというのは大間違いで、黄八丈を生産する島のため、「八丈島」と呼ぶようになったのです。

江戸時代、布の生産や取引は「一疋《ひき》」という単位で行われることが多かったのです。一疋は現在の着物の生地二反分のことで、その長さは鯨尺で八丈（約 30 m）ありました。そのため、一疋のことを「八丈」と呼び、着物生地の代名詞になったのです。

八丈島でいつごろから絹織物がはじまったのかは不明ですが、戦国時代に伊豆国を支配した北条早雲の領地となったころ、島名が「綜嶼《いとしま》」、つまり「糸の島」と呼ばれていたことから、当時すでに島に生糸に関する産物があったと考えられます。江戸時代に入り、八丈島（綜嶼）は江戸幕府の天領となりました。水田の少ない島から、年貢米の代わりに島の特産だった平織の絹織物が江戸に送られたのです。

織物は将軍から大名や大奥の女中たちに下賜されました。するとその着心地のよさと明るい黄色に、女性たちはすっかり魅了されたのです。のちに町人も着用が許されるようになると、町娘の間で一大ブームが起きました。

すると、それまで綜嶼と呼ばれていた島は、黄八丈の絹織物を生産する島というので、「八丈島」になったといわれています。

八丈島の織物の特徴は、島に自生している植物で染色した黄・鳶《とび》色（茶）・黒の色です。特に黒は島の鉄分の多い泥に漬けて染色しますが、この技法は江戸後期には奄美大島へ伝わり大島紬の黒になります。

柄は無地もありますが、縞や格子が中心です。地色が黄色のものを「黄八丈」。茶色を「鳶八丈」、黒を「黒八丈」と呼びます。

■黄八丈

※黄八丈は、秋田県にもありますが、それと区別して八丈島産のものは「本場黄八丈」と呼んでいます。

牛首紬【うしくびつむぎ】石川県

北陸の名峰白山の麓の旧牛首村を中心に生産されている紬です。「牛首」とは、1000 年前に白山を開山した修験行者の泰澄《たいちょう》大師が白山に「牛頭天王《ごすてんのう》」を祀ったことに由来してついた地名です。

山間部の豪雪地帯で冬は雪で覆われるため、古くから養蚕が行われ、生糸にならない玉繭（122 ページ参照）で紬を織って生計を立てていました。

これが江戸前期に「牛首紬」「白山紬」として人気が出たのです。それは普通の紬だとくず繭を真綿にしてから糸を紡ぐのですが、牛首紬は玉繭から生糸と同じように直接糸を引き出します。そのため、紬独特の小節を持ちながら、絹のような光沢のある風合いが得られるのです。また、丹念な織りのため、牛首紬は、「釘をひっかけても破れず、反対に釘を抜くほど堅牢な紬」という意味で「釘抜き紬」と呼ばれました。

■牛首紬

牛首紬は草木染による淡い地色ときりっとした縞柄が魅力ですが、近年は白生地を生産しています。これは白生地に加賀友禅を染め出すことで、紬と友禅のコラボレーションとして、訪問着としても着てもらおうということです。

白生地は染色されると、染色業者のラベルに張り替えられますが、牛首紬だけは最後まで牛首紬のラベルで通しています。

置賜紬【おいたまつむぎ】山形県

山形県の米沢・長井・白鷹の３つの地方をまとめて置賜地方といい、ここで生産される紬を総称して「置賜紬」と呼びます。

ただし、これは昭和 51（1976）年に国の伝統的工芸品の指定を受ける時、便宜的に決まった名称で、今でも個性が違う織物を元の地名で呼ぶこともあります。

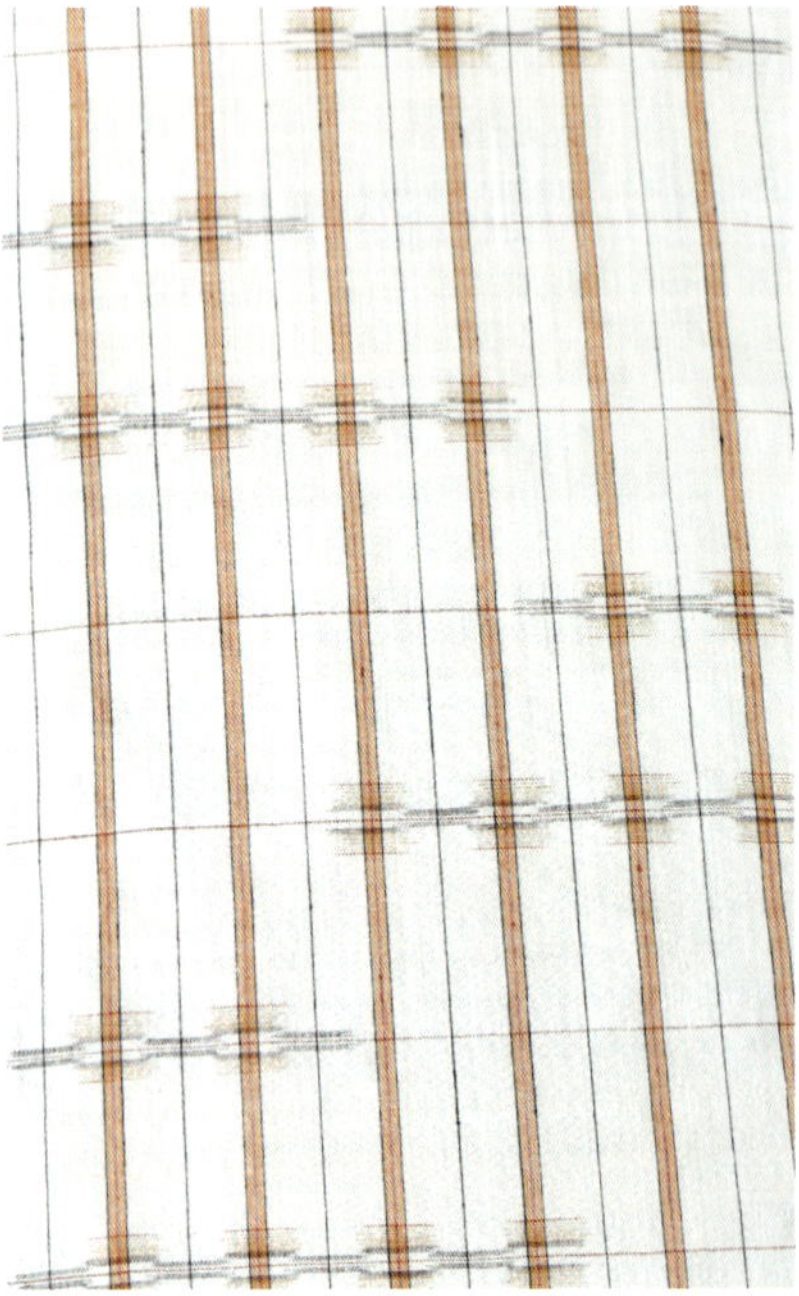

■米沢紬《よねざわつむぎ》

米沢を領していた上杉家は、財政が厳しくいろいろな殖産興業を起こします。その1つが9代藩主上杉鷹山の行った養蚕です。藩内では古くから養蚕を行っていましたが、その品質は評価されず安値でした。そこで先進地域だった越後や京都から織物の職人を招いて、その技術を普及させたのです。特に武士の内職として行われたため、質実で堅牢な紬が生産できるようになりました。米沢紬の特徴は、草木染めによる落ち着きのある色合いで、色の数は豊富です。

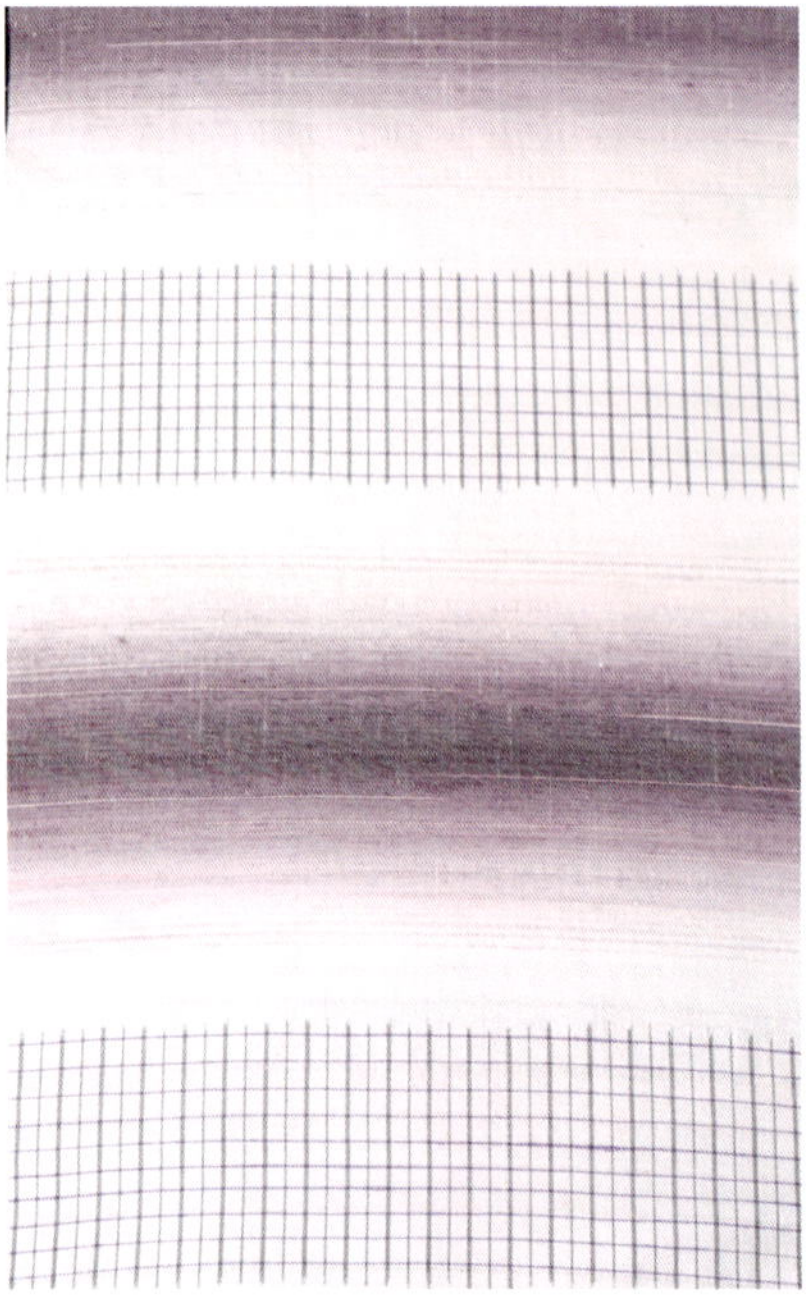

■長井紬《ながいつむぎ》

上杉鷹山が米沢地方と同じく養蚕を奨励したため、紬の生産となります。さらに明治前期には、新潟県十日町から織工を迎え、のちに「米琉絣（よねりゅうかすり）」と呼ばれる新たな絣柄の紬の生産をはじめました。「米琉」とは、紺や濃い鼠色の地に、白の絣柄が琉球絣に似ていることと、集散地が米沢だったことから、この名が付き、現在は長井紬を代表する柄となりました。

越後紬【えちごつむぎ】新潟県

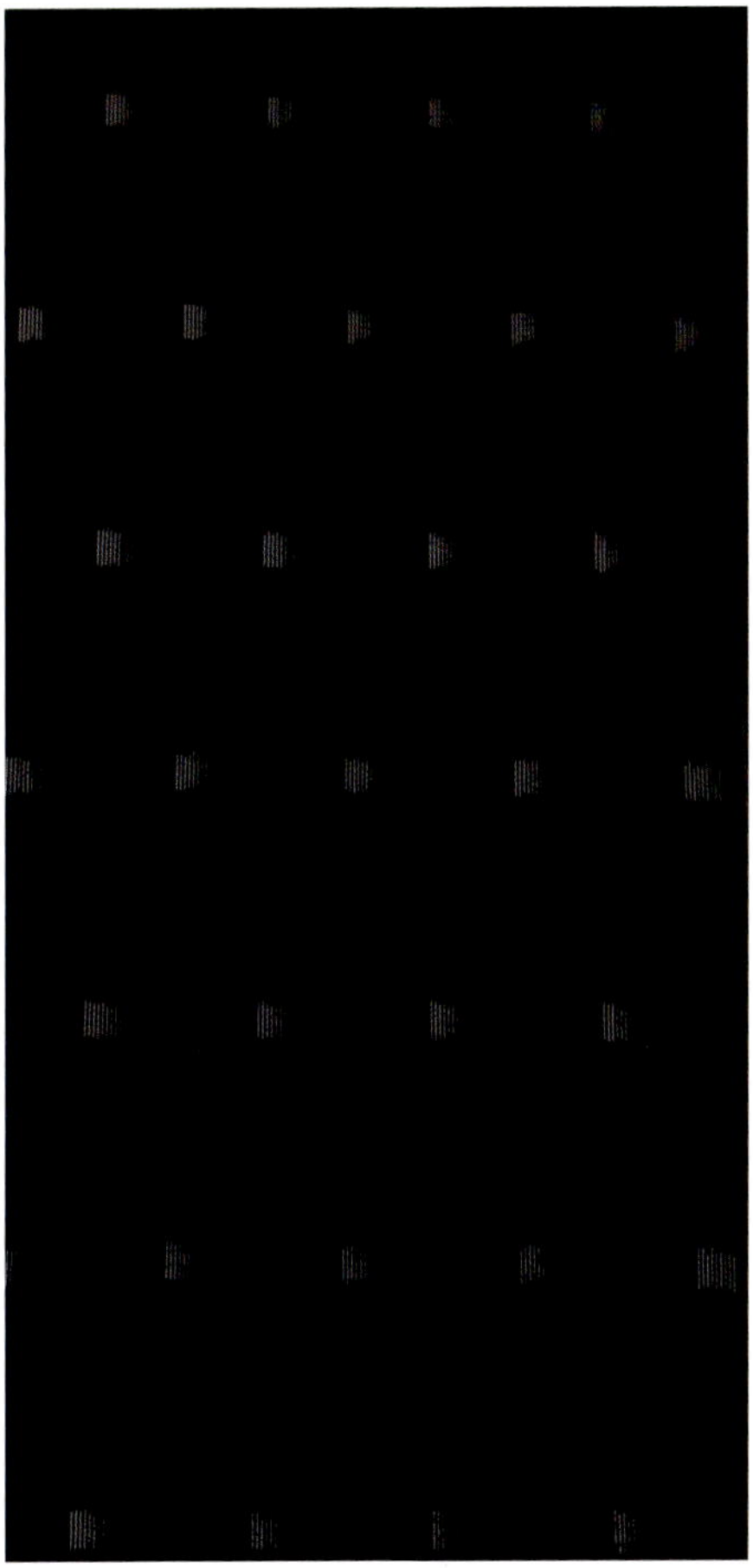

■十日町《とうかまち》絣

麻だった越後縮の技術を改良して絹に転用できるようにしたのは、文化12（1815）年に京都から来た織工の宮本茂十郎だといわれています。以来、絹縮の生産量も増えていき、明治時代に入ると、麻縮の生産量を上回るほどになりました。
明治初期には新しく考案された絣柄の絹織物も好評を博し、「十日町絣」として生産量が増えていったのです。十日町絣の特徴は「経絣（たてかすり）」、と「緯絣（よこかすり）」で織り出す絣柄が緻密なことです。

越後国（新潟県）で生産される紬の総称ですが、現在は生産地ごとに、「十日町《とうかまち》紬」「小千谷《おぢや》紬」「塩《しお》沢《ざわ》紬」などと呼び分けられています。

越後国は奈良時代から良質な麻布の産地として有名で、朝廷に納める上質な平織の麻布を「上布《じょうふ》」（159ページ参照）と呼んでいました。

江戸前期には、播州（兵庫県）明石から来た堀次郎によって緯糸に強い撚りをかけて織り、布地にシボ（凹凸）を作る「縮《ちぢみ》」の技術が導入されました。またそれまで白生地だった越後上布に縞や格子の柄を織り出すようになり、夏の清涼感を得る生地として、武家階級に普及したのです。

しかし、明治時代になると、武士階級からの需要がなくなり、麻織物は衰退していきました。そんな時、麻織物の技術を転換利用した、絹織物の生産が盛んになるのです。

現在、新潟県の着物生地の生産量は京都に次いで全国2位で、県内には多種多様な着物生地を生産する織元があります。

■明石ちぢみ

兵庫県明石で考案された縮の製法が、京都の西陣を経由して、明治中期に十日町に伝えられました。その後、30年近い歳月をかけて、大正時代に完成したのが「明石ちぢみ」です。これが爆発的に売れ、十日町の名を全国に広めたのです。

■小千谷《おぢや》紬《つむぎ》

小千谷では、江戸時代からくず繭を使った紬を自家用として織っていました。しかし、小千谷紬は、越後縮の代表的存在である小千谷縮に隠れていて、ほとんど知られませんでした。それが、昭和初期に商品化されるようになり、戦後の紬ブームで飛躍しました。紬に用いる糸は、真綿から紡いだもので、糸に膨らみがあるため、軽く温かな生地ができます。柄や色も多彩なため、現代的なオシャレができます。

なぜ？ なんで 着物のウンチク

紬の着物が高級呉服となったわけ

紬の着物は礼装にならないといわれていました。確かに江戸時代までは、紬の生地が友禅染に向かなかったためですが、最近は紬糸の精錬技術も進歩して、生糸から作る練糸と遜色がない糸が生産されるようになりました。そのため紬の白生地を友禅染した訪問着なども生産されるようになってきました。これからは紬独特の風合いも残しながら、高級呉服として広まっていくことでしょう。

伝統の絹織物 ～御召《おめし》～

御召は江戸時代中期までは、「柳条縮緬《りゅうじょうちりめん》」と呼ばれていましたが、徳川11代将軍家斉《いえなり》が好んで着用し、「将軍家の着物（御召料）」となったことから、「御召」という名が付いたといわれています。

❖御召は将軍家の着物

御召は「御召縮緬」の略称で、縮緬の一種ですからシボがあります。しかし、縮緬が織り上げてから生地の状態で不純物を取り除く精錬をし、染色する（後染め）に対して、御召は糸の段階で精錬をしてから染色をして織ります（先染め）。

糸の状態で精練するために、生糸のセリシンが除かれているため、織りあがりが硬く、手触りもよく、光沢のある生地となります。そのため、御召は縮緬よりもコシが強く、紬よりはしっとりと馴染む独特の風合いがあり、裾さばきがよいといって人気があります。

御召は織りの着物に分類されます。一般に「織りの着物は染めよりも格が下なので、礼装には着ない」という話もありますが、御召は別格です。江戸時代は将軍の御召料だったということから、礼装にも着ていましたし、現代でも略礼装として着ることができます。

御召の中に「風通御召」というのがあります。経糸と緯糸を二重の袋状に織っているため、表と裏の模様が反対の配色になります。これが上品で面白いというので、御召の中でも特に高級品とされています。

桐生御召【きりゅうおめし】群馬県

桐生の織物の起こりは、奈良時代まで遡り、上野国（栃木県）の税（調）は紬となっていました。

江戸時代の初頭、関ヶ原の戦いの時に徳川家康の要請で、わずか1日で軍旗にする絹織物を2410疋も織り出し、東軍の勝利に貢献したという逸話が残されています。江戸時代になると、桐生は幕府の天領となり、幕府へ納める絹織物を生産していました。

徳川家斉が好んで着たため、他の人は着ることができない「御留め柄（お納戸色に白の細格子縞）」を生産していたため、御召の本場は桐生ということになっていました。

桐生は御召以外にも、ありとあらゆる織物を生産し、その中でも帯地が有名だったことから「西の西陣、東の桐生」と並び称されるほどでした。

■桐生御召

本塩沢【ほんしおざわ】・塩沢御召 新潟県

本塩沢は、塩沢紬とともに塩沢の代表的な織物で、これまでは「塩沢御召」の名で広く親しまれていました。

はじまりは江戸時代中期といわれ、越後縮のようなシボのある麻織物の技術・技法を絹に生かした絹縮《きぬちぢみ》が元になっています。

生糸を使用し、緯糸に強い撚りをかけて織り上げたあと、湯の中で揉んで出すシボの立った生地の風合いが特徴の絹織物です。そのサラリとした肌触りと、十字絣や亀甲絣《きっこうかすり》により構成された絣模様は上品さと優雅さがあります。

西陣御召【にしじんおめし】京都

京都の西陣に由来する御召です。その特徴は糸に御召緯《おめしぬき》という強く撚りをかけた糸を使用していることです。また、西陣御召の糸は他の産地よりも細い糸を使うため、きつく詰まってコシのある生地が織れます。

織機も「御召機《おめしばた》」という専用の機を使い、織りながら緯糸を何色も切り替えて入れるため、複雑な模様や色合いが出せるので、見た目が高級感のある生地になります。

絣柄の「絣御召」、縞模様の「縞御召」。模様を刺繍するように織った「縫取御召」など、種類が豊富なのも西陣ならではの特徴です。

■西陣御召

■本塩沢・塩沢御召

木綿の織物

綿花の種子のまわりに生じる白くて柔らかな綿繊維で、弾力性・吸湿性・保温性に富み、古代より衣料などに広く用いられました。現在でも素肌に着る繊維として一番人気があります。

❖江戸時代から木綿織物が盛んに

木綿は世界的にみると5000年以上の歴史がありますが、日本では布として入ってきたのが鎌倉時代くらいからで、綿花を栽培して国内で生地を生産するようになったのは戦国時代からです（118ページ参照）。

江戸時代に入ると、国内の木綿の生産量は爆発的に増えて、良質な木綿を生産する産地が出てきました。初めは白木綿（晒木綿）でしたが、庶民が着物として着るようになると、縞柄や格子柄、絣柄の木綿織物が生産されるようになりました。

明治時代以降、庶民も絹を着るようになると、木綿は浴衣や労働着の生地となり、低く評価されていましたが、最近は独特の風合いと素朴な色柄で人気が出ています。

会津木綿

会津で綿花の栽培がはじまったのは江戸前期といわれていますが、寒冷地のため、江戸時代はまだ生産量も少なく、自家用に織っていました。明治時代になると綿糸紡績工場が建ち、生産量が増えて、全国に出荷されるようになりました。会津木綿の特徴は、紺地に白い縞というすっきりとした縞柄ですが、現在では赤や緑など民芸調の温かみのある色調のものも人気があるようです。

白木綿・晒木綿【しろもめん・さらしもめん】

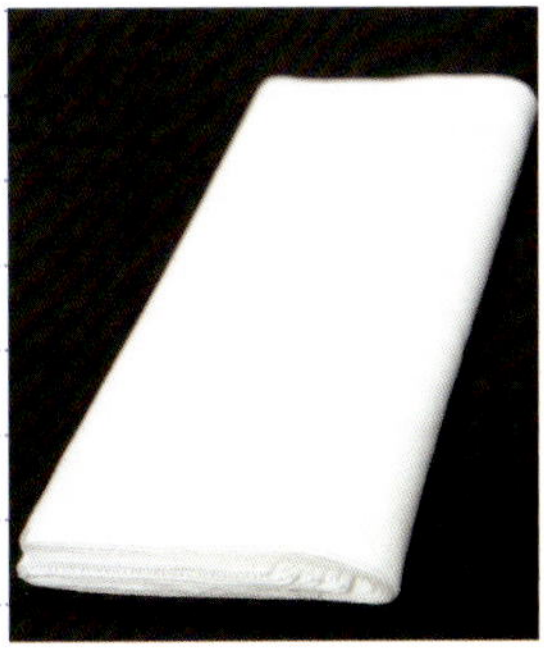

木綿には、「白木綿」または「晒木綿」と呼ばれる漂白して白くした平織の木綿があります。

着物以外では下着の肌襦袢に使うなど、目立たないところで活躍する生地です。現在は漂白剤を使いますが、昔は麻布の「奈良晒」「近江晒」と同じように、灰汁《あく》と石灰で煮沸したあとに、石臼で搗いて太陽に晒すという工程を繰り返して漂白していました。

産地は北九州から瀬戸内沿岸、近畿から東海を経て、関東にまで広がっていましたが、現在は輸入綿花がほとんどです。

縞木綿【しまもめん】

江戸時代前期に白木綿と同じように普及したのが縞柄の木綿です。先染めした糸で縞柄や格子縞を織ったもので、庶民の衣服として喜ばれました。初めは西日本で多く織られていましたが、江戸中期になると、関東地方の産地でも生産されるようになり、庶民の衣服の定番になったのです。

松坂木綿《まつさかもめん》

松坂木綿は元禄年間には江戸で「伊勢木綿、または勢州木綿」と呼ばれてブランド木綿になっていました。特に縞柄が遠目から見ると無地のように見えながら、近づいてみるとさまざまな縞に見えるというので、「松坂嶋（縞）」と呼んで、江戸の町人の定番の着物になっていました。

第三章　着物を知る

絣木綿【かすりもめん】

絣柄の木綿は先染めの平織で、沖縄には江戸時代前からあったようですが、本土では江戸中期以降に生産がはじまりました。

木綿絣の場合、その柄を見れば産地がわかるといわれるほど、柄に特徴があります。

■広瀬絣（島根県）

■備後絣（広島県）

■備後絣（広島県）

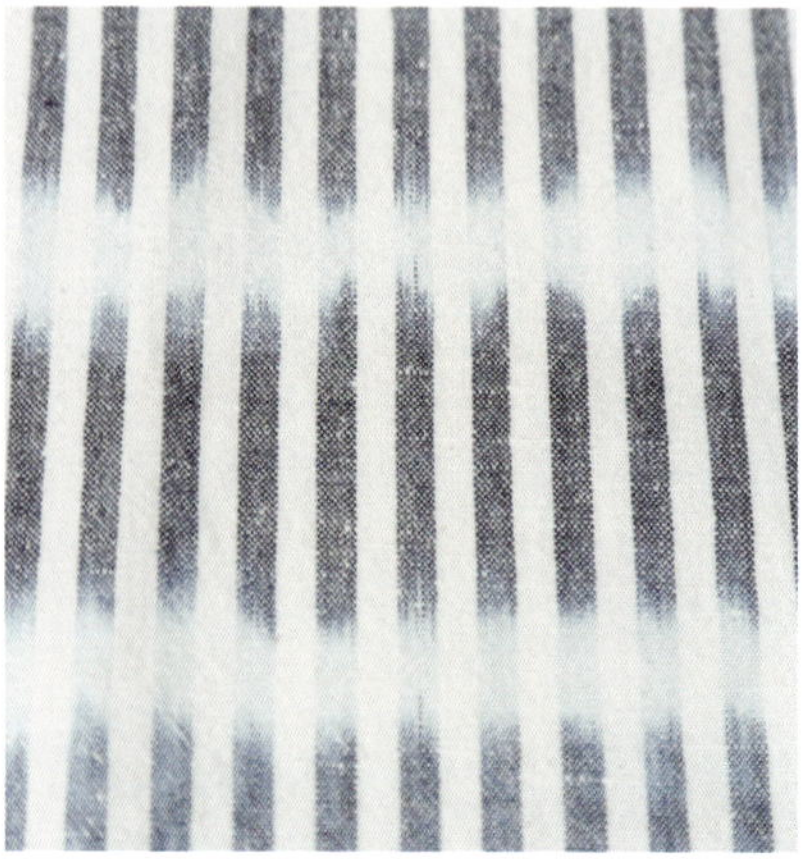

麻・芭蕉布の織物

麻の茎の皮から繊維をとり、糸にしたものを織って布にした「上布」と、イトバショウ（糸芭蕉）の茎を包んでいる葉鞘から採取した糸を使って織られる布の「芭蕉布」も昔から庶民の着物として使われてきました。

上布【じょうふ】

現在、日本各地で「上布」と呼ばれる麻の生地があります。上布とは奈良時代から平安時代にかけて、地方から朝廷に献上された平織の麻布のことで、現代もその伝統を引き継いでいる地方の麻生地を「上布」と呼んでいます。

麻は江戸時代に木綿が普及するまでは、夏冬を問わず庶民が着る布でしたが、現在は夏の涼しさを感じさせる布として、盛夏（7・8月）に着る着物や帯に仕立てられています。

ただし、同じ麻といっても、明治以降に外国から入って来た繊維名を「リネン」と呼ぶアマ科の「亜麻《あま》」と、日本古来の麻は、植物が違う別な繊維です。

越後上布《えちごじょうふ》

越後国（新潟県）の小千谷・塩沢・六日町は、現在は紬の産地としても有名ですが、古代から麻織物が盛んで、朝廷にも献上していた地域です。

室町時代になると、武家が着る素襖《すおう》の布として上質な麻布が必要となり、越後布の需要が伸びたため、戦国大名だった上杉氏は盛んに麻布の生産を奨励しています。江戸時代には素襖の代わりに、麻で仕立てた裃《かみしも》が武士の礼服となり、これにも越後布が使われたのです。

雪晒しは2、3月の快晴の日、雪の上に麻生地を晒します。雪晒しを行うことで白がより白くなり、色も落ち着いた色調となるため、より上品な感じになるのです。

上布の最高級品であり「東の越後、西の宮古」と呼ばれる日本を代表する麻織物です。

宮古上布《みやこじょうふ》

宮古島は沖縄本島から西南に約300㎞に位置する島です。

16世紀ごろに、島の役人の妻だった稲石が「綾錆布《あやさびふ》」という銘の細やかな麻織物を琉球王に献上したのがはじまりといわれています。

その後、琉球が薩摩藩に支配されるようになると久米島紬や大島紬同様に薩摩藩への上納布になりました。宮古上布の特徴は、ミリ単位に染め分けられた極細い麻糸を十文字に合わせて絣柄を織り出しますが、針で一本一本柄を合わせながら織るため、1日20㎝が限度だといいます。織り上がると、杵で布を打ちますが、これをやると極細の糸の艶が増し、まるで蝋を引いたようになります。

小千谷縮《おぢやちぢみ》

シボ（凹凸）のある小千谷縮は、越後上布の産地だった小千谷に、江戸初期に播磨国（兵庫県）明石出身の浪人だった堀将俊が縮の技術を伝えたことにはじまります。

シボをつけたことで小千谷縮は、麻のサラサラした感触をさらに高め、汗をかいても肌に貼りつかないというので、元禄年間には諸大名からも注文が入るようになり、その人気にあまりにも贅沢だということで天保年間には奢侈禁止令の対象にもなったほどです。

■近江麻

近江麻

近江国（滋賀県）彦根高宮地方で、室町時代から生産された「高宮布」を、江戸時代になると彦根藩が国産品振興のために保護奨励しました。

現在は、縮加工した「近江ちぢみ」などが人気です。

芭蕉布【ばしょうふ】

芭蕉布はバナナと同種のイトバショウ（糸芭蕉）の茎を包んでいる葉鞘から採取した糸を使って織られる布です。沖縄諸島や奄美群島では、各家の畑にイトバショウを植えて、糸を生産していました。

イトバショウは糸が採れるまでに、植えてから3年かかります。直径10㎝ほどの茎から皮を剥がしますが、外側の繊維ほど太く粗い糸になり、内側の繊維ほど細く柔らかい糸になります。最も中心の白くて柔らかい繊維が着物生地に使われます。着物一反を織るために、イトバショウが200本ほど必要だといわれています。

茎から取った繊維を木灰汁を入れた大鍋で煮たのち、割竹（竹鋏）の間に挟んでしごくことで繊維を精練しますが、芭蕉の糸は白くはならず薄茶色のままです。そのため、織った布は無地か、濃茶色で絣を織ったものになりますが、最近は琉球藍で染めた藍色の絣も人気があります。

芭蕉布は薄くて軽く、張りのある感触から、肌にまとわりつきにくく涼感があるので昔は着物以外にも、糸の太さによって蚊帳《かや》や座布団などに多岐にわたって利用されていました。

第二次世界大戦後、アメリカ軍によって、イトバショウの畑がマラリヤを媒介させる蚊が発生する場所だと疑われて焼き払われました。そのため絶滅の危機に陥りましたが、かろうじて守られて現在も生産されています。現在は、沖縄本島の大宜味村喜如嘉《おおぎみむらきじょか》と今帰仁村《なきじんそん》を主産地とし、八重山列島の竹富島などでも続けられています。

■芭蕉布

帯の種類と結び方

室町時代まで紐状だった帯は江戸時代の間に段々幅が広くなり、着物と同じくらいに目立つ存在になりました。そのため、帯にも着物と同じように格式や形態の違いが生まれました。

丸帯【まるおび】

「丸帯」とは帯幅の2倍に織った生地を、縦に二つ折りにして筒状に縫い合わせた帯です。丸く縫い括った帯ということから「丸帯」といいます。裏表に豪華な同じ柄があり、帯の中では一番格式のある帯です。

昭和10年代までは礼装用の帯として、留袖・振袖に締められていましたが、現代では花嫁衣裳や舞妓さんの衣装に使われる程度になりました。

■大正時代の丸帯

両面に豪華な扇模様が入った錦帯で、帯幅も袋帯よりも3cmぐらい広い34cmなので、かなり大きく感じます。

■丸帯を締めた舞妓

京都祇園の舞妓の「だらりの帯」と呼ばれる丸帯です。緑の地に金の立波模様の錦帯が、より若さと美しさを引き立てます。

袋帯【ふくろおび】

丸帯が豪華とはいえ、あまりにも重く、硬くて締めにくいというので、明治時代に改良されたのが「袋帯」です。表になる生地には柄が入っていますが、裏になる生地は無地です。無地にした分、柔らかく軽くなったので、締めやすくなりました。改良当初は帯地を袋状に織ったので、「袋帯」と呼ばれました（本袋帯）。現在は別々の表地と裏地を縫い合わせて袋状にしたものが多くなっています。

■現代の袋帯

裏が黒地の錦帯。結んだ時にわずかに覗く黒色が、表地の豪華さを引き締めます。帯幅も31cmなので、かなり軽く感じます。

■袋帯　色留袖の二重太鼓

■袋帯　振袖の変わり結び

名古屋帯【なごやおび】

安土桃山時代に流行った紐状の「名護屋帯」(46ページ参照)とは違い、大正時代に愛知県名古屋市の女学校の先生が考案したので「名古屋帯」と呼ばれています。

帯は背中のお太鼓にするタレの部分は、帯の幅をそのままに使いますが、胴に巻く部分は幅を半分に折って巻きます。名古屋帯は、その半分に折る部分を最初から半分の幅で仕立てています。そのため、胴に巻く部分が薄くて軽くなるため、身体への締めつけが柔らかくなります。

お太鼓にするタレも短く仕立てられているため、袋帯が二重太鼓にするところを名古屋帯は一重太鼓なので、これも軽くなりました。

略式の帯ということで、留袖や振袖には締めませんが、普段着やオシャレ着に結びます。

■名古屋帯の構造

染め帯の場合、締めた時に背中と腹にくる部分には柄があるので、事前にその位置を確認して締めます。帯丈が余った場合には帯枕の下に目立たないように畳んで隠します。

■結城紬の着物に染めの名古屋帯

■江戸小紋の着物に織りの名古屋帯

半幅帯【はんはばおび】

帯の幅が半分しかないので「半幅」と呼びます。普通の帯が幅八寸(30 ㎝)〜九寸(34 ㎝)なのを半分の幅にし、長さも普通の帯が一丈一尺(4 m 20 ㎝)以上あるのに対して、八尺五寸（3 m 22 ㎝）くらいに短くなっています。

これは江戸中期以降、どんどん帯幅が広くなりますが、庶民の間では狭い帯幅のほうが働きやすかったので、江戸前期の帯幅がそのまま残ったものです。そのため、浴衣や仕事着などに結ぶ帯です。

結び方も「貝の口」や「文庫結び」など、帯揚げや帯締めを使わずに結べるので、簡単に結べる帯として、人気があります。

■半幅帯のいろいろ

■木綿の着物に貝の口結び

■浴衣に文庫結び

織りの帯

帯にも織りと染めがあります。織りは着物の織りとは違い、「錦織」「綴織」「唐織」などの種類があります。

❖帯にも生地によって格差がある

帯の織りは本来中国から渡来した正倉院模様や、平安時代の朝廷で決められた有職《ゆうそく》模様、鎌倉時代以降に海外から持ち込まれた珍しい布の名物模様という歴史的な格調のある模様で、金糸銀糸を織り込んで作られた豪華な帯でした。そのため、これらの帯を締めるのは、礼装がふさわしいとされています。

現代では織りの着物の生地から作ったものや、珍しい自然繊維で織ったものなど、変わり帯もあります。これらは小紋や紬の着物などに締めるといいでしょう。

帯にも着物と同じように、生地によって礼装用、オシャレ用、日常用にふさわしい格があります。また、季節に合わせた帯地というのがあります。それぞれの特徴を知っておきましょう。

■錦の帯

礼装

錦《にしき》

「錦」という漢字の「金」偏は金属という意味で、金銀銅などを表します。「帛《はく》」は高級な絹織物のことを指し、合わせた「錦」は金銀糸を織り込んだ美しい絹織物を表します。現在は高級帯地の代名詞にもなり、実際に金や銀、さらにプラチナの糸を使っているものもあります。

錦の歴史は、中国の漢の時代（紀元前206～紀元後220年）まで遡るといわれ、日本には奈良時代にその織り技法が伝わり、日本なりの錦織りが生産されるようになります。

さらに室町時代には、明からさらに高度な技法が伝わり、京の西陣で盛んに生産されるようになりました。そのため、錦の織物を「西陣織」と呼ぶようになったのです。

佐賀《さが》錦《にしき》

同じように錦と呼ばれながら、ルーツを別にするものがあります。それは「佐賀錦」と呼ばれ、江戸時代末期に肥前国鹿島藩（佐賀県鹿島市）で生まれた織物です。お城勤めの女中たちが手芸として創作し、それが発展して今日の形になったといわれています。金箔・銀箔を漆で和紙に貼り付けたものを細く切って経糸にし、絹糸を緯糸にして、織紋を織り出します。そのため金銀細工を思わせる豪華なものです。

熟練の織り手でも1日数cmしか織れない緻密な作業だったため、一般に広まることもなく、明治時代になると消滅の危機を迎えます。その時、佐賀県出身の大隈重信（政治家・早稲田大学創設者）が、明治43（1910）年にロンドンで開催された日英大博覧会への出品をすすめた結果、「日本手芸の極致」と大絶賛されたのです。

それ以後名称も「佐賀錦」として、本格的な生産をはじめました。この時、西陣の帯製造の技術も導入され、高級帯地の生産もはじまったのです。

■佐賀錦の帯

■唐織の帯

唐織《からおり》

模様の色糸が刺繍のように浮き上がって見えるのが「唐織」です。「唐」とつくように、錦と同じ中国から渡来した技法ですが、唐織は室町時代後期に明から京の西陣に伝わりました。

江戸時代にはその豪華さから、大名家の能装束などに使われ、現在は博物館などで見ることができます。

明治時代になると、ヨーロッパから、パンチカードを使って織り出すジャガード織機という自動織機が導入されて、生産量が増え、庶民にも手が届く帯地となりました。

着物 用語解説

西陣織

京の「西陣」は、日本を代表する絹織物の生産地で、「西陣織」というだけで高級品というイメージがあります。

西陣織の発祥は5～6世紀に大陸から渡来した秦《はた》氏がはじめたといわれています。平安時代には宮廷の織部司《おりべのつかさ》となり、中国渡来の技法を使った高級織物を宮廷や貴族のために生産していました。

室町中期に起こった応仁の乱で、織り手たちは泉州（大阪府）の堺付近に疎開をしました。乱後に再び京に戻り工房を再興したのが、応仁の乱で東西に置かれていた本陣のうちの西の本陣跡だったのです。そのため地名が西陣となり、そこで生産される織物が「西陣織」と呼ばれるようになりました。

西陣織という時、他の産地のようにこれと決まった単独の技法というより、「錦」「唐織」「綴」をはじめとして「緞子《どんす》」「繻珍《しゅちん》」「捩織《もじりおり》」「ビロード」など、あらゆる技法があり、現在12種類の織り方が「伝統工芸品」に指定されています。

明治時代にジャガード織機を導入し、新しい技法と時代に即したデザインを開発し、西陣で織れないものはないといわれています。

準礼装・オシャレ

■綴の帯

綴《つづれ》

「綴」は模様を織り出す最も古い技法で、日本でも奈良時代から生産されていましたが、現在のような緻密な生地が生産されるようになったのは江戸中期の西陣からです。

現在はジャガード織機で織られることが多くなり、大型化もして、劇場の緞帳《どんちょう》や室内の壁掛けに使われることもあります。

高級品では、織り手の削った爪先や櫛で、緯糸を掻き寄せて織る「爪綴」というのもあります。この織り方だと1日に数cmしか進まないので、とても高価なものとなります。

■名物裂の帯

名物裂

室町時代から江戸時代に茶道に使う仕覆《しふく》や袱紗《ふくさ》に用いられた由緒ある裂を「名物裂」と呼びました。元は中国からの渡来もので、古さや珍しさで珍重されました。それをコピーして帯地にしたのが名物裂の帯です。

オシャレ

●──博多織

博多（福岡県）は古代より中国や朝鮮との貿易港として発展していました。鎌倉時代に博多の商人の満田弥三右衛門《みつだやざえもん》が中国の宋に渡り、そこで習得した技法を持ち帰り、織りはじめたのが「博多織」の最初といわれています。

博多織は細い経糸を密にして、そこに太い緯糸を打ち込んで、経糸を浮かせて模様を表しています。緯糸を強く打ち込んでいるために張りがあり､締めた時に「キュッキュッ」という絹が擦れる音（絹鳴り）がします。この音が博多織独特の音として、愛好者には人気です。

江戸時代には福岡藩主となった黒田長政が地元の名産として将軍へ献上したことにより､「献上博多」と呼ばれるようになりました。また、硬く織られているため、締めくずれないので、武士の帯として好まれました。さらに、歌舞伎の『助六所縁江戸櫻』で市川団十郎が博多帯を締めていたため、町人の間でも大流行したのです。

博多織の独特の模様として「独鈷《どっこ》」と「華皿」があります。独鈷は仏具の一つで、煩悩を払うといわれています。「華皿」も仏に花を供える時に使う皿で、どちらも密教に関わるもので、帯柄に精神性を持たせたものといえるでしょう。

明治時代になり、ジャカード織機が導入されると、織り柄も豊富になり、女物の帯も織られるようになりました。男帯から出発したためか、博多織の帯は粋な着物姿を目指す女性に人気があります。

■博多織の帯

オシャレ・日常

紬

紬といえば、着物の生地という印象が強いですが、帯にも紬があります。帯地なので着物を織る糸より太く紡ぎ、くず繭を混ぜてわざと節を作ったりして、素朴さを出すものが多いようです。

紬は本来、生糸にならない繭から糸を紡いで織られた生地（121ページ参照）で、正装には着ません。しかし、温かい着心地から庶民の着物や帯として人気がありました。

紬の帯は帯芯を入れずに仕立てることが多いので、軽くて締めやすいのが特徴です。

先に染めた糸を織る織帯が一般的ですが、薄目の生地であとから模様を染める染帯もあり、オシャレ着の帯として人気があります。

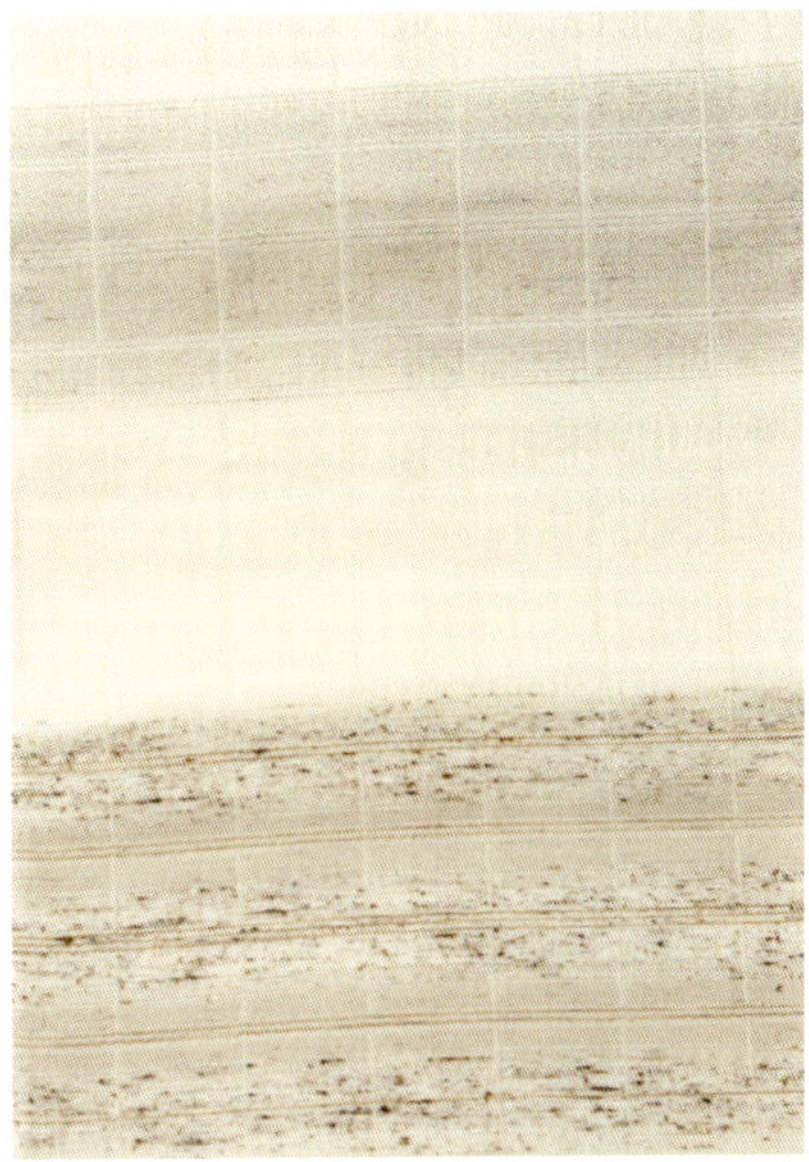

ぜんまい紬

カジュアルな着物や浴衣に、日本に自生している植物の繊維で作った帯が人気になっています。ぜんまい紬は山菜のぜんまいについている綿を真綿糸と混ぜて紡いだ糸を緯糸に用いて織られた紬で、横節が素朴で味わいのある紬です。

第三章 着物を知る

夏の帯　礼装・オシャレ

紗《しゃ》

紗は布一面に隙間があるため、涼しげに見えるので、7～9月初旬の暑い季節に締める帯です。

奈良時代に中国の唐から伝わった技法で、平安時代には、京の暑さをしのぐ装束の生地として紗はなくてはならない生地でした。

帯は袋帯と名古屋帯が生産されています。袋帯には金銀糸を入れたり、模様に厚みを持たせたりして、夏の礼装用の帯として締めます。

絽《ろ》

7～9月初旬に締める帯です。紗と平織を組み合わせた搦織《からみおり》で、絽《ろ》目《め》という透ける部分があるため、涼しげに見えます。模様は、細い糸で織り出した絽長絹や綴などの織帯と、あとから模様を染めた染め帯があります。夏帯ですから少しでも涼しく見えるように、流水や秋草などを描いているものが多いです。

夏の帯　オシャレ・日常

羅《ら》

羅は中国では鳥や小動物を捕獲する網をさす文字でしたが、のちに網のように目の粗い絹織物を指すようになりました。

日本への伝来は5世紀ごろと考えられています。奈良・平安時代には貴族の夏の装束でした。

紗や絽と同じく搦み織りの一種ですが、一見レース編みのように見えます。羅を帯にする時は芯を入れないので、通気性がよく、紗や絽の帯よりも締めていて涼しいので、7～8月の盛夏に締めます。

麻《あさ》

麻は日本人にとても馴染みのある素材です。特に涼しくて吸湿性があるため夏の衣服には重宝します。

帯も日本各地にある麻の産地で織られています。着物用の糸より太く紡ぎ、ざっくりとした感じを出しています。

模様は染めることが多く、キャンパスに描いたような絵柄や、型で押したような素朴な柄が、麻の素朴さを増しているようです。

染めの帯

白生地に地色や模様を染めた帯を染め帯といいます。模様には手描きと型染め、絞り染め、更紗染めなどがあり、絞りや刺繍を入れたものもあります。

❖織りの帯より優しい味わいに

染めの帯の生地には、袷《あわせ》の季節には塩瀬《しおぜ》（126ページ参照）や縮緬《ちりめん》（126ページ参照）、紬《つむぎ》（143ページ参照）、単《ひとえ》や薄物の季節には紗《しゃ》（127ページ参照）や絽《ろ》（128ページ参照）など、着物と同じ生地に芯を入れて仕立てるので、織りの帯より柔らかくて優しい感じになります。

技法も手描き友禅、型染め、絞り、ろうけつ染めなどを組み合わせることもできるので、自由な模様を描くことができます。そのため、生地と合わせて季節感がより表しやすいので、普段着やオシャレ着にぴったりです。

また、模様に吉祥文様や金彩を使えば、略式礼装としても締めることができます。

一般に、「染めの着物には織りの帯、織りの着物には染めの帯」といわれていますが、あまりこだわる必要はないと思います。

■白の塩瀬に水墨画

染めの帯

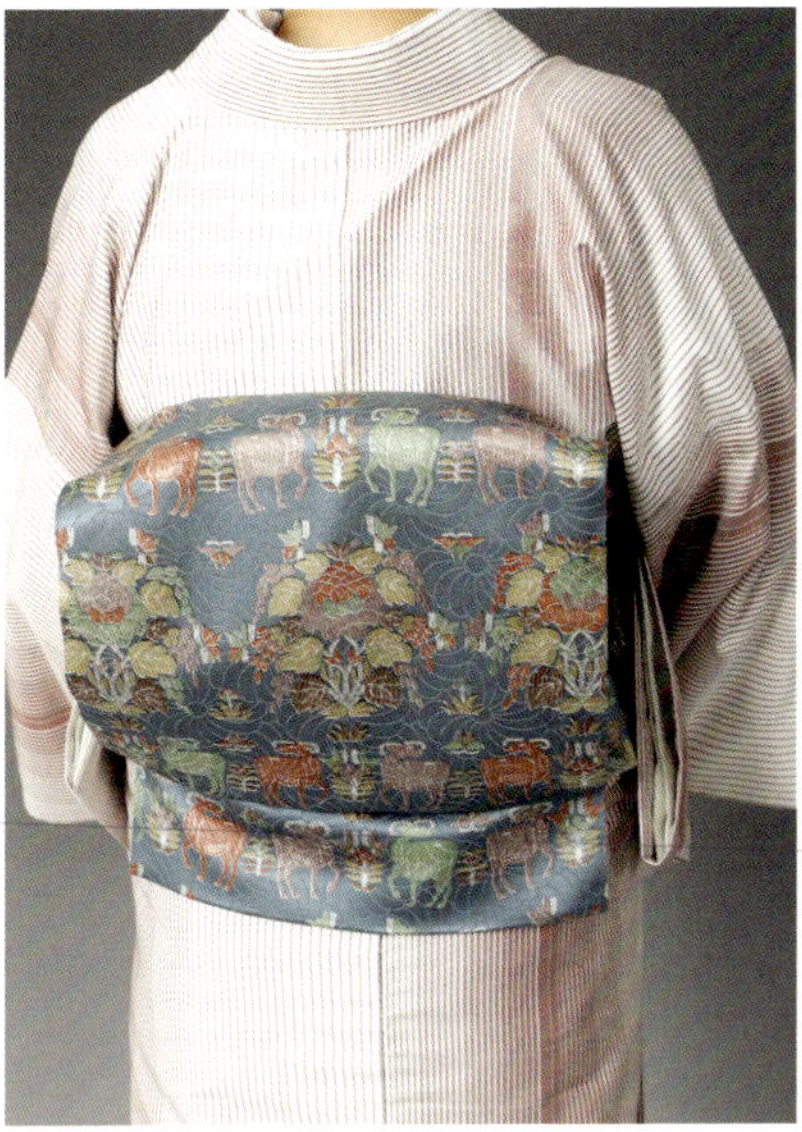

■綸子にペルシャ紋様

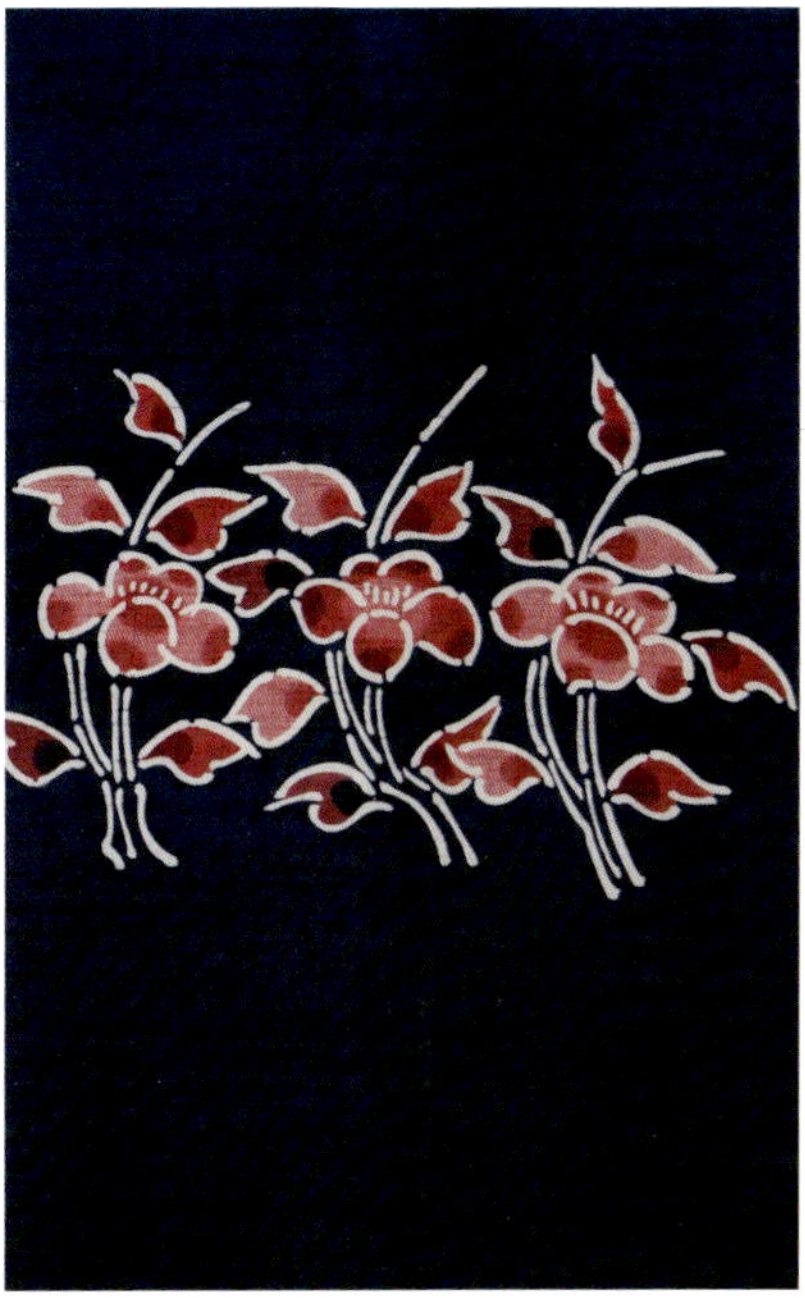

■紬地にろうけつ染め

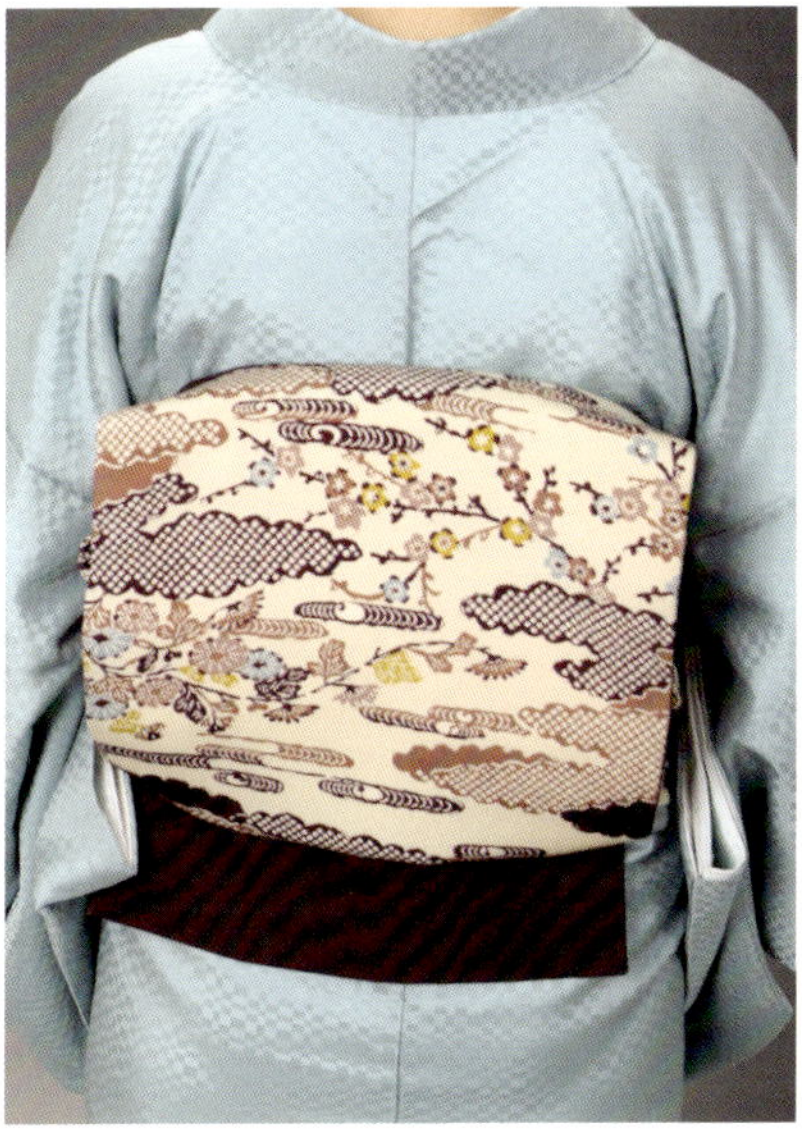

■縮緬に江戸紅型模様

刺繍の帯【ししゅうのおび】

多彩な絹糸で一針一針丹精を込めて繍い取って表した模様は、人の手の温もりを感じます。

刺繍の歴史は、仏教をともに中国から伝わり、仏事に使う布などに使われました。そのため、刺繍には作り手の祈りが込められていると言いわれ、大切にされてきました。

日本刺繍の技法には、菅繍い、相良刺繍、刺し繍いなど100種類以上あるといわれ、それらを駆使して作られます。

染めの帯にポイントとして入れることもありますが、刺繍だけの帯だと、ほぼ一点ものですから大変高価なものとなります。締める時期は、模様や帯生地によって決まります。

■日本刺繍の名古屋帯

丸の中に家紋をアレンジした図柄を入れた日本刺繍です。丸の中の模様にはいろいろな技法の刺繍が使われており、それぞれ個性のある模様になっています。少女の振袖向きです。

■日本刺繍の袋帯

秋草と紅葉した蔦の葉、そしてブドウ棚に実るブドウを、多彩な糸と、日本刺繍のいろいろな技法を使い、まるで日本画のように仕上げています。色留袖か訪問着にぴったりです。

■相良刺繍の袋帯

友禅染で水面を描いた上に、中国三大刺繍の「相良刺繍」と日本刺繍を組み合わせ、白と蘇芳色だけで花々を表現しているとても上品な刺繍です。小紋などにいいでしょう。

【第四章】

着物を着るための小物

Accessories for wearing kimono

着物は帯締めや着付け紐などさまざまな道具が合わさって完成します。中には襦袢のように見えないところにこだわるものも。本章では着物に欠かせない道具の種類と歴史を見ていきましょう。

着付け紐

着物を着用する際に必ず必要になる着付け紐は着くずれを防ぎ、さらに着物の裾線をきれいに作るのに欠かせません。特に留袖、振袖、訪問着などを着用する時には、馴染みがよく、滑りにくい素材を選びたいものです。

■**抱え帯**　幅6cm、長さ2m65cmぐらい。

■**抱え帯**
歌川豊国（2代）が描いた『江戸名所百人美女』「堀の内祖師堂」です。お百度参りをしている夫人です。手に回数を数えるための銭緡を持っているので、両手が空くように抱え帯をしています。こうすれば、長く歩いても裾が乱れず安心です。
（北海道立近代美術館）

■七五三のしごき

現在は、子どもの七五三の着物や、花嫁衣裳の帯に、しごきや抱え帯を巻いていますが、ほとんど飾りになっています。

●——しごき・抱《かか》え帯

江戸時代まで、武家や大きな商家の婦人は、着物を着る時に、現代のような「御端折《おはしょ》り」をせずに、長い裾を引いていました。外出する時は、裾が地面に着かないように、たくし上げて紐や帯で締めていました。この紐や帯を「しごき」または「抱え帯」と呼びます。

明治時代に入ると、着物を着る時に、御端折りをするようになったため、しごきや抱え帯の代わりに、腰紐を締めるようになりました。

しごきと抱え帯は同じ役割ですが、長く柔らかい絹などを使うしごき、縮緬《ちりめん》や綸子《りんず》などでしっかりした印象を与える抱え帯と、素材と長さの違いで呼び分けているようです。

■しごき

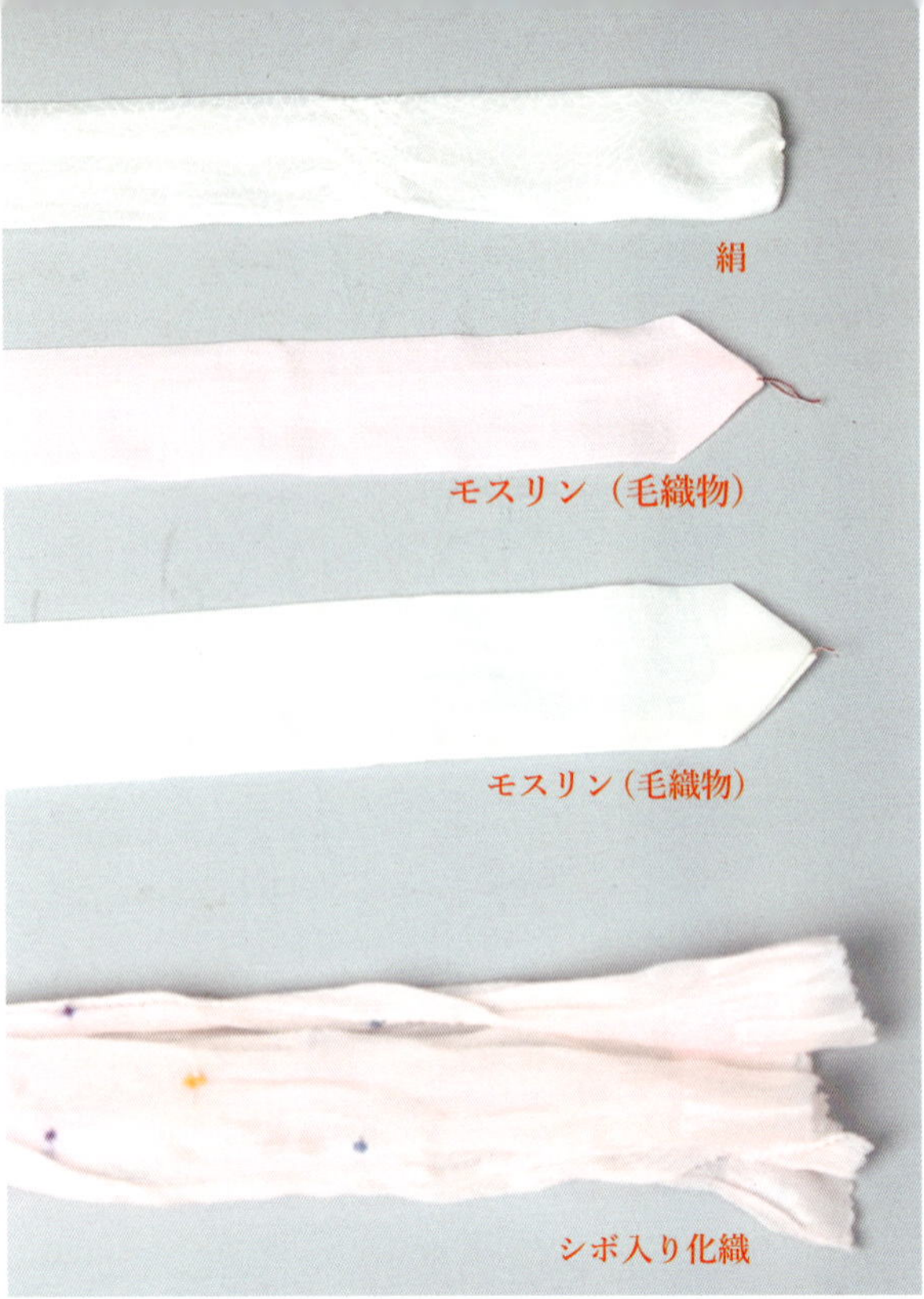

着付け紐

着付けをする時に使う紐です。御端折りをしなかった江戸時代までは、必要なかったのですが、明治時代に御端折りをするようになると、それを縛る腰紐や、浮いた胸元を整えるための胸紐が必要になりました。

幅３cmくらいの袋状になった紐が一般的です。

伊達締め

伊達締めは幅15cmほどの幅広の紐で、長襦袢や着物の胸紐の上に締めて、着くずれを防ぎます。中央部が堅めで、両端が柔らかく結びやすくなっています。

絹、木綿、モスリン、化繊などさまざまな素材のものがありますが、博多織のものが、締まり具合がよいというので、人気があります。

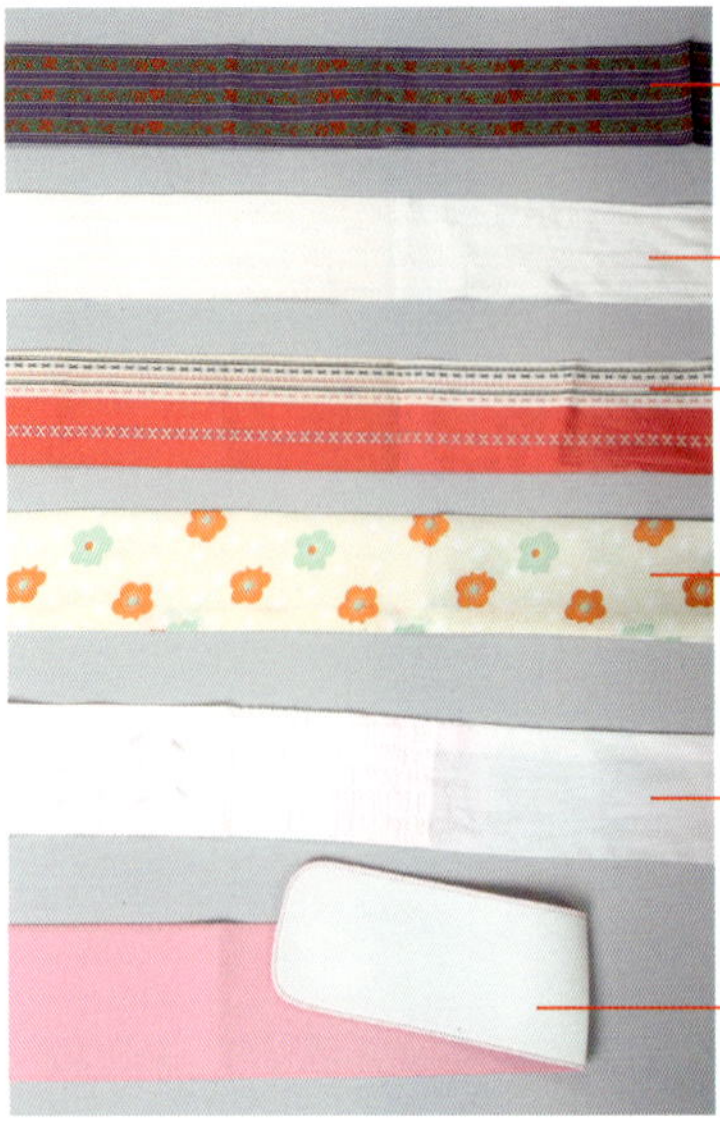

襦袢《じゅばん》

着物を着る際の下着である襦袢は、肌襦袢、半襦袢、長襦袢などの種類があります。襦袢の素材は吸湿性、吸水性、保温性に富み、丈夫で洗濯にも耐える素材がよいでしょう。

❖襦袢の語源はポルトガル語

「じゅばん」という日本語らしくない名称は、襦袢が戦国時代に外国から入ってきたからです。

襦袢の原型は、当時渡来したポルトガル人が素肌に着ていた肌着の「ジバゥン（gibão）」のことで、漢字の当て字をして襦袢と書きました。

それまでの日本では、重ね着した装束の一番下に着るのが「小袖」でした。つまり小袖が肌に一番近い下着だったのです。これが室町時代になると、小袖を一番上に着る表着として着るようになりました（30ページ参照）。そうなると、小袖の下に着る下着が新たに必要になります。その時の形態は詳しくはわかりませんが、ポルトガル人の着ていたジバゥンを真似して着たのでしょう。

江戸前期になると、着物と同じような衿をつけた「半襦袢」を着るようになりました。半襦袢とは、後述の「長襦袢」に対する名称で、当時はこれを襦袢と呼んでいました。江戸中期になると、遊廓の遊女たちが長襦袢を着るようになりましたが、武家の婦人や庶民は着ることはありませんでした。

それが江戸後期になると、長襦袢に派手な柄の生地を使ったりするオシャレが流行り、「見えない粋」というので、一般にも普及したのです。

長襦袢《ながじゅばん》

江戸時代の襦袢といえば、後述する「半襦袢」のことでした。しかし、江戸中期になると、長襦袢が登場します。

長襦袢の最初は、遊廓の遊女が部屋着として着ていたものです。江戸の吉原を描いた浮世絵などには、長襦袢姿で寛《くつろ》ぐ姿や、客の布団に入る姿などが描かれています。豪華な着物とは異なった色気があって、長襦袢姿が評判になりました。これを流行りものに敏感な町人たちが真似て着るようになったのです。

江戸後期には浮世絵を見た一般の女性たちも長襦袢を着るようになりました。

天保年間（1830 ～ 1844 年）には絞りや刺繍など、着物にも匹敵する豪華なものも現れてきました。そのため、奢侈禁止令の対象となり規制されましたが、女性たちは見えない下着にそれぞれ工夫をして楽しんでいたようです。

明治時代に入ると、ますます派手な柄や高級な生地が使われるようになり、着物で着ていたものを長襦袢に仕立て直して着ることも行われました。

第二次世界大戦後の物資のない時代を過ぎると、着物の生産量が増えるとともに、長襦袢用に淡い色の無地、単彩のぼかし染め、簡単な柄の友禅染などの、紋綸子が大量に生産されるようになりました。夏用には絽や紗のものもあります。

現在はポリエステルやアセテートなどの合繊もあり、汗をかく夏場には洗濯機で洗えるので、いつも清潔に着られます。

長襦袢の仕立ては、着物のような御端折りをしないので、対丈《ついたけ》で作ります。形状は着物に似ていますが、立衿を付けた関西仕立てと、通し衿の関東仕立てがあります。

着用の際には前もって衿部分に半衿を縫い付けておきます（188 ページ参照）。

半衿は着物衿を汚さないためと、着物の衿元がくずれることを防ぎます。着物に合わせ色を変えることもできるので、衿元のオシャレとして楽しめます。黒留袖や喪服には白い長襦袢、訪問着や小紋には淡い色を合わせます。紬には濃い色の長襦袢もオシャレです。

■赤地に麻の葉柄の長襦袢

歌川豊国（2代）が描いた『江戸名所百人美女』「八町堀」です。夏の朝、起きたばかりの女性で、寝間着代わりに着ていた長襦袢は、赤地に麻の葉柄です。江戸の女性たちは赤色が魔除けになると信じていたため、下着に多く使いました。（北海道立近代美術館）

■長襦袢　現代の色柄物

■長襦袢　昭和時代のもの

■長襦袢
白の半衿をかけた
関西仕立ての長襦袢

半襦袢《はんじゅばん》

長襦袢と上半身は同じ仕立てですが、丈が腰までの半分の長さという意味で「半襦袢」といいます。

半襦袢の歴史は長襦袢より古く、江戸時代は半襦袢のほうが正式な襦袢でした。初めは袖のない白地のもので、腰巻（湯文字）と一揃で使われていました。江戸後期に長襦袢が流行るようになっても、家事や野外労働をする女性たちは、足元のさばきがいい、この半襦袢に湯文字という着方をしていました。

現在は、袖や半衿も付けて、長襦袢の代用として着られることが多く、下半身に裾除け（湯文字）を巻いて着るのは同じです。

襦袢と裾除けを同じ生地のセットで作られた二部式襦袢を、「うそつき襦袢」と呼ぶこともありますが、これはある意味で先祖返りした着方というわけです。

胴の部分は晒木綿など、洗濯しやすい生地で、袖は長襦袢と同じような生地を付けます。衿も長襦袢と同じように半衿を付けますので、表から見るだけなら長襦袢と変わりません。

■半襦袢

肌襦袢《はだじゅばん》

肌襦袢は肌と長襦袢（半襦袢）の間に着る肌着で、筒袖と細い衿があります。肌着ですから、汗を吸収する肌触りのよい生地が選ばれます。また、着るたびに洗濯するので、丈夫ということも大切です。

昔から使われているのが晒木綿（157 ページ参照）です。価格も手ごろで、一年中着られるので、一枚は持っていたいものです。

夏はクレープや絽の肌襦袢も通気性がよいので、涼しく感じるでしょう。冬はガーゼを二重仕立てにしたものが空気を含んで温かいです。

肌襦袢には袖口にレースや柄布を付けたものがあります。オシャレ着にはいいのですが、礼装には不向きです。また、衿に赤色や薄紅色の生地を使っているものもあります。襟足から少しだけ見えるのはオシャレですが、着物の色に合わせて選んでください。迷ったら無難に白にしておくのが賢明です。

■二分式うそつき襦袢

■肌襦袢

裾《すそ》除《よ》け

女性の下半身に巻く布の名称として、「裾除け」「蹴《け》出《だ》し」「湯《ゆ》文《も》字《じ》」「腰《こし》巻《まき》」「御《お》腰《こし》」など、いろいろあります。

❖見えないけれど大切なもの

裾除けに代表される、女性の下半身に巻く布はどれも下着の名前なので、これまで表立って定義されてきませんでした。そのせいで、使い方が混乱しているようです。

一応整理してみると、「裾除け」は江戸時代に着物の裾が傷まないように、着物の内側に着る下着として考案されました。そのため、丈は着物より少しだけ短く床につかない程度にしました。

「蹴出し」という名称は、着物の裾を滑りよくして、歩く時に足を出しやすくするということから

●── 裾除け

現在、裾除けの生地は、絹、キュプラ、レーヨン、ポリエステルが一般的で、色は白や無地のピンク、小紋柄などがありますが、礼装用の着物を着る時は、白がいいでしょう。

日本舞踊などでは、江戸時代を彷彿させる赤を使うこともあります。形はスカート状に仕立てられているものもありますが、上部に力布《ちからぬの》という晒木綿の付いたものは、晒木綿の部分を絞められるので、下腹部の補正になります。

■腰巻をしたお市の方

織田信長の妹で、浅井長政の夫人でのちに柴田勝家夫人となった人物。打掛の上半身を脱いで、腰巻姿の肖像画。

呼ばれました。

「湯文字」は、江戸時代まで女性が風呂に入る時に腰に巻いていた「湯巻」の女房詞で、丈は膝下あたりまでです。裾除けと似ていますが、こちらはまったくの下着で、パンティ代わりのため、外に見せることはありません。「腰巻」は戦国時代以降に武家の婦人が夏の暑さ対策に、打掛の上半身を脱いで腰に巻き付けていることの呼び名です。ただ、言葉としては裾除けや湯文字と同じように使う場合もあります。

「御腰」は腰に巻いた布のことですが、着用方法からみると、湯文字に近い意味があるようです。

■裾除け　白と赤

■クレープ生地のステテコ

夏の絽や紗など、透ける生地の着物を着る時、万が一透けた場合を想定して、クレープ生地の「ステテコ」を履くといいです。クレープの肌触りが、汗ばんだ太ももに気持ちいいです。

■赤い湯文字の女性

歌川豊国（2代）が描いた『江戸名所百人美女』「神楽坂」です。夏の夕立で、風にあおられて着物の裾がはだけて湯文字が見えています。

（北海道立近代美術館）

半衿・伊達衿（重ね衿）

半衿は、長襦袢や半襦袢の衿に縫い付ける替え衿のこと。一方、「伊達衿」は襦袢を二枚重ねて着ているように見せるために付けた別衿のことです。別名「重ね衿」ともいいます。

半衿

江戸時代には、武家の婦人は白生地を使い、庶民は自分の好みの色や柄の布を使いました。そのため、半衿にも流用できる手ぬぐいには、半衿向きの凝った柄が染められました。

子どもや少女は、赤色の半衿を使う習慣があります。現在でも、花街では芸者（芸妓）の見習いである半玉や舞妓は赤衿ですが、芸者（芸妓）になると、白い半衿に掛け替える習慣があります。

明治時代になると、贅沢だと幕府から禁止されていた刺繍が使えるようになりました。販売されるものもありましたが、自分で刺繍をする女性たちも出てきて、刺繍入りの半衿が大流行します。

しかし、第二次世界大戦がはじまると、贅沢品だというので、半衿は白衿だけになりました。戦後、少し色無地が復活しましたが、「半衿は白」が定番になってしまいました。

現在は、先祖返りというよりも、欧米式のオシャレ感覚で、色柄や刺繍、さらにはビーズなどの装飾を加えたものもあります。

■刺繍入りの半衿をした長襦袢

鶴と松竹梅という豪華な刺繍です。お正月の振袖や、結婚式の花嫁衣裳に合わせれば、いっそう映えることでしょう。

■伊達衿をしている着物の衿

掛け衿

■半衿を選ぶ、掛け衿をした女性

歌川豊国（2代）が描いた『江戸名所百人美女』「尾張町」です。恵比寿屋という木綿を扱う太物屋で、半衿にするための端切れを選んでいる女性は、着物の衿に黒繻子の掛け衿をしています。掛け衿は、髪の油が衿に付かないためですが、江戸後期にはオシャレとして掛けることが多くなりました。

（北海道立近代美術館）

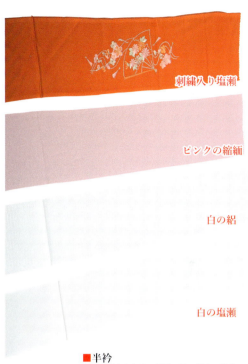

■半衿

半衿の「半」とは、襦袢の衿の長さの半分程度の長さしかないためです。本来の目的は、襦袢の衿を汚さないためのカバーですが、着物と肌の間の層となるため、皮脂や白粉、髪の整髪料が着物につくのを防ぎます。また、胸元から首筋に線状に見えるため、着物の色柄を強調する役目もあります。

伊達衿

昭和前期まで礼装用のいい着物は、表着《うわぎ》と同じように染めた着物を２枚３枚重ねて着る習慣がありました。しかし、現代では重ね着をしないので、その名残りとして衿だけ重ねています。

最上級の礼装である黒留袖は、伊達衿より古い形式を残した「比翼仕立て」をしています。これは白の羽二重を使い、衿だけではなく、裾、袖口、振りなども２枚重ねて着ているように見せる仕立て方です。

伊達衿を付けるのは、振袖、訪問着、色無地、付け下げなどの礼装用の着物です。素材は羽二重、綸子、塩瀬、縮緬などで、無地と地紋入りがありますが、色も含めて着物との調和が大切です。

■伊達衿

帯締め・帯留め

「帯締め」は帯を着付けたあとに帯の中央に最後に締めます。単に飾りとしてだけでなく、帯の形をくずれにくくする効果があります。帯締めには丸く編まれた「丸組」、平たく編まれた「平組」、中に綿が入った「丸くけ」などがあります。

帯締め《おびじ》

江戸後期の文化年間（1804 〜 1818 年）、帯幅が帯の歴史の中で最大の幅になります。そのため結び目も大きく、現代の振袖の変わり結びよりもさらに大きくなりました。

そうなると、帯が自らの重さで、結び目が解けたり、腰のあたりまでずり落ちるようになります。そこで結び目の上から紐で縛り、解けにくくしたのが、「帯締め」のはじまりです。

江戸時代のうちは、中に真綿を詰めた太目の丸くけ紐が使われていました。しかも、下にずり落ちないように、前帯の上部に結んでいたため、現在の帯揚げのような役目もしていたのです。

明治時代になると、それまで武士の刀の下緒に使われていた組紐が帯締めに流用されるようになり、帯締めの主流となりました。しかし、丸くけの紐は、その後も黒留袖や喪服などの礼装ではかなり長く締められていましたが、現在では見なくなりました。

■丸くけ紐の帯締め

歌川豊国（2代）が描いた『江戸名所百人美女』「赤坂」です。武家の娘が琴の稽古をしています。紺地の帯がまるでリュックサックを背負っているようです。この帯が解けないように赤い丸くけ紐で帯を締めているのが、帯締めの原型です。

（北海道立近代美術館）

帯留め

「帯留め」は、幕末に男性に西洋式軍服が導入されると、ベルトに留金具（バックル）が使われているのを見て、それを真似たものといわれています。さらに明治9（1876）年に廃刀令が公布されたため、それまで武士の刀に使われていた鍔《つば》、小柄《こづか》、目貫《めぬき》などの金属細工品が不要になったので、帯締めに付けて飾るのが流行りました。そのため、失業の危機にあった細工師たちが一斉に帯留めを作るようになり、大ブームになったのです。

さらに追い打ちをかけるように、日本が欧風化していくにあたり、欧米女性が宝石の装身具を付けているのに、日本の女性が何も付けていないのは貧相だということになりました。そこで宮内庁から皇族や華族に、「着物の礼装の時は帯留めや指輪に宝石を使うように」という内示もあったのです。そんなことから、工夫を凝らした細工や宝石入りの帯留めをする女性が増えていきました。

帯留めには通常細い平打ちの帯締めを組み合わせます。これは、帯留めを目立たせるための工夫で、現在は幅三分（約9mm）が多く使われています。

■帯留めをした帯

大正時代の金属製の帯留め。裏側に帯締めを通す金具がついており、帯締めは背中のお太鼓の中で結びます。

■帯締めをした帯

帯の上に一本線に見えるように締めますが、正面から見た帯締めを結ぶ位置は、年齢や着こなしによって位置を変えます。年配の方はやや下気味。若い方は上気味に締めるといいでしょう。余った左右の紐端は脇辺りにおさめ、慶事の際は下から上へ、忌事の際は上から下へ差し込んでおきます。

■帯締め　丸打ち（丸組）

■帯締め　平打ち（平組）

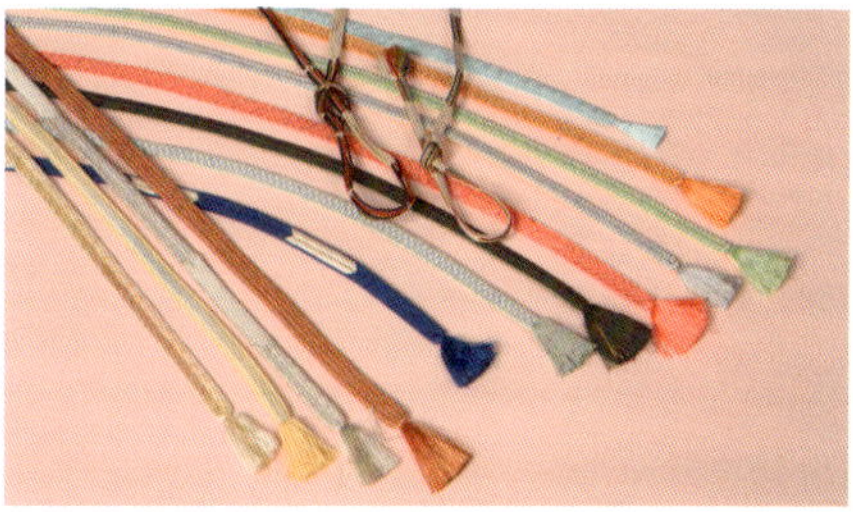

■帯締め　夏用

帯揚げ

帯揚げは帯をお太鼓結びにする時に、帯枕を包んで帯の形を整えたり、安定させたりする布です。生地の素材も季節によって、縮緬《ちりめん》・絽《ろ》・縮《ちぢみ》などがあり、帯や着物に合わせて色や柄を楽しむことができます。

帯揚げ

江戸後期に帯の幅が広くなり、重くなったことで帯締めが考案されましたが、それだけではやはりずり落ちるという問題が生じていました。

そんな時代の文化 10（1813）年、江戸亀戸天神の太鼓橋が再建落成しました。記念の渡り初めをした深川の芸者たちは、橋の形にちなんで、後ろの部分を少し山型に持ち上げた帯の結び方をしていました。これがのちに「お太鼓」と呼ばれる帯の結び方です。

この結び方は、歌舞伎役者の瀬川路考が流行らせた「路考結び」をヒントに考案されたともいわれています。

このお太鼓結びをするためには、帯がずり落ちないように、帯締めで締めるだけではなく、背中の折山に紐を通して、前帯の上部で結んでいました。これが「帯揚げ」の初めです。

のちに山型をきれいに作るために、帯枕が考案されて、それを隠すための布が、「帯揚げ」と呼ばれるようになりました。

明治時代に入ると、お太鼓結びは一般の女性たちもするようになりました。帯締めや帯揚げを使うことで、帯が体にフィットしたことや、緩みや形くずれが比較的少ないため、明治後期には帯結びの定番となったのです。

それに伴って、帯揚げも着物を着る時の定番の小道具となり、胸元で目立つということもあり、かなり贅沢なものも作られるようになりました。

■路考結びをした瀬川路考

江戸歌舞伎の女形・四代目瀬川路考が、『菅原伝授手習鑑』の松王丸の女房・千代を演じているところです。黒繻子の帯をのちに「路考結び」と呼ばれる結び方で、前帯にしています。

■袷《あわせ》用の帯揚げ

■単《ひとえ》用の絽の帯揚げ

■鹿の子絞りの帯揚げ

■お太鼓結びの帯に朱色の帯揚げ

白の塩瀬の名古屋帯をお太鼓結びにしています。黒の大島紬、墨絵の染帯に合わせて、朝日を思わせる朱色の帯揚げと帯締めをしています。

帯《おび》板《いた》・帯《おび》枕《まくら》

帯板、帯枕ともに着物を着用する際に帯の形を整えるために使う小物です。厚紙などを芯に布を張って作るものやプラスチック製のものもあります。幅、長さなども種類があり、帯のサイズに合わせて選びます。

帯板

帯板は締めた帯の前部分（腹側）が、帯締めを締めた時にシワがよって見苦しくならないように、また帯の張りを出すために使われます。

江戸から明治時代には、ほとんどの帯が丸帯や袋帯で、帯地も厚く、帯板は必要ありませんでした。しかし、昭和初頭に前面部を二つ折りにしない名古屋帯が商品化されたため、前面部を補強する必要が生じ、帯板が考案されました。

■帯の間に挟んだ帯板

帯板は帯を締める時、前面の帯の間に挟み込むか、帯を締める前に長襦袢の伊達締めの上につけておきます。

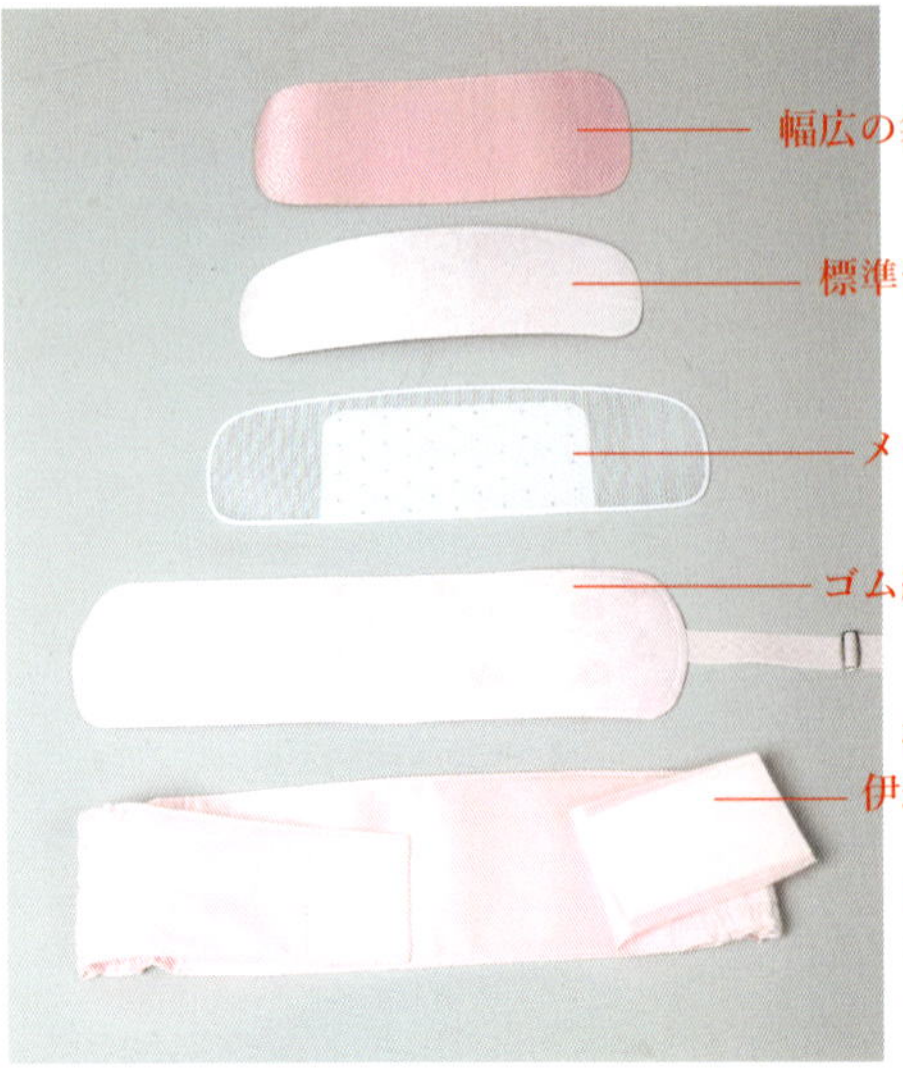

■帯板いろいろ

帯板の幅は帯の外に出ないように、締める帯の幅よりも少し小さめにします。夏用の透ける帯にはメッシュなどがよいでしょう。

帯枕

帯枕は帯を締める時に、背中のお太鼓の形に立体感を出す小道具です。帯揚げに包んで使いますが、帯揚げが薄いと透けるので、色には注意が必要です。厚くて大きな帯枕は、帯山に膨らみが生まれるため、留袖などの二重太鼓に、薄くて小さい帯枕はカジュアルな着物や、年配の方のお太鼓に向いています。

振袖などの飾り結びには、その形に合わせた帯枕がありますので、その都度合わせて用意したほうがいいでしょう。

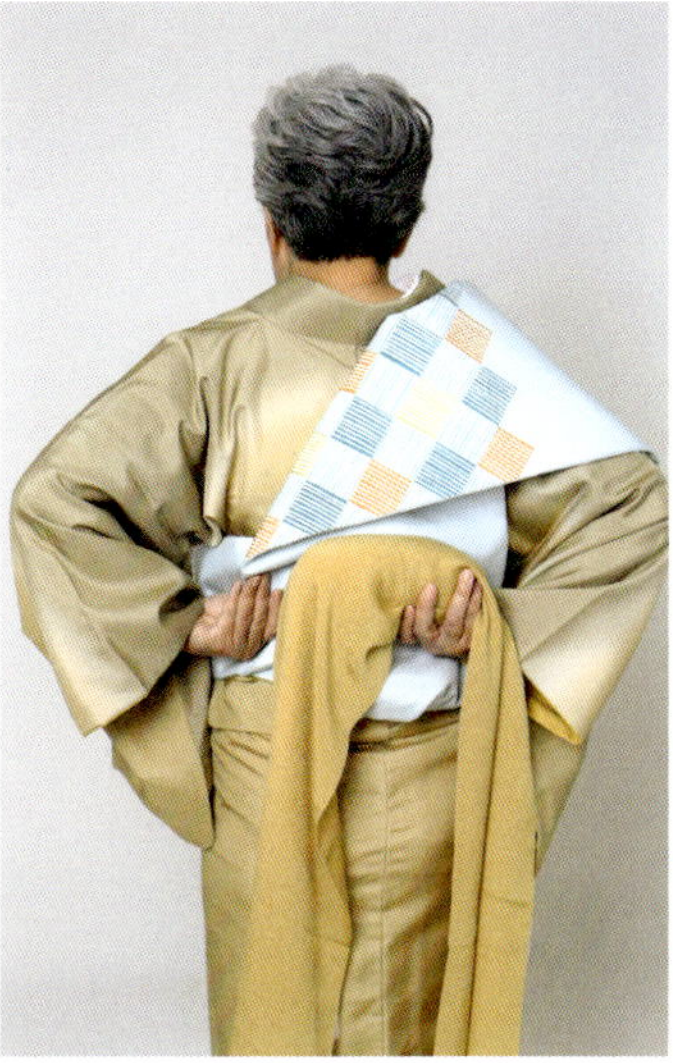

■帯枕を帯山の下に

ガーゼに包んだ帯枕の上から、帯揚げを被せて帯山の下に入れます。

■ガーゼに包んだ帯枕

帯枕に既製の紐が付いている場合もありますが、ガーゼで包むと帯山が安定して、きれいなお太鼓ができます。ガーゼは帯揚げより短めにして、結んだあと、端が邪魔にならない長さにしましょう。

■帯枕いろいろ

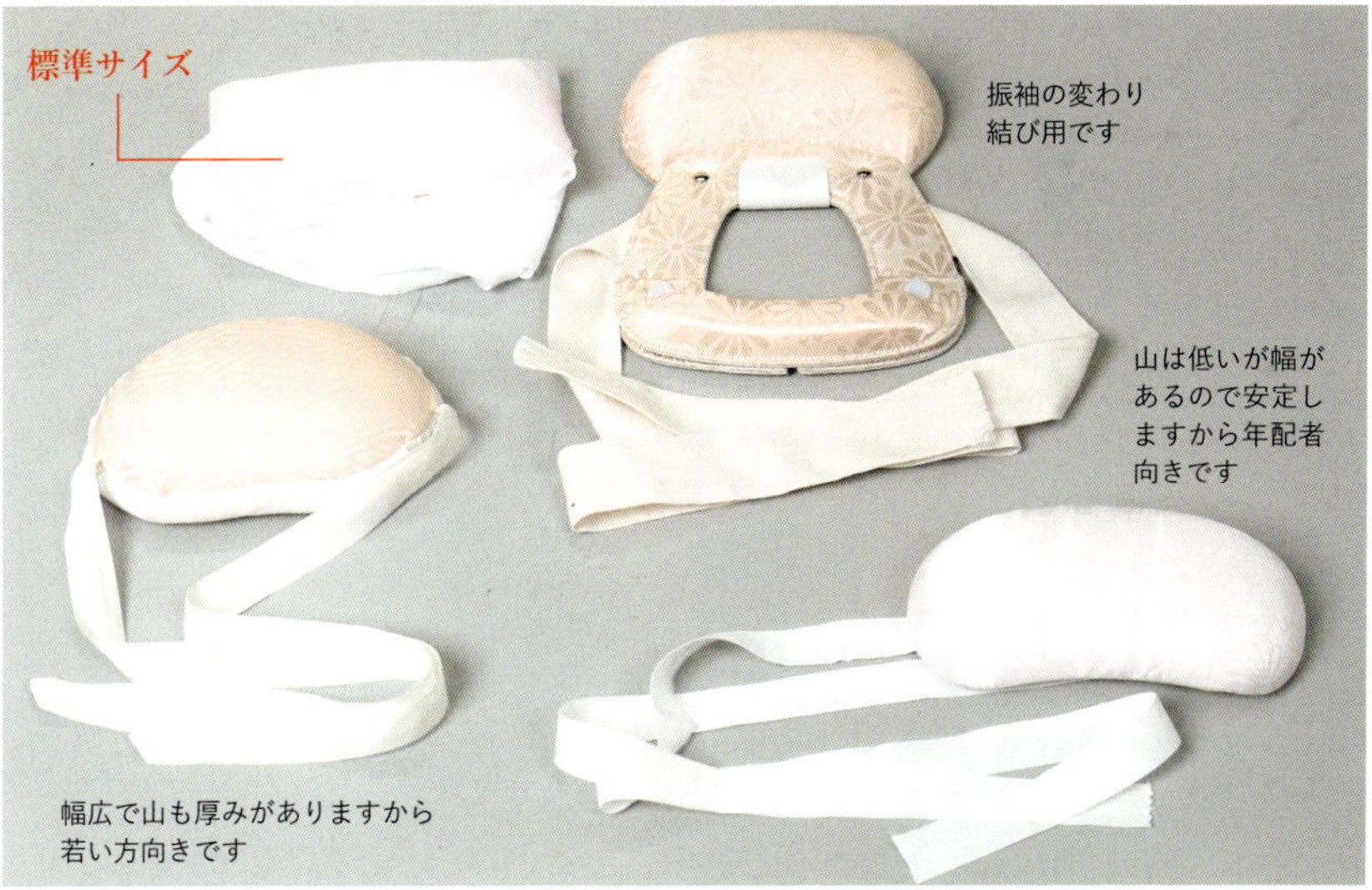
標準サイズ
振袖の変わり結び用です
山は低いが幅があるので安定しますから年配者向きです
幅広で山も厚みがありますから若い方向きです

足袋《たび》

現在、着物を着る時、ほとんどの場合に足袋を履きます。しかし、日本人が現在のような形の足袋を履くようになったのは江戸時代からで、庶民に至ってはは明治時代に入ってからやっと履くようになりました。

❖足袋の原型

足袋の原型は、奈良時代の貴族が沓《くつ》の中に履く「襪《しとうず》」という指の股のない靴下式のもので、儀式では錦織、平時には平絹を履いていました。平安後期になり、武士が台頭してくると、草履《ぞうり》や草鞋《わらじ》を履くようになり、それに伴って指の股が付いた現在の形に近いものができました。この段階ではまだ、「小鉤《こはぜ》」ではなく、足首のところを紐で括《くく》っていました。素材も野外の行動に耐えられるように、鹿のなめした皮が使われていました。しかし、足袋はあくまで上級武士が戦場や旅などで、足を保護するために使用したもので、室内で履くことはあまりなかったのです。

江戸時代になると、上級武士の間で冬の防寒用に履く者が現れて、軟弱だというので禁止されました。しかし、段々規制が緩み、反対に礼儀として履くことが奨励されるようになったのです。

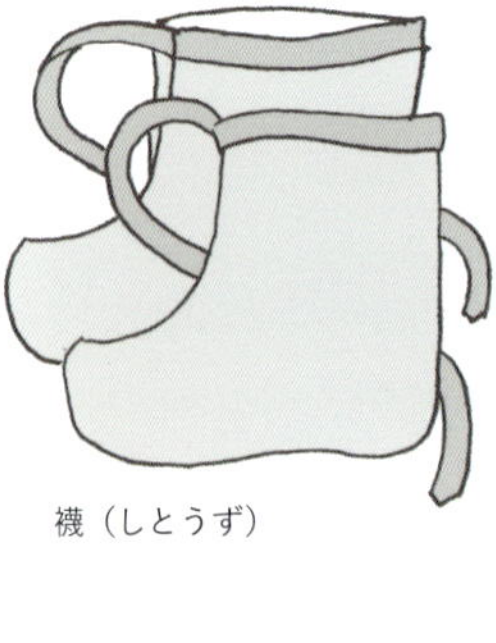

襪（しとうず）

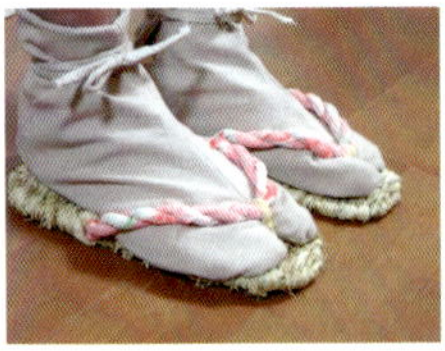

紐付きの足袋

足袋の素材と種類

足袋の素材は江戸前期にはまだ皮でしたが、木綿の生産量が増える江戸中期には木綿の足袋も作られるようになりました。木綿は皮に比べて、漂白がしやすい、仕立てやすい、さらに履き心地もいい、そして何より安価というので、急速に普及しました。しかし、この時期ではまだ、足袋は武士と大きな商家の主人などが履くもので、庶民には手が届きませんでした。

明治時代に入ると、足袋に小鉤が使われるようになり、大手の製造メーカーも登場して、着物を着る時の必需品になりました。

洋装のソックスは伸縮性があるので、あまりサイズに拘りませんが、足袋は５㎜単位でサイズがあります。これは、日本舞踊や茶道などの芸事で、足に吸い付くようにピッタリとした足袋を履くのがよいとされているからです。そのため、足袋のサイズには長さ以外にも、幅とか、指の股の長さの違うものがありますので、自分の足にあったものを履くと、きれいなうえにとても楽です。

■白足袋　５枚小鉤

立ったり、椅子に座っている時は足首が深く隠れるので美しいですが、正座をする場合には足首が痛くなる可能性もあります。その日の状況を考えて選びましょう。

■白足袋　４枚小鉤

最近では4枚小鉤のほうが多くなりましたが、着物の裾を短く着ると、足首が見える場合もありますから、歩き方や階段では気をつけましょう。

■足袋入れ

茶席や座敷に上がる時には、汚れた足袋では失礼にあたるため、足袋を履き替えます。それ以外でも途中で汚れることもあるので、予備を持っておくと安心です。

■色足袋

江戸後期になると、庶民向けに色足袋が出回るようになりました。

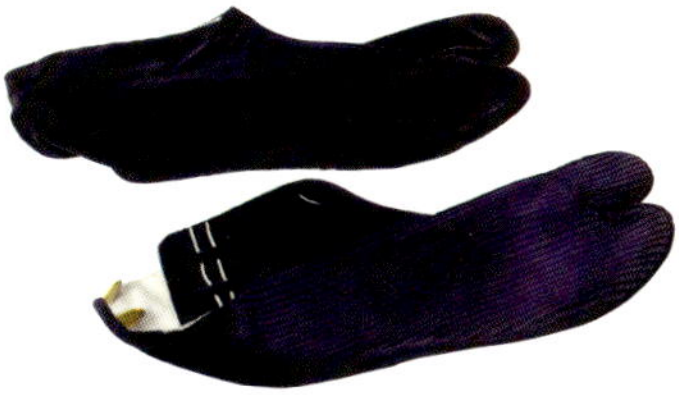

■冬用
別珍（べっちん）の足袋

江戸後期には足袋は冬の厳寒期などに履きましたが、まだ贅沢だと考えられていました。大正時代に発売された別珍足袋は温かいので喜ばれました。

草履《ぞうり》

草履は日本の伝統的な履き物で、表に革や合成皮革、布などを使用していて、底には革が張ってあり、鼻緒が付いているというのが特徴です。

❖草履の歴史

草履とサンダルの違いは「緒《お》」を挿げて、指で挟むのが草履で、つま先をバンドの下に潜らせて履くのがサンダルです。

もちろんサンダルは欧米から入ってきたものですが、実は同じ形態のものを、平安時代に日本人も履いていました。「無裏《うらなし》」「緒太《おぶと》」と表記されています。これは、室町時代まで履かれていたようですが、武家が台頭して、戦乱が多くなると、より機動性の高い、指で緒を挟む草履や、それを紐で固定した草鞋《わらじ》が履かれるようになりました。

■緒太

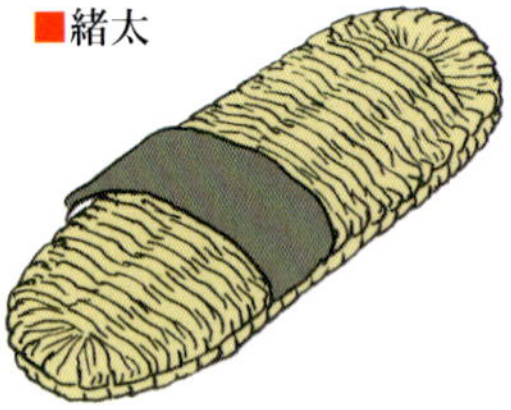

■足半

特に「足半《あしなか》」と呼ばれた草履は、足の前半分の大きさしかなく、踵《かかと》部分がありませんでした。これは、踵を上げて走るとか、踵を浮かせて跪《ひざまず》くとかに向いているので、足軽たちが平時に履く草履となりました。

江戸時代になると、農村では身近にある稲の藁《わら》で草履を作り、都市では竹の皮やイ草で作る草履が普及しました。しかし、草履は湿気に弱いところから、何層も重ねた「重ね草履」が考案され、丈夫にするため底に麻糸を平たく編んだ紐を縫い付けた「麻裏草履」へと発展しました。

男性用の草履では草履の裏に革を張り、それに鋲を打って、歩く時にその音を響かせる「雪駄《せった》」も考案されて、丈夫でオシャレな草履が出回ったのです。

明治後期には、「空気草履」といって、踵の部分にバネを入れて、履いた時に空気の入っている感じがする草履ができました。男女ともに用いられましたが、特に女性や子どもに人気があり、この形態が現代の踵が高い女物の草履の原型となったのです。

大正になると耐水性、強靭性、耐久性のあるゴム裏草履ができ、さらにクッションにコルクを使用するものが考案されて履き心地がよくなりました。

なぜ？ なんで着物のウンチク

コルク台の畳表草履

現在も高級草履の台の芯材には天然コルクが使われています。ウレタンや人造コルクに比べて、軽くて弾力性があるので、足が疲れないといわれています。

表面に革を巻くため、芯材であるコルクは見えない場合が多いです。写真の草履は、通常の草履より幅広のオールドタイプですが、あえてコルクを見せて、表には イ草の畳表張りにしてあるため、見た目よりもとても軽い作りになっています。

このタイプに「福草履」と呼ばれるものがあります。本来はイ草の畳表を何枚も厚く重ねた草履で、側面には重ねた畳表が層になって見えます。江戸時代には高級草履として大名クラスの草履でした。

現在は、芯にコルクを入れて、表面だけイ草というのがあります。

草履の部分名称と種類

昭和に入ると、それまで竹皮やイ草の植物繊維、フェルトなどの布だった草履の表に本革が使われるようになり、ほぼ現代と同じ草履となりました。

草履を選ぶ時、どんな着物を着るかによって、履く草履が違ってきます。

草履は、履いて踵が1.5㎝くらい出るのが美しいとされています。足より草履が長いのは足が草履から浮くので履きにくく、野暮に見えます。

幅も草履の台が隠れるのが、江戸流の粋とされています。

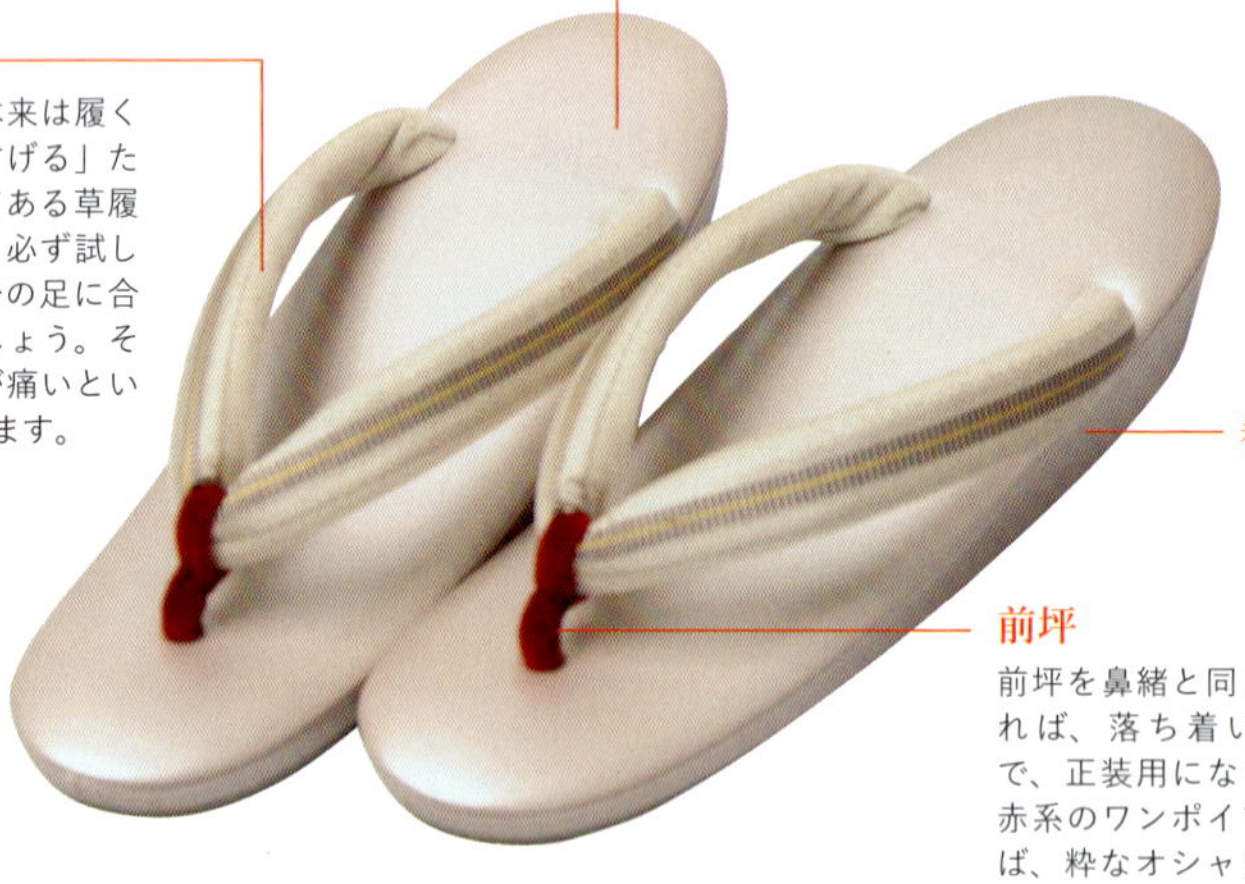

鼻(花)緒
草履の鼻緒は、本来は履く人に合わせて「すげる」ため、すでにすげてある草履を買う場合にも、必ず試し履きをして、自分の足に合わせてもらいましょう。そうすれば、鼻緒が痛いということもなくなります。

前坪
前坪を鼻緒と同じ色にすれば、落ち着いた感じで、正装用になります。赤系のワンポインにすれば、粋なオシャレ用になります。

礼装用

礼装用の草履は、台と鼻緒が同じ素材の同色にし、踵の高さも高めにします。

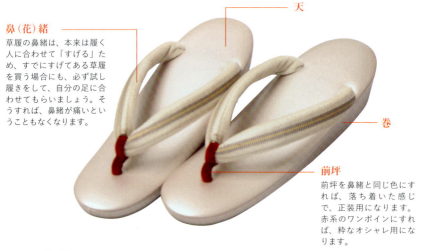

■鼻緒に真珠

■喪服用

準礼装用

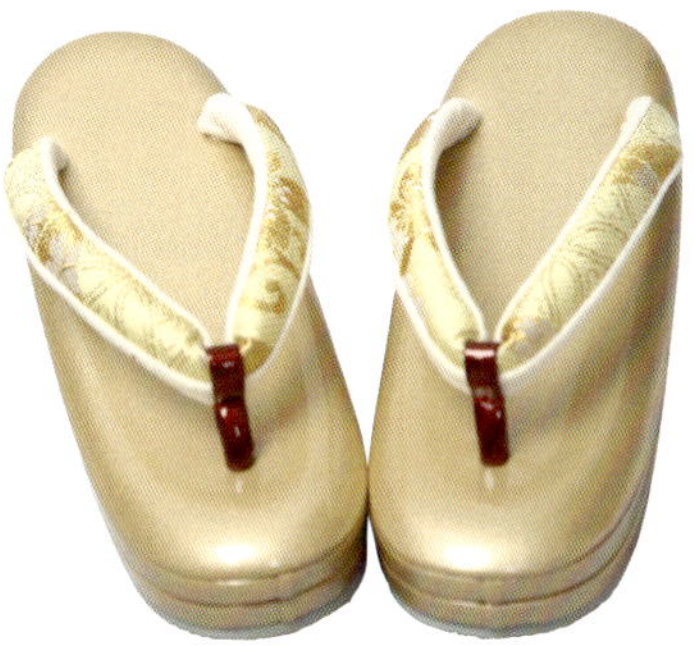

オシャレ用

■エクセーヌ（人造皮革）
表面に起毛があるので滑りにくく水にも強い。

下《げ》駄《た》

日本の伝統的な履き物である下駄の構造は、足を乗せる木板に、1〜3枚の「歯」と呼ばれる接地用の突起部分、そして足の親指と人差し指の間に挟む鼻緒で成り立っています。

下駄の歴史

現在、下駄と草履は履くシチュエーションが分かれていますが、昭和30年ごろまでは下駄は草履の代わりとして、かなり正式な場まで履いていました。それは道が現在のように舗装されておらず、草履の撥水性もよくなかったので、ぬかるんだ道などを歩くと、草履ばかりか足袋にも泥汚れがついてしまったからです。そのため、普段の外出には、草履よりも下駄という人が多かったのです。

下駄の歴史をみると、弥生時代に水田や湿地での沈む込みを防ぐために履かれた「田下駄」が遺跡などから数多く出土しています。

それ以後も、下駄は地面の突起物などの衝撃を足の裏が直接受けず、衣服も汚れないということから、貴賤を問わず履かれました。

そのため、江戸前期までは下駄の歯が高い「足《あし》駄《だ》」という下駄が主流でしたが、江戸中期ごろから、歯が低い「駒下駄」が普及しました。これが私たちが普通に履いている下駄の形です。

下駄は、木の台と鼻緒を別々に売っていて、注文で組み合わせてすげてくれる店がありますので、自分オリジナルの組み合わせを楽しめます。

下駄の種類

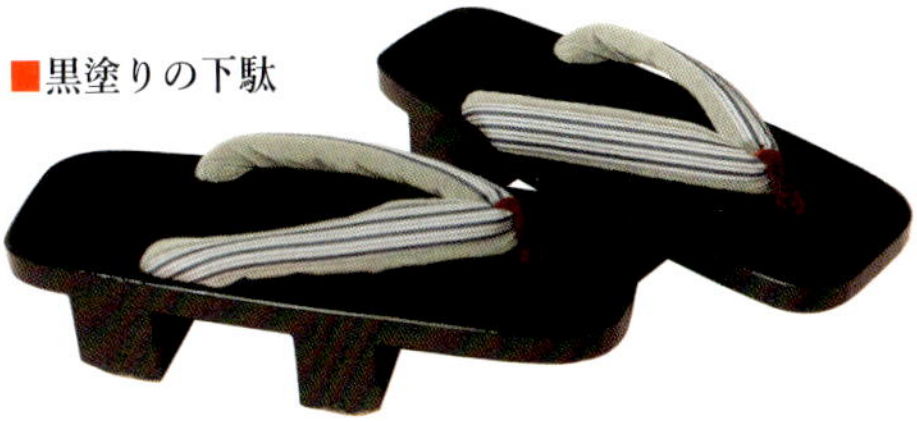

■黒塗りの下駄

■裏にゴムを張った舟形下駄

■爪皮を付けた時雨下駄

下駄の歯は通常は前後２枚ですが、１枚のもの、３枚のものもあります。

また、歯がない下駄を「舟形下駄」、草履の形をした下駄を「右近《うこん》下駄」といいます。雨の日用には「時雨《しぐれ》下駄」があります。

着物と下駄の合わせ方にルールはありませんが、浴衣などの素足には「塗り下駄」がいいでしょう。汚れた足跡がついても、拭けば取れますので、お手入れが楽です。

小紋や紬などの絹物の着物では、足袋を履くので、白木の柾目《まさめ》の下駄が、上品に見えるでしょう。それ以外にも、下駄はデザインが豊富にあるので、いろいろ楽しめます。

ただし、床がコンクリートや石材などの場合、歯の音が響きますし、高級な絨毯だと傷をつけるので、履く時には配慮しましょう。

なぜ？　なんで
着物のウンチク

下駄の歯は？

現在、足を載せる台には、主に桐、杉が使われています。年輪が細かく見た目も美しい「糸柾目《いとまさめ》」の下駄は高級品です。

台の下に付ける歯は、一つの木から台と歯を作るものを「連歯《れんし》下駄」（俗称くりぬき＝写真左）、といい、別の硬い木から作った歯を台に差し込んで取り付けるものを「差し歯下駄」（写真右）、台と歯を接着剤で貼ったのが「継ぎ歯下駄」と呼ばれています。

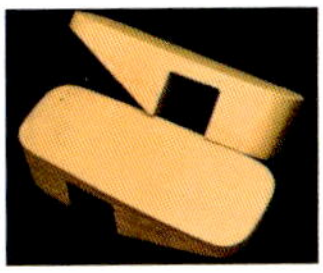

ハンドバッグ

着物を着る際の手荷物入れとしては筥迫《はこせこ》と巾着袋が一般的でした。しかし、現在ではさまざまな着物に合うハンドバッグが揃っています。

❖着物は手荷物いらず？

着物のお話をしている中で、突然「ハンドバッグ（handbag）」という英語が出てきましたが、これは江戸時代まで日本人がバッグのような形状のものを持っていなかったのでは仕方がありません。明治時代に洋装が入ってくると、ドレスを着た女性たちが持っているハンドバッグがオシャレで、とても使いよさそうだったため、真似た結果です。

それでは江戸時代の女性たちは外出の時、身の回りの小物をどうやって持っていたのでしょうか。

手鏡、櫛《くし》、懐紙《かいし》（ティッシュペーパー）のような化粧関係の小物は、「筥迫《はこせこ》」という小物入れに入れて、着物の胸元、懐に入れました。現在も七五三や花嫁衣裳などの礼装の場合に使うことがあります。

筥迫を使わない場合には、そのまま懐に入れるか、帯の間に挟みます。ついでに財布も帯の間です。手拭いや嵩張《かさば》るものは袂《たもと》の中に入れます。

つまり、普通の外出では、手に何も持たなくても困らなかったのです。洋服でいえばポケットに入れるようなものです。

もし、それ以上、何か持って行きたい時は、「巾着袋《きんちゃくぶくろ》」と呼ばれた小型の袋を持ちます。さらに大きな物を持ちたい時は、すべて風呂敷で包みました。

それが明治以降には同じ着物姿でも、ハンドバッグか、それに代わる巾着袋を持つのが常識となりました。確かに、江戸時代の女性に比べて、現代人は持つものが多くなったので、着物姿とはいえ、ハンドバッグは必需品になりました。

■筥迫

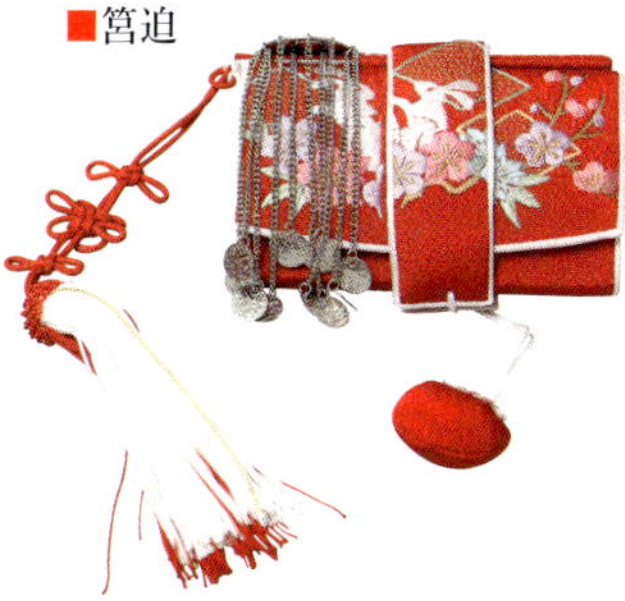

■巾着

ハンドバッグあれこれ

着物によっては、洋装と同じバッグでもいい場合もありますが、礼装の留袖や振袖、喪服などには、それにふさわしいハンドバッグを持つことをおすすめします。

■礼装用バッグ

ビーズ

錦

喪服

■普段使い用バッグ

懐の小物

着物を着た時、帯を締めた上部の衿合わせの隙間に「懐《ふところ》」ができます。この懐には、財布、手拭、懐紙、書類や本など、かなり多くものが入るため、手には何も持たず外出できます。

女性の場合は、帯の位置が高いため、懐に入る物は少なくなりますが、それでも江戸時代には筥迫という小さなバックのようなものや、財布、手拭、懐紙などを入れていました。

現在は江戸時代より着物をきつく着るようになったため、茶道に使う小型の懐紙や袱紗《ふくさ》ぐらいしか入れられません。

そこで和装でもハンドバッグを持つようになりましたが、ちょっとしたものなら、帯の間や袂に入れておくと、いざという時にとても便利です。

私の場合は、帯の間に扇、時計、財布（名刺入れ）を、袂《たもと》には手拭いを入れています。

時計《とけい》

着物を着た時にも、腕時計をしている人がいます。茶道をしている方は、道具に傷を付ける可能性があるので、腕時計や指輪を外すように指導されます。

一般でも腕時計をしていると、着物の袖に引っかかる可能性もあるので、遠慮したほうがいいでしょう。

私の母親の世代は、腕時計の文字盤を腕の内側に回して付けていました。これは文字盤を見るとき、肩や腕が上がらないようにする女らしいしぐさでした。

私の場合は、可愛い房飾りの付いた女性用の小型の懐中時計を帯に挟んでいます。これだと腕を伸ばした時に袖口から時計が見えることもなく、着物の袖と腕が美しく見えます。

扇子《せんす》

猛暑対策として、扇子を持ち歩く女性が増えましたが、扇子は本来、挨拶をする時の礼儀として持つものでした。平安初期の宮廷儀式で、男性が持った檜の板の「笏《しゃく》」が原型です。笏は儀式で忘れてはいけないことや和歌をメモしたカンニングペーパを貼り付けるもので、メモの量が多くなって、笏を何枚も束ねて持ったのが「檜扇《ひおおぎ》」のはじまりです。これに美しい絵を描いて持つようになり、女性も十二単などの礼装の時に持つようになりました。

しかし、暑い時にこれで風を送れないかと考えた人が、板を細く棒状にして骨を作り、これに紙を貼って、団扇のようなものを作りました。さらに、携帯できるように紙を折り畳んだものが、動物のコウモリに似ているので、「蝙蝠《かわほり》」と呼びました。
「扇」という字は、中国では風を送る団扇を指しますが、「蝙蝠」がいつしか「扇」と呼ばれるようになり、気取って中国語の「子《す》」を付けて「扇子《せんす》」と呼ぶようになりました。

その後、平安時代には５本だった骨の数が増え、現在の扇の形になったのです。

江戸時代には男性は必ず扇を持参して、目上の人への挨拶には、立ってお辞儀をする場合には手に持ち、座ってお辞儀をする場合には膝前に置きました。しかし、女性はほとんど挨拶に使うことはなく、夏の涼を取るために持参する程度でした。

明治時代以降、男性の礼儀や作法が女性にも広がり、女性も挨拶をする時に扇を持つ習慣が生まれました。

現在は、男性は礼装の黒紋付き羽織袴では、白扇子を持ちます。これで風を送っている人がいますが、作法としてはNGです。その代わり、略装の着物で持つ、「夏扇子」と呼ばれる扇子は夏専用ということではなく、略式の扇子だから、煽いでもいいよという意味です。女性は礼装である留袖の時には、表が金、裏が銀の「祝儀扇」と呼ばれる小型の扇を持ちます。それ以外では、男性同様「夏扇子」です。

茶席には「茶扇子」という祝儀扇より小型の扇子を持参するなど、シチュエーションごとに違う扇子を持ちますが、季節にあった絵柄を持つのも着物を着る時の楽しみです。

■四季折々の柄入り扇

■祝儀扇

●——手拭《てぬぐ》い

洋装でいえばハンカチーフの役目をするのが「手拭い」です。ハンカチーフが正方形なのに対して手拭いは長方形です。幅の短いほうが着物生地と同じ幅で両端は耳です。長いほうは時代や用途で三〜四尺（90 〜 120 ㎝）くらいです。これは手拭いが、木綿の反物を必要な長さに切り分けて作るからです。その時、切り口をハンカチーフのように縫うことはありません。

本来無地の生地だった手拭いに、模様を染め出すようになったのは江戸時代の初めで、最初は手拭いを支給する武家の主人の印や、商家の屋号などを染めていました。江戸中期くらいから歌舞伎や舞踊の小道具として使われるようになると、それぞれデザイン性の高い模様が染められるようになりました。

現在、手拭いの定番柄である「豆絞り」も江戸末期に小さな芥子粒くらいな玉を染めだしたものが流行し、その中の大粒のものが「豆絞り」と呼ばれるようになりました。

現在、手拭いを日常使うことは少なくなりましたが、着物を着た時、袂やバッグに入れて置くと重宝します。ハンカチーフより厚手で大きいので、洗った手の水分を充分に吸水してくれますし、食事や喫茶の時は膝に掛けておくと安心です。

●——財布《さいふ》

原則、コインは入れません。いざという時のために紙幣が数枚入っているだけです。

私の場合にはこの中に名刺も入れてあります。相手に名刺を差し出された時、慌ててバッグの中を探さなくても、すぐに出せるようにする、ちょっとスマートな工夫です。

【 第五章 】

季節に合わせた着物

Kimono to suit the season

日本には春夏秋冬の四季があり、古代より季節に合わせたファッションを楽しんできました。そしてそれが着物の文化を大きく発展させました。本章では季節に合わせた着物や、浴衣、コートなどについて解説します。

衣替え

毎年6月1日と10月1日は衣替えの日として、洋服ならば冬服から夏服へ、夏服から冬服へと衣服が変わりました。最近はクールビズが奨励されて5月1日からという官公庁や会社が増えましたが、どちらにしても冬服と夏服が明確に分けられています。

❖衣替えの歴史

衣替えの伝統は、平安時代の宮中行事にはじまります。元は中国の風習で旧暦の4月1日および10月1日を「更衣《こうい》」と呼んでいました。しかし、「更衣」という言葉が天皇の着替えを担当する女官の名称となったため、遠慮して「衣替え」というようになりました。

江戸時代になると、幕府は年2回の衣替えだけでは春と秋に困るので、年4回の衣替えを実施しました。それに伴い武家以外の庶民も、これに合わせて衣替えをするようになりました。

以下旧暦です。

- 4月1日から5月4日までが、裏地の付いた「袷《あわせ》」。
- 5月5日から8月末日までが、裏地のない「単《ひとえ》」仕立ての「帷子《かたびら》」。
- 9月1日から9月8日までが「袷」。
- 9月9日から翌年の3月末日までが、表地と裏地の間に綿を入れた「綿入れ」。

明治時代には、洋服を着るようになり、制服の衣替えが制定されました。

以下新暦（太陽暦）

- 6月1日から9月30日が夏服。

● 10月1日から翌年の5月31日が冬服。

江戸時代には4回あった衣替えですが、明治時代には洋服が高価だったため、その間の服を作る余裕がなかったのでしょう。ただ、余裕があるオシャレ志向の強い人は、「間服《あいふく》」という春や秋に着る洋服も持っていました。

現在、着物の衣替えは、江戸時代の衣替えの日を新暦に直したり、洋服の衣替えの時期に合わせたりしているので、昔ほど厳密な日は設定していませんが、衣替え自体は大変重要視します。

季節に合わせた着物

9月

残暑が厳しいころですが、一足早く秋を感じさせる着物を着ると、見た目が涼しくなります。素材は6月と同じでも、夏の定番カラーの白や淡い色を避けて、模様も秋を感じさせるものがいいでしょう。

着物は上田柳条の単です（248ページ参照）。目の積んだ細かな格子を並べることで、縞を形成したとても手の込んだ織りです。先染めした糸は、クルミなどすべて上田産の植物を使った草木染めで、天然の落ち着いた色合いになっています。帯は麻の生地に、江戸紅型の染めで草の葉を描いています。ごわっとした手触りが、上田柳条の張りのある強さにちょうど合います。

10月から5月

秋から冬、そして翌年の春まで、洋服でいえば冬服の期間です。

裏地にあたる「胴裏」を付けた「袷《あわせ》」を着ます。

明治時代までは「ふき綿《わた》」といって、袖口や裾に綿を入れて重みや厚みを持たせる仕立てをしていました。ふき綿をすると、裾が風で捲れることもなく、防寒にもなりますし、ふっくらとして温かそうにも見えます。現在は花嫁衣裳や舞台衣装以外には入れなくなりました。

最近は温暖化で5月でも暑い日がありますので、「人形仕立て」という袖口、裾、上前の衽だけに裏地を付けて、胴裏を付けないという、一見袷には見えるけれど、胴回りは少し涼しいという仕立て方もあります。

5月の連休過ぎのオシャレ着には単を着るのもいいでしょう。

羽織は「葡萄鼠」地色の綸子に、ペルシャから伝わった「正倉院文様」の「葡萄唐草紋」という格調の高い生地です。模様は「黄朽葉」色を基調に、赤と青を差し色にしています。暗い所では茶系の無地に見えますが、明るいところでは黄金に見える不思議な生地です。

着物は市松模様を地紋に織った上田紬の袷です。紬とは思えない艶があるため、華やかな群青色に後染めをした無地です。お正月などの晴れやかな席にも着ることができます。帯は紫を基調にした江戸紅型の名古屋帯で、染め疋田の雲と梅の小枝が早春にふさわしい模様です。

6月

夏用の裏を付けない単ですが、真夏の7月8月とは違い、梅雨寒の日があったりするので、素材選びが難しい時期です。6月の初めなら、袷と同じ素材の薄手の生地で、単に仕立てるということもあります。

ただ、日本人は季節感を先取りすることを好みますので、薄くさらっとした感触の生地がいいでしょう。

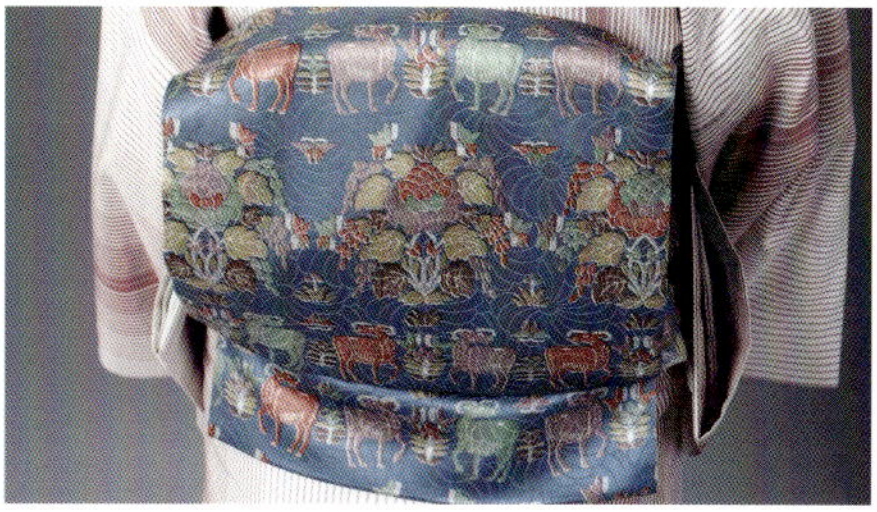

着物は上田柳条の単です。単用に織った紬とは思えない薄さと軽さの生地なので、初夏の着物にしてみました。濃淡の違う紅色の細い縞を何本も並べ、さらにグループ化した縞で濃淡のグラデーションを作るという手の込んだ縞です。さらっとした着心地で、蒸し暑いシーズンにぴったりです。帯は、菊花の地模様のある空色の綸子地に、ペルシャの動植物を描いた異国情緒あふれる模様です。色が多く使われているわりに、淡い色合いが上品な印象を与えます。生地は昭和40年代の羽織を仕立て直したものです。

7月～8月

着物を着るうえで、一番困るのが湿度です。自分の汗によって、着物の下は湿度が高くなっています。そのため着物や襦袢には通気性がよく、湿気を逃してくれる素材を選びます。織り目が大きく風が通り、凹凸があって肌触りがさらさらした絽や紗、縮のものがいいでしょう。ただし、そういう素材は着物の下が透けるので、襦袢や裾除けなどに肌触りはいいけれど透けない素材を選ぶことが大事です。

また、麻の着物「帷子《かたびら》」も、ごわつきはありますが、張りがあるため、着物の中を風が通ります。

着物は新潟県十日町の「明石ちぢみ」の矢絣模様の単です。生地に細かいシボがあり、着た時のさらりとしたシャリ感は、暑い夏には最適の生地です。帯は目の粗い紗の帯に、紫陽花の大輪が織り込まれています。花の色を茶系にして、大輪だけど目立ち過ぎない調和のとれた模様になっています。

浴衣

現代に最も多く着る機会があるのが浴衣です。主に花火大会・縁日・盆踊りなどの夏の行事では多くの人が着用しています。また温泉旅館でも湯上がり着として浴衣が用意されています。

❖浴衣の歴史

浴衣の原型は「湯帷子《ゆかたびら》」という湯殿に入る時の着物でした。

室町時代まで、風呂は温泉などお湯に入るものと、蒸気を貯めた室内に入る蒸し風呂がありました。蒸し風呂に入る時は、麻で作られた当時の下着である小袖型の着物を着たままで入ったため、その着物を「湯帷子」と呼びました。

しかし、江戸前期に浴槽に湯を貯めた現代のような風呂が多くなり、湯帷子も風呂上がりに着るものになりました。

本来「帷子」とは、「片枚《かたひら》」と書いて、裏地のない着物を表す呼び名でした。それが江戸時代になると、裏地のない絹の着物を「単《ひとえ》」と呼ぶようになり、対して麻の着物を帷子と呼ぶようになったのです。さらに江戸中期になると、麻より木綿の生産量が増えて、湯上がりに帷子の代わりに木綿の浴衣を着るようになりました。

現代の浴衣は、岡木綿やコーマ地という平織の木綿が多く、色や柄も豊富で、洋服感覚の模様もあります。ただ、大人が着るのなら、昔からの白と紺の藍染がいいでしょう。

■若い女性の浴衣姿

菊や桜などの花柄の間に、穏やかな海を表す「青海波紋」の組み合わせで、華やかさと夏らしさがあふれた大柄の浴衣です。文庫結びにした赤い格子の帯が、若々しさを強調します。

●——浴衣の粋な着こなし

糊が効いた浴衣を、夏用の肌襦袢の上に直接着て、帯は半幅帯を、軽やかに締めて、素足で下駄を履けば、いかにも涼しげです。

最近は、外出着として高級素材の浴衣を着る人がいます。その場合には、中に化繊の長襦袢を着ると、透けることもなく、洗濯もできて安心です。長襦袢の衿には絽や紗の半衿を付けて、衿元はきちんとしたほうが上品に見えます。

帯は木綿や麻の単帯で、お太鼓を小さく結び、足元は下駄で、白足袋を履きましょう。ただし、帯が半幅の時は、素足のほうがいいでしょう。

■老婦人の浴衣姿

柄を生成りの生地のまま残した藍染めです。ペルシャ風の蔦唐草が肩から裾まで続き、背も高く見えます。帯はクリーム色の無地夏用の名古屋帯で、帯締めも夏用のメッシュ編みを締めました。

浴衣いろいろ

■唐草に梅花を入れた藍染

■流水に牡丹・桜・梅・松の花柄

■古渡染の麻の葉柄

なぜ？ なんで 着物のウンチク

なぜ旅館には浴衣が用意されているのか？

現在、日本の旅館やホテルでは、浴衣やそれに代わる部屋着を用意しています。

このサービスは江戸末期にはじまったようで、それまでは宿屋（旅館）には客用の浴衣や衣服は用意されておらず、旅行に出かける時は必ず寝間着を持参していました。

それが江戸の郊外に料理茶屋が営業をはじめると、客引きのために風呂を併設する店が増えたのです。江戸の中心から数時間歩いて行くので、かいた汗を流してもらおうという趣向です。これが大受けしたため、次々に風呂付の料理茶屋が増えたのです。

そこで次のサービスとして、湯上がりに着てもらうために浴衣を用意しました。客は手ぶらで気楽に行けると、さらに繁盛したのです。まさに現代の「日帰り温泉」と同じ商法です。

この繁盛を見て、温泉宿や街道の旅籠でもはじめるところが出ました。ただ、浴衣といえども枚数を洗うのは大変ですから、普及したのは、専門の洗濯業者ができてからです。

■料理茶屋の屋号を染めた浴衣

歌川豊国（2代）が描いた『江戸名所百人美女』「小梅」です。江戸向島小梅にあった料理茶屋「小倉庵」に来た女性客が、風呂から上がって、店の浴衣に着替えています。

（北海道立近代美術館）

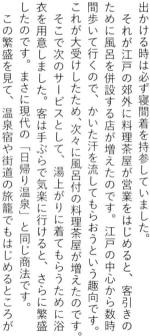

コート

現在、防寒や防雨のために着る衣服を、まとめて英語の「コート（coat）」と呼んでいます。和装のコートの中には、その形から大きく分けて「道中着」「道行」「被布」と、その用途から「防寒コート」と「雨コート」があります。

❖日本におけるコートの歴史

コートが日本で一般に着られるようになったのは明治時代以降です。

では、江戸時代の女性は雨や雪の日はどうしていたのか。江戸前期まではずぶ濡れ覚悟でなければ、外出しなかったのです。それが江戸中期になると、傘が普及したため、傘で降雨をしのぎ、下駄を履いて足元が汚れないようにしました。

傘と下駄だけでは、着物が濡れたり汚れたりすることを完全に防ぐことはできません。そこで着たのが「着物」です。つまり、大切な着物の上からもう一枚着物を重ね着したのです。

■道中着を着る
歌川豊国（2代）が描いた『江戸名所百人美女』「江戸はし」です。川風で道中着の前がはだけないように、抱え帯を締め直しています。この時代はコートというより、着物と同じ形状だったようです。
（北海道立近代美術館）

夏や旅先などでは、軽くて通気性のよい浴衣を代用しました。これを旅の道中で着るというので「道中着」と呼びます。

❖道行と被布の誕生

同じ旅の衣服から発展したのが「道行《みちゆき》」です。元は男性が旅をする時に着ていた「合羽《かっぱ》」から発展したものです。合羽（capa）も元はポルトガルの外套やマントを表す言葉で、江戸時代には、マント型の合羽を「引き回し」と呼び、着物型を「道行」と呼び分けていました。

明治時代には女性の間でも道行が着られるようになりました。

防寒用として、「被布《ひふ》」があります。元々は茶人や俳人などの風流好みの男性が着ていましたが、

■道行

春や秋に単の道行を着ています。行き帰りだけの埃除けですが、急に寒くなった時などに重宝します。

幕末くらいから、年配の夫人や子どもの防寒着として着られるようになりました。

明治時代に入ると、女性も外出する機会が多くなり、冬は防寒のために羽織やコートを着るようになったのです。

大正時代には欧米から入ってきたウール、キャメル（らくだ）、ベルベットなどを使い、洋服のデザインを取り入れた防寒コートが流行るなど、下は着物で上は洋服風というファッションが流行しました。

■道中着代わりに浴衣を着ている旅人

歌川広重（初代）が描いた『東海道五拾三次』「吉原」です。馬に乗った女性と連れの歩いている女性が、着物の上からお揃いの浴衣を着ています。

コートあれこれ

現在は、室内だけでなく移動中も暖房が効いており、余程でなければ、コートを着る必要がなくなりました。しかし、家から会場までの道のりにはどんなアクシデントが待っているかもしれません。そんな時の用心のためにも、高級な着物ほど、コートを着ておくのも、心得の一つだと思います。

■雨コート（道中着型）

雨コートは化繊もありますが、絹地もあります。必ず撥水加工してある生地で選ぶといいでしょう。

雨《あま》コート

雨の日のお出かけ用に、ぜひ防水加工をした雨コートを用意しておきましょう。傘で肩は被っても、どうしても帯や着物の裾は濡れます。雨が降ってなくても、着慣れない着物だと、思わぬ汚れがつくこともあるので、汚れ防止に着ておくという利用法もあります。

形は道中着か道行が多いですが、中には上下を切り離した二部式もあり、上だけを普通のコートとして着ることもできます。

■雨コート
（道行型・夏用）

盛夏用に絽の生地で仕立てた雨コートです。

■黒の道中着

黒羽織や喪服の黒生地を道中着に仕立て直しました。通夜の席や法事の行き帰りだけでなく、日常にもオシャレ着として着ています。

●──ショール・ストール

冬に着物を着た時に、一番寒いのが衿足です。女性の着物は衿を抜いて着るので、衿足は直接冷たい外気に触れます。そんな時に重宝するのが、「ショール」や「ストール」です。

正方形のものをショール、長方形のものをストールと呼ぶそうですが、どちらも素材は冬にはカシミヤや薄いウール。春や秋には絹織物やレースと、その時々で着物の色に合わせながら使うとオシャレです。

衿足に掛けないで着物の衿を見せるように肩に掛ければ、羽織やコート代わりになります。

■ショールあれこれ

左からカシミヤのリバーシブルタイプ、カシミヤの編み物、リボン織り、パシュミナ、絹レース。

【第六章】

着物の仕立てと手入れ

Tailoring and caring for kimonos

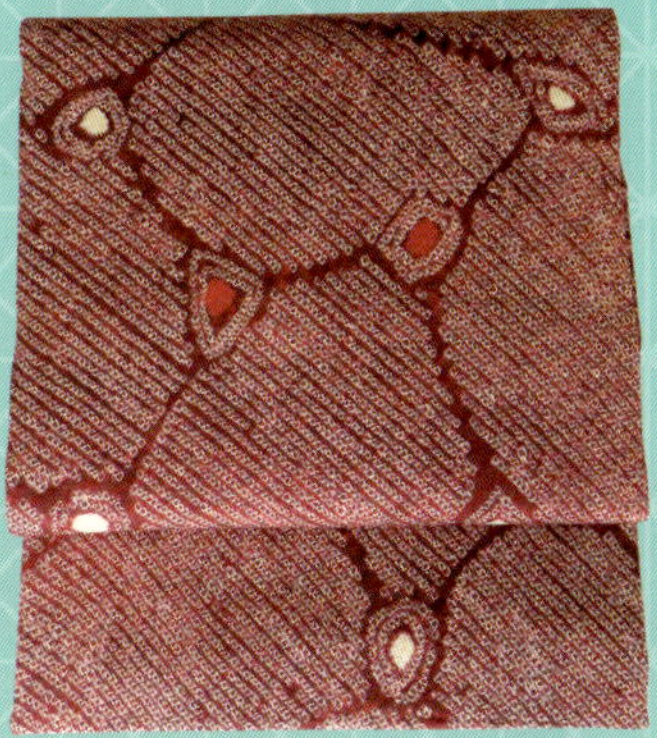

着物を着る楽しさを知ったら、次のステップは着物を仕立ててみましょう。吟味しながら自分に合う着物を作る工程こそが着物文化に触れる最高の楽しさです。本章では仕立てから仕舞い方について解説します。

着物を仕立てる

着物を新たに購入するのは、とてもハードルの高い行為です。もちろん生地の価格の高さもありますが、気に入った生地を見つけても、そこから仕立てて、着物ができあがるまでに知識と時間が必要となります。着物をより美しく仕立てられる最低限の知識をご紹介します。

❖着物の生地選びは帯合わせを考えて

「仕立てる」とは着物を作るという意味で、生地を用意して、裁断し縫製することです。

すでに仕立てられている着物や古着を買うにしても、知って買うのと知らないで買うのでは、いざ着てみた時に大きな違いが出てきます。

着物生地を選ぶ時、着物単独で考えるのではなく、できあがった着物にどんな帯を締めるかを一緒に考えておきましょう。

着物姿で、着物と同じくらい目立つのが帯です。胸部から腹部、背中でその中央にドカンと位置するのが帯です。洋装のベルトと同じ機能を持ちますが、その存在感は比較にならないほど大きいのです。

そのため、着物と帯の組み合わせがよくないと、とてもちぐはぐな姿となります。

それを避けるために、すでに購入する着物を着た時に締める帯を持参するか、写真などを持参して、合わせたイメージをつかむのがいいでしょう。

ちょうどいい帯を持っていない時は、将来こんな帯と合わせるといいなというイメージを持ち、次に帯を購入する時の参考にしましょう。

❖裏地と八掛

着物の生地を選んだあと、聞かれるのが「八《はっ》掛《かけ》」についてです。

洋服と同じで、着物も寒い冬用には裏地の付いた「袷《あわせ》」に、暑い夏用には裏地を付けない「単《ひとえ》」に仕立てます。

袷の裏生地は、「胴裏《どううら》」とも呼ばれ、基本的には白の羽二重というとても滑りのよい生地です。

もう一つ、裏に付ける生地として八掛があります。前後の身頃《みごろ》の裾裏に4枚、衽《おくみ》の裏に2枚、衿先の裏側に2枚付けるので、合計8枚掛けることから八掛といいます。さらに最近では袖口の裏にも付けられています。裾に付けることから、「裾回し」とも呼ばれます。

八掛は裾がめくれた時に、裾裏の色が少し見えたり、袖口から覗く色がまるで十二単の「かさねの色目」のようです。

しかし、どの色を選ぶかは、かなりセンスが問われますが、表地の色を薄くしたものか、あえて反対色を使って若さを出すなどの工夫もできます。中には模様付きもありますので、見えないオシャレとして楽しむのもいいでしょう。

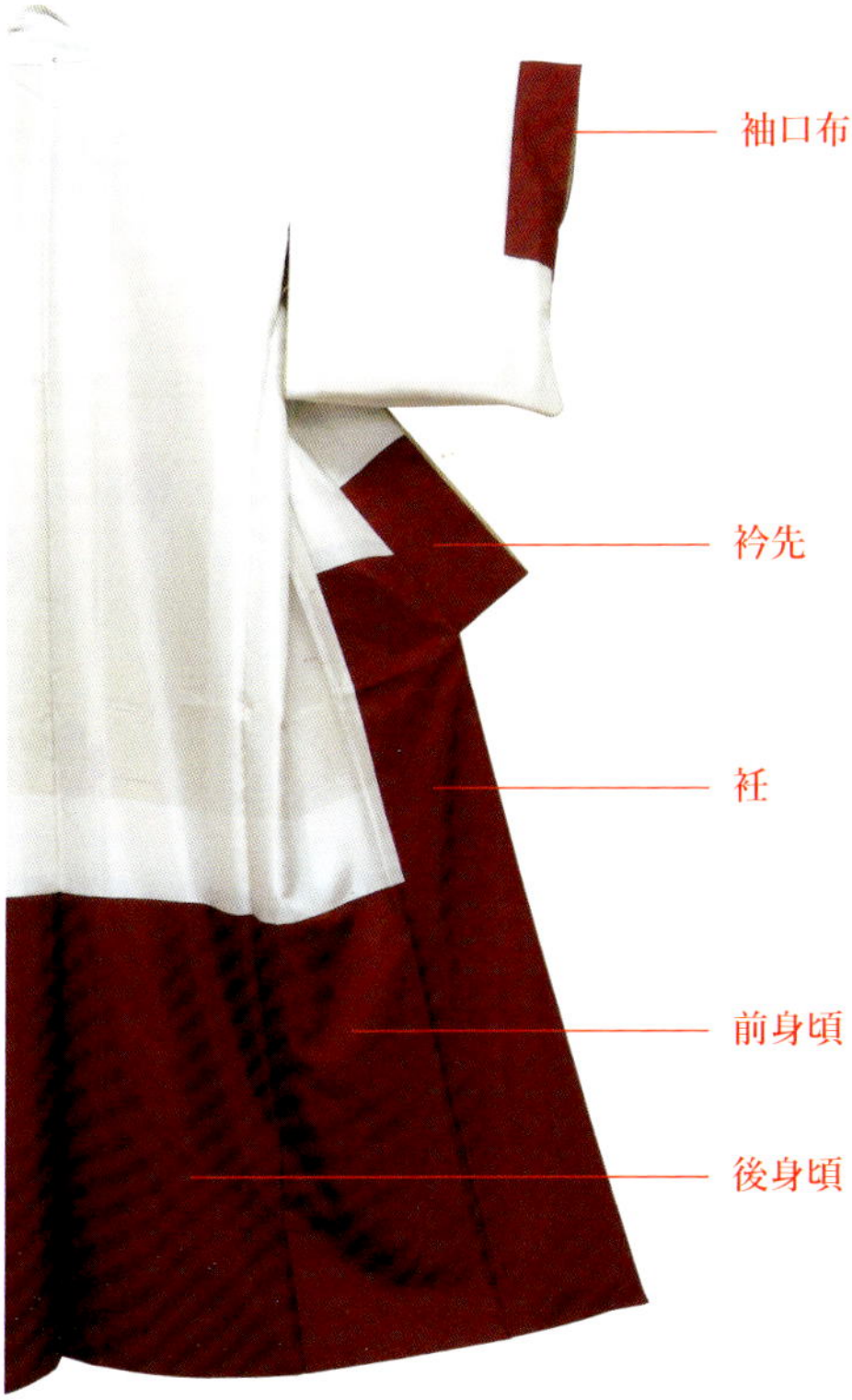

着物の採寸

着物はみんな同じサイズだと思っている若い人たちもいます。旅館の浴衣が同じサイズだからでしょうか。古着を買って、そのまま着たらしく、袖口から腕がにょきりと出ているというのをよく見かけます。

着物も洋服ほどではありませんが、着る人のサイズに合わせて仕立てるのが基本です。

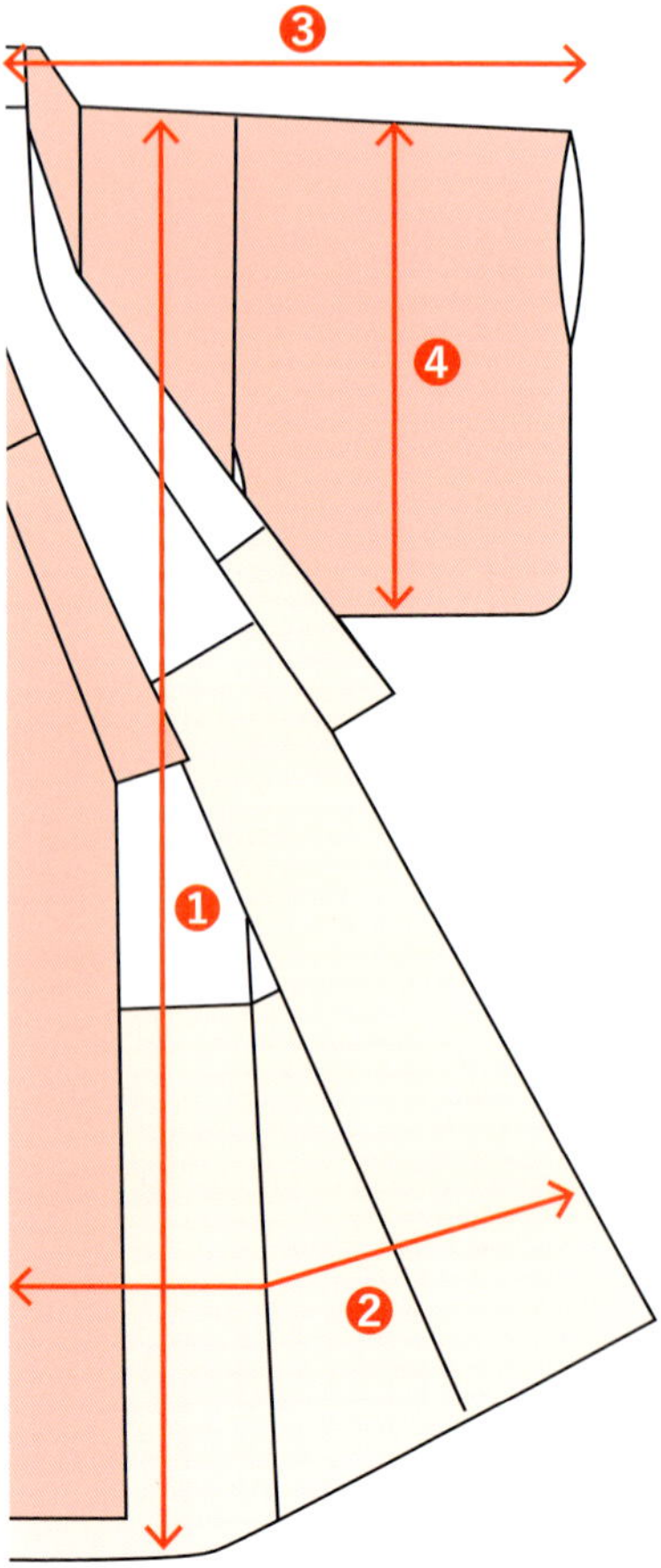

❶身丈《みたけ》…着物の身頃の長さは、「身丈」といいますが、これはだいたい身長と同じです。ちょうど頭部の長さが「御端折り」となるからです。

❷身幅《みはば》…着物の横幅の2分の1ですが、最近は胸の大きな女性も多くなったので「胸回り」と、ヒップの「腰回り」を採寸します。身幅の狭い着物を着ると前合わせが狭く、歩いたり座ったりするたびに着物の裾がはだけることがあります。また幅が広いと、巻き込み深くなるので歩きにくくなります。身幅は身体のサイズ変化で合わなくなるので、機会があったら修正するほうがいいでしょう。

❸裄《ゆき》…背と首の付け根の中心から、手首までの長さで、着物の背縫いから袖口までの長さです。これは肩幅と袖幅を足した長さでもあります。これが短いと、袖口から腕がにゅきりと出る原因になりますし、長いと手が隠れるため、手仕事がやりにくくなります。

❹袖丈《そでたけ》…着物の袖の長さです。袖の長さは時代の流行りや、自分の好みで自由な寸法にすることができます。ただ、着物の種類によって、基準があります。留袖や訪問着は53㎝くらい、小紋や紬は49㎝くらい、振袖は現在主流になっている中振袖は100～110㎝くらいです。ただ、身長の高い人などは、少し長めにするとか、年配者は短めにするなどの調整をしたほうがいいでしょう。着物ごとに寸法が違っていると、長襦袢の袖の寸法も合わせて変える必要が生じるため、着物と長襦袢の組み合わせも考えて、決めることをおすすめします。

●**尺貫法**…着物のサイズ表示には「分（ぶ）」「寸（すん）」「尺（しゃく）」「丈（じょう）」という「尺貫法」の単位が使われています。しかも建築などに使う「曲尺（かねじゃく）」とは違う「鯨尺（くじらじゃく）」という特別な物差しを使うため、一般の尺貫法とも少し違います。混乱しないために、無理して尺貫法を使う必要はありませんが、自分の寸法くらい覚えておくといいかもしれません。

鯨尺

一分	約0・378㎝
一寸	約3・78㎝
一尺	約37・8㎝
一丈	約3・78m

紋

着物を新たに仕立てる時、礼装になればなるほど着物に付ける家紋を聞かれます。その時に大慌てしないように、心得ておきましょう。

❖家紋の歴史

日常は我が家の「家紋」が何だったかなど気にしている人はほとんどいないと思います。しかし、葬儀の時などに、故人の家紋を聞かれて、大騒動になったなんて笑えない話もあります。

家紋とは、平安時代に貴族が身の回りで使用する調度品などに付けたのがはじまりです。この時は家ごととか、氏族ごととかの決まりはなく、付けたい人が付けたい印を付けていました。

鎌倉時代になると、戦場での識別として家紋を旗や武具に付けるようになります。こうなると、武家は家ごとに家紋を制定して、他家との差別化を図ります。

室町時代には、大きな家紋を袖や背中に染めた大紋《だいもん》という武士装束が生まれ、礼装には家紋を付けるという習慣が広まっていきました。

戦国時代はまさに家紋の時代といってよく、戦場に家紋を染めた幟《のぼり》をなびかせ、その威容を誇ったのです。そのため、家紋は単なる識別の印だけでなく、神聖化されるようになります。

江戸時代に入ると、庶民の間でも家紋を持つ家が増えました。家紋の意匠は先祖伝来の家紋、新たに創設した家紋、他家の家紋を譲られたものなど、ほぼ自由に家紋を選んで決めることができました。もちろん葵の御紋などお留紋もありましたが、身分は問われることなく、遊女や芸者なども自らの紋を持ったのです。

現在、紋を集めた「紋帳《もんちょう》」などには5000種近い数の紋が掲載されていますが、これでも掲載されていない紋が多くあるので、その数は把握できません。

現在、家紋を付けるのは礼装の着物で、その数は5つ、3つ、1つがあります。

「五つ紋」が最も正式で、背中、両袖の外、両胸。
「三つ紋」が背中、両胸。
「一つ紋」が背中。

紋の大きさは、女性は男性より少し小さめです。戦前に比べて段々小さくなっているため、親の着物などと比べると、その差が比較できます。

同じ紋でも、その技法によって正式な紋と略式な紋があるので、新たに紋を付ける場合は注意しましょう。

家紋あれこれ

■染め抜き日向紋

染めの着物に入れる紋で、留袖・訪問着・喪服など最も格の高い着物に入れます。

■染め抜き陰紋

染めの着物に入れる紋で、日向紋に対して略式になるので、無地や小紋などに入れます。

■縫いの日向紋

刺繍の紋で、染め紋を入れられない時などに入れます。

■縫いの陰紋

刺繍で輪郭だけを入れた紋で、略式の紋になります。

■加賀縫い紋

本来の紋ではなく、遊び心で好きな紋や、好きな柄を自由にアレンジして刺繍し、紋代わりにしたものを「洒落紋」といいます。礼装には向きませんが、パーティーなどで着る準礼装の着物などに付けてオシャレをするのもいいでしょう。

ちょっと一服 箸休めコラム

母から娘へ受け継がれる 女紋《おんなもん》

❖女紋は西日本に残る風習

私が自分の着物に付けているのは、「六方（宝）に桜」という紋です。かなり掲載数の多い紋帳を探しても見つからない紋です。そのため、母が紋の図を書いた紙を、「これがあなたの紋ですから、一生絶対になくさないように」といって手渡してくれました。

しかし、我が家（山田）の家紋は、「丸に剣片喰」という、どこにでもよく見る紋ですし、母の実家も「五瓜に唐花」という戦国武将の織田信長と同じです。なのに、母親と私は父や祖父とは違う「六方（宝）に桜」だというのです。

これは、私の出身地である近畿地方から西日本で行われている「女紋」という風習で、母から娘に伝える紋なのです。私から母、母から実家の母（祖母）、さらには祖母からその実家の母（曾祖母）と、女系をたどります。同じ母から生まれても、男子には伝えません。

そのため、冠婚葬祭の場では男の兄弟は皆同じ紋を付けていますが、女（夫人や娘）は、それぞれ実家の母から伝えられた女紋を付けているため、複数の紋が並びます。

これが東京など中部以東の地方では、娘時代に振袖を作る時などには、実家（父親）の紋を付け、結婚したら嫁ぎ先の家紋（夫と同じ紋）を付けるという風習になります。

そのため、西日本から東京に嫁いだ場合、嫁入りに用意した着物に実家の母の女紋を付けるか、嫁ぎ先の家紋を付けるかで、迷ったり揉めたりすることがあるそうです。最近は実家で用意した着物には実家の紋を、嫁いでから買った着物には嫁ぎ先の紋を付けるという妥協案もあるようです。

❖母と娘が共有する物に付けたから生まれた？

女紋の謂《いわ》れは、西日本では商家が多いため、離婚する場合、持参金や花嫁道具を実家に返しました。その時のために、印を付けて所有をはっきりさせておこうというのが有力な説です。

しかし、私は別な考えを持っています。江戸時代の皇室や公家では、生まれた時から子どもの使うものに本人の「お印」を付けて、他のものと区別するという風習がありました。その場合、家紋、例えば皇室の菊の紋では花びらの数や形を変えたり、葉を付けたりしてアレンジします。現在の皇室は菊以外の植物を「お印」として使っているそうです。

皇室や公家の風習を身近に見ていた京や大坂の商家が真似をする場合、何かと共有することの多い母と娘で、同じ印を使うようになったのではないでしょうか。家紋に何か女らしいものを足したり、アレンジしたりして創作したのが、女紋だったと思うのです。

私の「六方（宝）に桜」も桜の家紋に六方（宝）を足したオリジナルデザインだったため、他家で使われることも少なく、紋帳にも掲載されなかったのではないでしょうか。

■著者の母から伝わる「六方に桜」紋

■著者の父方の祖母から伝わる「三つ蝶に卍」

着物の仕舞い方

着物を着るのは好きだが、後始末があるから面倒くさいという人がいます。しかし、着物を上手に後始末して仕舞うのは、次にその着物を美しく着るための出発点でもあります。大切に仕舞われた着物は、数十年経っても新品同様に着ることができます。

❖着物をかける

着物を脱いだ時、その開放感から、放り出したままという人がいます。気持ちはわかりますが、最低限度、脱いだ着物や長襦袢は衣紋掛《えもんかけ》（着物ハンガー）か、ない場合には洋服ハンガーでもいいので、一枚ずつ掛けておきましょう。

着物を着ていると、想像以上に汗をかいています。特に帯を締めていた部分はかなり湿気があります。また、着付け紐や帯で締められていたため、着物にシワが付いていますので、それを伸ばすためにも、ぜひ干してください。その時、裾が床に

なぜ？　なんで
着物のウンチク

シミや汚れの点検

着物を着ていると、思わぬことでシミや汚れが付くことがあります。特に、洋服にはない長い袖や裾、背中に張り出した帯には要注意です。

衣紋掛に着物や帯をかけたついでに、全体をチェックしておきましょう。

もし、見つけたら、自分流の処置はせず、専門家にお願いするほうがいいでしょう。詳しくは２３４ページをご覧ください。

私も訪問着の模様部分にコーヒーを零したことがあります。さすがにダメかと思いましたが、翌日すぐに染み抜き屋さんに持ち込んだら、きれいに取れました。

着かない高さに揚げることをお忘れなく。

さらに、帯、帯揚げ、帯締め、伊達締め、着付け紐も予想以上に湿気を含んでいるので、掛けて干して置くといいでしょう。

ただし、2〜3日以内には畳んで仕舞いましょう。衣紋掛に長く掛け続けると、型くずれの原因になります。

それ以外の肌襦袢、裾除け、足袋などの水洗いできるものは、扱い標示通りに早めに洗濯しましょう。最近は洗濯機で洗えるものが増えてきましたので、購入する時に確認するといいでしょう。

着物用語解説

畳紙《たとうがみ》

畳んだ着物や帯を包む紙です。厚い和紙を四つに畳むように折り目を付けた紙で、包んだ紙が開かないように紐が付いています。

着物を買った時や仕立て直した時に、呉服屋さんの店名が印刷された畳紙に包まれてきます。もし古い着物で畳紙も茶色に変色していたら、新しいものに変えたほうがいいでしょう。和紙の専門店などで売っています。

着物用語解説

箪笥

着物の保管には、湿気を吸ったり吐いたりして、内部の湿度を調整してくれる桐の箪笥が理想です。

しかし、置き場所と予算の問題があります。枚数が少ない場合には、桐製の箱でもいいですが、それも難しい時には、昔の人は木製の茶箱を使いました。茶葉を売っているお茶屋さんでは、現代の段ボール代わりでしたから、不要になった茶箱を安い値段で売っていました。現代はプラスチック製の衣裳ケースを使う場合が多いようです。着物の湿気が中に溜まることがあるので、乾燥剤を入れておいたほうがいいでしょう。

着物を畳む

収納する場合、着物を畳みますが、正しい畳み方をしないと、着物に余計な折り目やシワが入り、次に着る時にアイロンがけなどが必要になります。また礼装用の留袖や振袖などには、金糸や銀糸が使われていたり、豪華な刺繍が入っていたりするので、それを傷つけないような畳み方があります。着物ごとの畳み方を覚えておくといいでしょう。

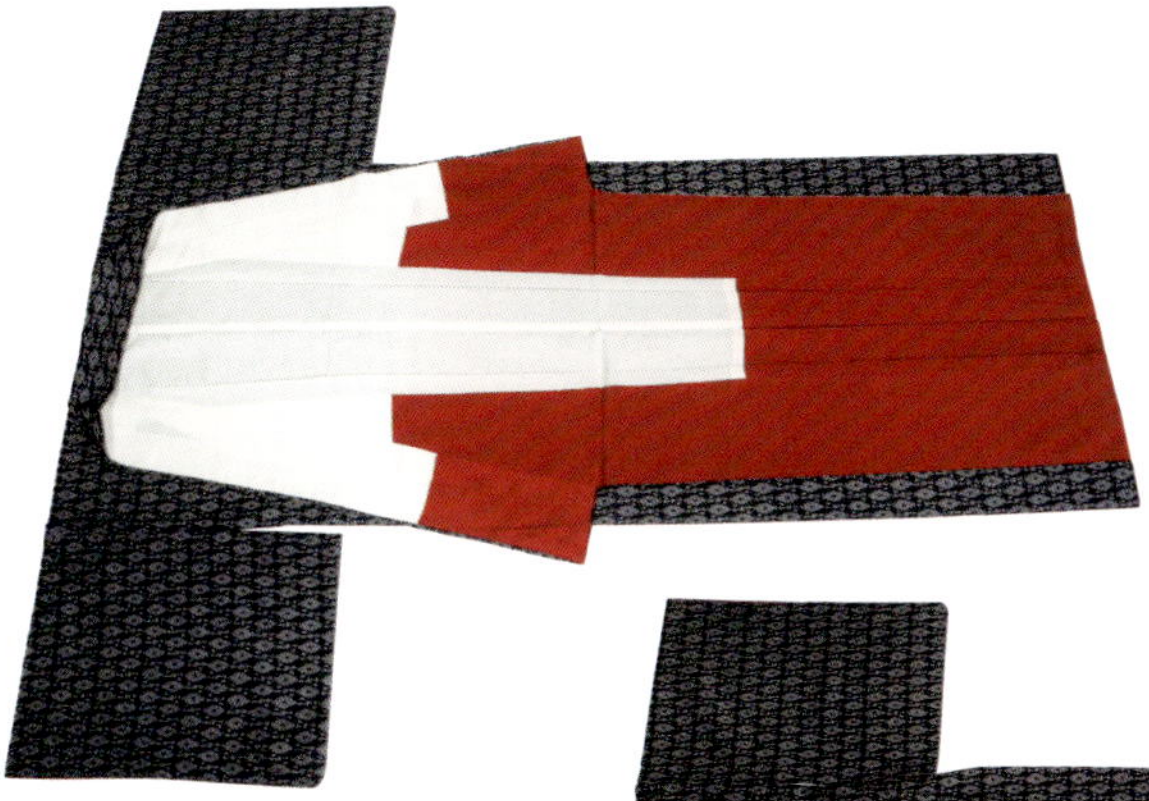

■本畳み　その1
衿を左にして、シワを伸ばし、衽線に沿って折り返します。

本畳《ほんだた》み

着物の基本的な畳み方です。この畳み方に合わせて、畳紙や箪笥のサイズが作られています。

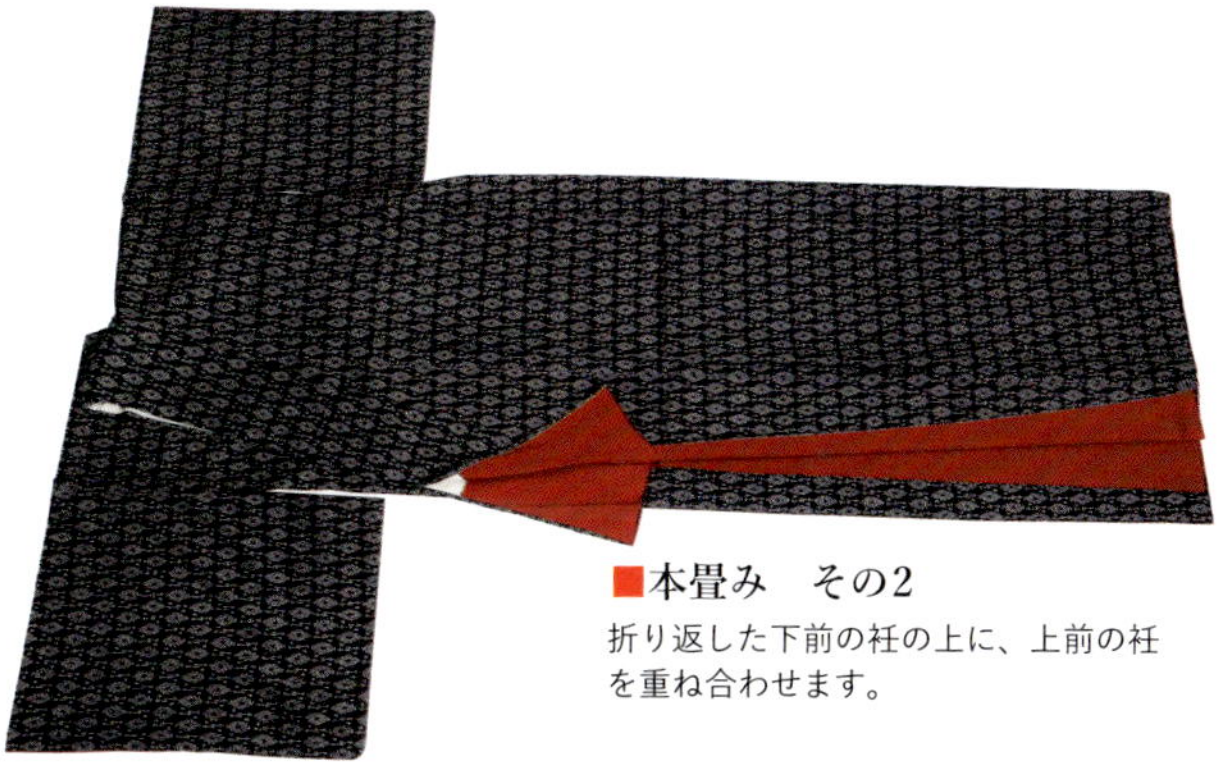

■本畳み　その2
折り返した下前の衽の上に、上前の衽を重ね合わせます。

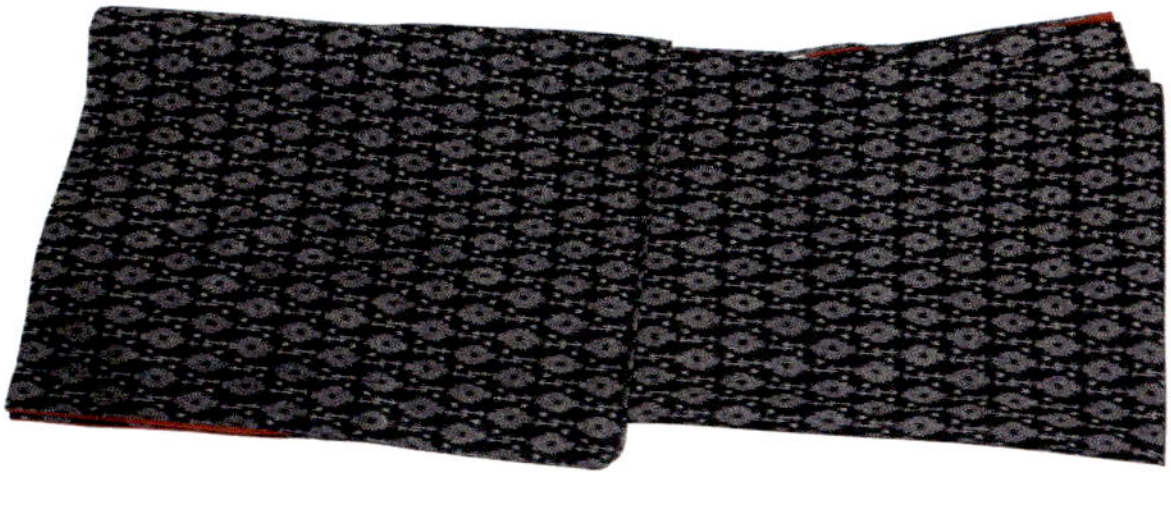

■本畳み　その3
両袖を重ね合わせ、上の袖は上側に、下の袖は下側に折り、身頃を衿先から二つ折りにします。三つ折りにしたい時は、袖の長さで屏風畳みにします。

夜着畳《よぎたた》み

「夜着」とは、昔、掛け布団代わりに着物を掛けて寝ていたため、その着物を「夜着」といいました。江戸時代以降にはその着物に綿を詰めて本格的な掛け布団にして、関東以東では「掻巻」とも呼ばれていました。その夜着と同じ畳み方なので、「夜着畳み」といいます。

この畳み方は、模様の部分に折り目を入れて模様を傷めることが少ないので、振袖、留袖、訪問着などの豪華な裾模様や細工のある着物に向いています。

■夜着畳み　その1

衿を左にして、脇縫いに沿って、下前を下側に、上前を上側にして、シワを伸ばします。衿肩あきの縫い目に沿って衿を内側に折ります。

■夜着畳み　その2

下前の袖を折り、その上に上前の袖を重ねます。真綿を布で巻いたもの（枕）を真ん中に置き、裾側には模様を傷つけないように薄紙を置いて、丈を二つに折ります。

■夜着畳み　その3

二つ折りしたものを、さらに二つ折りします。

長襦袢の畳み方

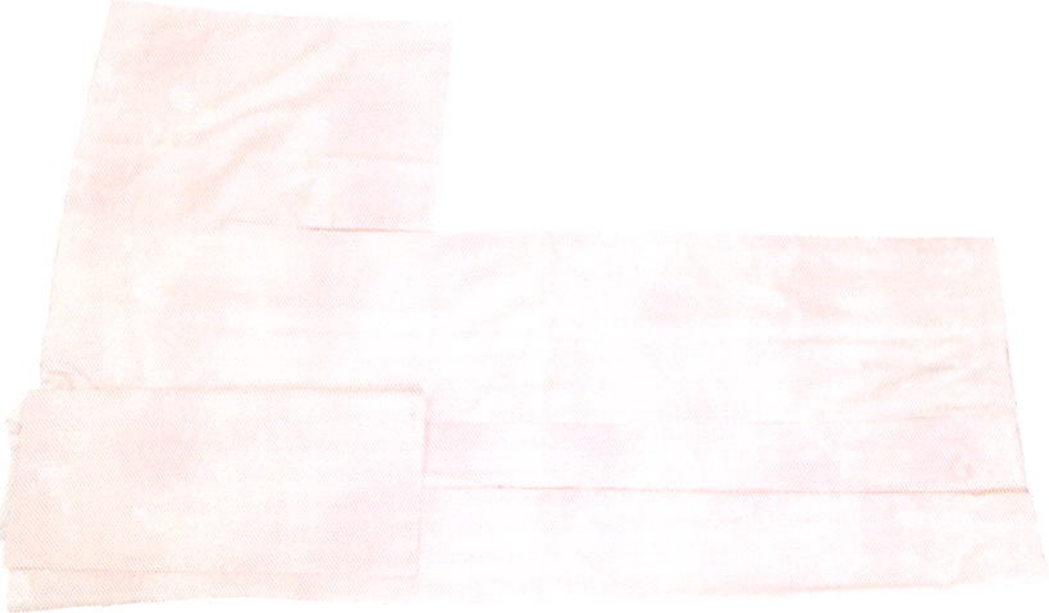

■長襦袢の畳み方　その1

衿を左にして、上前が上側になるようにして、シワを伸ばします。下前の脇縫いを内側に折り、袖を手前に折り返して重ねます。

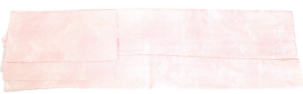

■長襦袢の畳み方　その2

上前も脇縫いを内側に折り、袖も折り返して重ねます。丈は袖を折り曲げないように二つ折りします。

洗い張り

古い着物をいただいたり古着を買ったりしたけれど、長い間箪笥の中に防虫剤の樟脳《しょうのう》と一緒に仕舞われていたため、匂いが気になることがあります。また、部分的に付いたシミなどが気になることもあります。そんな時の手入れ法をご紹介しましょう。

❖着物の手入れの今と昔

シミ抜き

ごく一部に着いたシミや、衿や袖口に付いたファンデーションや汗シミなどは、その分だけのシミ抜きをします。家庭で揮発性溶剤を使う方法もありますが、不慣れな人は、シミ抜きの専門業者かクリーニング店に依頼したほうがいいでしょう。

クリーニング

クリーニング店で、着物をそのまま丸洗いという洗浄法があります。揮発性の溶剤を使ったドラ

■着物を解いて端縫いした生地

着物の生地は、身頃2枚、衽2枚、衿1枚、衿の上に掛ける共衿1枚、袖2枚の8枚に切り分けられています。これを端縫いして繋ぐと、元の1反の生地に戻るのです。この状態で保管しておくと、次に利用する時に便利です。

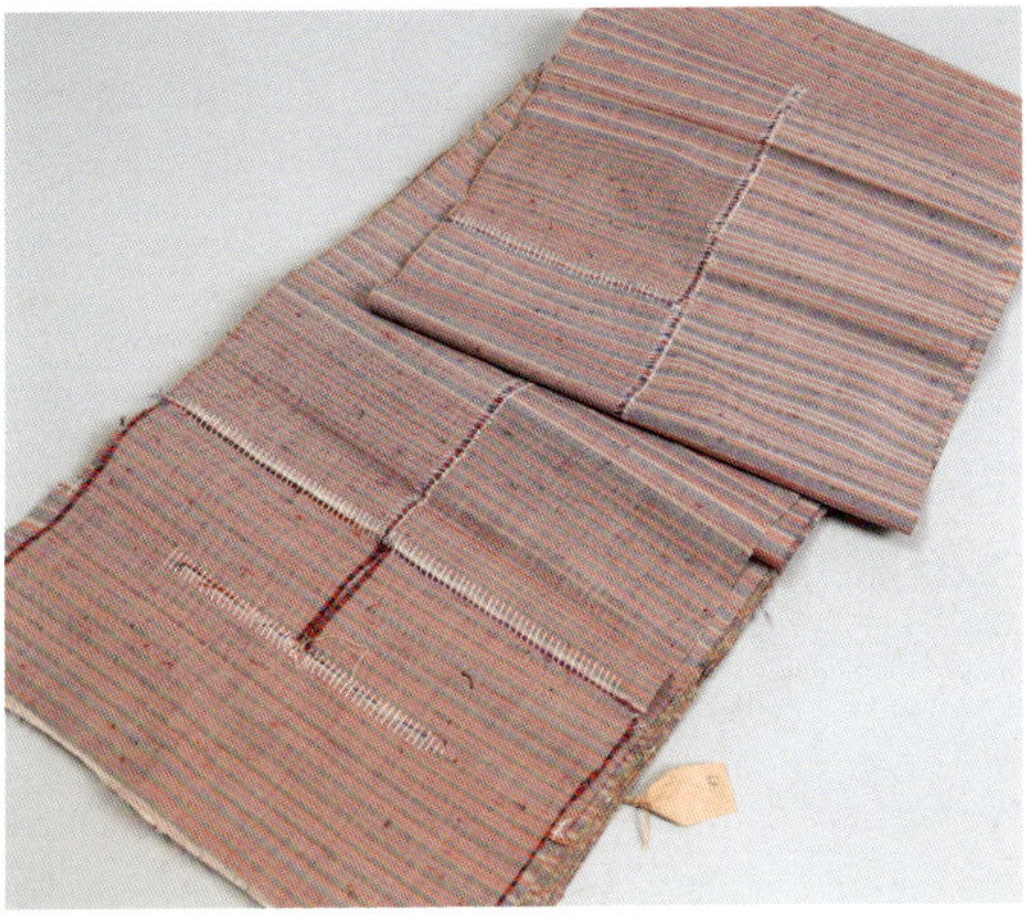

イクリーニングですが、古い生地などではダメージを受ける可能性もあります。

洗い張り

昔の人がやっていた「洗い張り」という洗浄法があります。昭和30年代までは各家庭でも季節の変わり目などに行われていましたが、現在は専門の業者に頼むようになりました。

着物の縫ってあるところをすべて解いて、バラバラにした生地を洗浄する方法です。

生地を長い板の上に置いて、水を流しながらブラシなどで汚れを落とします。その後、糊付けをします。張り板に張り付けるか、生地を縫い繋いでから端に針の付いた竹ひごの「伸子《しんし》」で生地をピーンと張って乾かします。

洗い張りをした生地は、生地本来が持つ風合いと張りが戻り、新品同様になるものもあります。紬などは何度かの洗い張りを通して、生地が柔らかくなり、着やすくなることもあります。

着物を解くため、長年の間に生地に付いた折りジワを消すことができるので、そのあとで違う寸法の着物を仕立て直すこともできます。

着物 用語解説

悉皆屋《しっかいや》

表の看板には「悉皆」という文字はありませんが、「悉皆屋」と呼ばれる店があります。文字の意味は「みな」とか「ことごとく」ですが、何をことごとくなのかというと、「着物の世話をことごとくやる」ということです。

江戸時代、大坂で衣服の染色や染め替えを請負い、京都に送って実際にやってもらうことを生業にした人たちで、転じて染め物や洗い張りをする業者を指します。さらに悉皆屋さんは着物すべてに通じているので、現在は着物のコーディネートなどもしてくれる頼もしい存在です。

看板に「染め」とか「洗い張り」という文字を見たら、それは悉皆屋さんなので、なにか困ったことがあったら、訪ねてみてください。

着物を仕立て直す

「若いころに着ていた着物をもう一度着たい」「頂いた着物を着たいけれどサイズが合わない」とか、理由はいろいろありますが、仕立て直すことができるのも着物の醍醐味です。

❖羽織を名古屋帯に

箪笥の奥に仕舞っておいた着物を再び着るために、一つ勇気を出してみませんか。

なぜ、「勇気」といったかというと、なかなかこの決断をする人が少ないからです。でも、一度清水の舞台から飛び降りると、次から次に飛び降りたくなるから不思議です。

昭和30年ごろまで、室内の暖房設備が少なかったため、晩秋から早春のころは着物だけではとても寒かったのです。そのため、当時の着物を着た女性の多くが羽織を着ていました。

子どもの入学式や卒業式などに黒の絵羽織を着ていくのが制服のようになり、箪笥の中に羽織がどんどん増えていきました。

しかし、昭和40年ごろからは着物を着る人も減りましたが、それ以上に冬でも羽織を着る人が少なくなったので、羽織は箪笥で眠ったままになったのです。不思議なもので、着物や羽織は高価だったせいか、このまま誰かに引き継げるのではないかとか、高額で売れるのではないかという幻想があります。しかし、私の母が40歳ごろに着た羽織はとても派手で、現在の時流には合わないため、誰も着ることはないでしょう。

そこで勇気を持って、箪笥から羽織を引き出して、いつも着物を仕立て直してもらっている広島の「白砂和裁」に持ち込みました。

「羽織を名古屋帯に仕立て直してください」というと、「こんないい羽織をいいんですか？」といわれてしまい、一瞬挫けそうになりましたが、「このままだと、一生着ないと思います。帯にしたら面積が狭くなるので、少しくらい派手でも着れると思います」といって、帯への仕立て直しをお願いしました。

数カ月後、受け取りに行って見たものは、最初から帯として呉服屋さんの店頭に並んでいたような、元が羽織だとは思わない出来でした。

以来、箪笥の中の羽織はどんどん名古屋帯に変わっていきました。

名古屋帯にしたのは、羽織の丈が短いため、袋帯を作るほどの生地がないためですが、一番の理由は生地が染め生地のため、腰が弱く張りがないので、袋帯の風格が出ないからです。その代わり、薄めの芯を入れて仕立てると、とても軽くて締めやすい帯になりました。これなら、オシャレ着にぴったりです。

■江戸紅型の羽織を名古屋帯に

■葛の葉模様のろうけつ染めの羽織を名古屋帯に

■京鹿の子の総絞りの羽織を名古屋帯に

一度飛び降りると、あとは怖いものなしです。次は従姉妹にもらった黒の絵羽織です。まさに小学校の入学式に着て行っただろう若い母親向けの柄です。

これも名古屋帯に仕立て直しました。白砂和裁さんは、「これは難しいですね。柄をどうやって出しましょうか」と考えていらっしゃいましたが、「なんとかやってみましょう」といって引き受けてくださいました。

■黒の絵羽織を名古屋帯に
外雪輪文様に、色とりどりの菊が描かれて、まるで最初から帯として製作されたような配置になりました。

黒留袖を絵羽織に

ますます調子に乗った私は、箪笥の一番奥に眠っていた、難物を引っ張り出しました。祖母が着たであろう絽の黒留袖です。

最近の結婚式は夏でも冷房の効いた室内で行うため、黒留袖は袷でもいいといいます。しかし、祖母がこれを着たのは昭和20年代から30年代ですから、夏の結婚式にはこの絽の黒留袖が必要だったのでしょう。しかし、今や親戚を見回しても、この黒留袖を着る人は皆無で、私のところに廻ってきていたのです。

これは思い切って、夏の絵羽織にしよう。散々絵羽織を帯にしてきたくせに、今さら絵羽織に仕立て直そうと思ったのは、最近羽織に復活の兆しが見えてきたからです。特に、黒無地の羽織を着ている女性を見かけることが多くなりました。特に日本舞踊や邦楽をやっている粋筋の方が着ているのです。

そこで勇気を出して、黒羽織の先を狙って黒の絵羽織を作ることにしました。かなり派手な柄ですが、豪華な日本画を見るようで、誰も真似のできない絵羽織になると思いました。

毎回、快く引き受けてくださる白砂和装さんも「難しいですね」といって預かってくださいましたが、なかなかできたという知らせはきませんでした。1年以上も経ち、すっかり忘れたころに連絡があり、受け取った時にはその出来栄えに息を呑みました。

後日談がありまして。この絵羽織を見た呉服屋さんから、「こんな素晴らしい細工をした絽の黒留袖を見たことがありません。なんてもったいないことをされたんです」と言われましたが、後の祭りです。しかし、あのまま箪笥の肥やしになるくらいなら、こうして人前に出られてよかったと思っています。

■絽の黒留袖を
絵羽織に（背側）

昭和前期の黒留袖で、静かな海の波に漁船や漁網が描かれている上品で縁起のいい裾模様です。その裾模様を背中に回して絵羽織にしました。前側の羽織の衿下にも模様が出るように工夫してあります。

【 第七章 】

着物文化の復興

Revival of kimono culture

日本はかつて養蚕では世界有数の先進国でした。現在は斜陽産業となった感もありますが、技術や伝統は脈々と受け継がれています。そうした着物文化の再興の様子を長野県上田市の例に見ていきましょう。

蚕の里との出会い

かつて日本の国策として取り組まれていた繊維業だが、現在では斜陽化は著しいものです。しかし、ここで途絶えさせてはせっかくの伝統と文化は消滅してしまいます。ここでは着物文化と養蚕技術を後世に残す人たちの働きを紹介します。

❖日本は「絹の国」

日本は「絹の国」と呼ばれています。江戸時代末期、長い間鎖国をしていた日本が開国をして、欧米諸国と本格的に貿易を開始しました。その時、輸出品で取扱い量が一番多かったのが、「生糸」でした。

ヨーロッパでも生糸は生産されていましたが、日本の生糸は良質なうえに安価だったため、欧米諸国は争うように日本産の生糸を買ったのです。そのため、国内産の生糸の半数以上が輸出されました。

明治5（1872）年には、群馬県に富岡製糸場が開設され、それまで手仕事だった製糸の機械化がはじまります。これを契機に全国に製糸工場

■昭憲皇后の富岡製糸場行啓

明治天皇の后である昭憲皇后が小袿姿で、開場して間もない富岡製糸場に行啓した絵です。女工員たちが、お湯の中の繭から糸を引き出し、複数を撚り合わせて巻き取る繰り糸の工程を視察されています。

富岡製糸場行啓（荒井寛方）聖徳記念絵画館蔵

が開設され、長野県にも多くの製糸工場が開設されました。工業化によって日本の生糸の品質が向上し、生産量も爆発的に増えました。

こうして日本産の生糸は世界一だという評価を得るようになり、日本は「絹の国」と呼ばれるようになります。

日本国内でも、徳川幕府の「奢侈禁止令《しゃしきんしれい》」などの規制がなくなり、庶民も豪華な着物を着ることができるようになったため、染織技術も向上します。

しかし、第二次世界大戦で着物産業は壊滅的な痛手を受けました。やっと戦後、一時は復活の兆しは見えましたが、洋風化の波で儀礼や趣味の衣服としてやっと続いているのが、現在の姿です。

❖「蚕都《さんと》上田」

長野県上田市は長野県東部に位置し、生糸の積出港の横浜への経由地だったため、養蚕と製糸で栄え、「蚕都上田」と呼ばれた都市です。特に、「蚕種」と呼ばれる「カイコの卵」の生産地として有名で、優秀な種としてヨーロッパの養蚕国であるイタリアやフランスにも輸出されました。

また、上田は江戸時代に「江戸三大紬」の一つといわれた「上田紬《うえだつむぎ》」の産地としても有名でした。

上田紬は別名「上田柳条《うえだじま》」とも呼ばれ、紬の縞柄が特徴でした。柳条の由来は、中国で細い縞柄を「柳の枝のように細い」と表記していたためです。

江戸前期、井原西鶴《いはらさいかく》が貞享5（1688）年に刊行した『日本永代蔵』の中に悋気《りんき》な商人が着る着物として「上田紬」が登場することから当時は丈夫な生地として評価されていたことがわかります。

しかし、江戸時代の上田藩の史料には、「紬」以外にも「絹」という文字がたびたび登場します。これは生糸もしくは絹織物を指すと思われます。信州（長野県）は、古代から養蚕が盛んで、朝廷へ多くの生糸を納めていました。その分、生糸にできないくずも多く残り、それを紬糸にして、家庭の機で織って、出来のよい生地を出荷していたのです（１２２ページ参照）。

明治時代以降、上田にも日本を代表する製糸工場がありましたが、現在はすべて廃業しています。「蚕都」という言葉は残っていますが、実際には、研究や趣味で蚕を飼う人はいても、産業として養蚕をしている農家はなくなりました。

❖上田の呉服屋「和楽座」

私が初めて長野県上田市を訪れたのは、平成23（２０１１）年の初夏でした。足掛け3年かかったＴＢＳドラマ『ＪＩＮ－仁－』の撮影がすべて終わった直後で、埃ぽかったスタジオから、空気のきれいな田舎に逃げ出したいと思ったのです。

当時の上田は、大河ドラマ誘致運動の真っ盛りで、どれだけ上田が素晴らしいかをアピールする標語が乱立していました。その中に「蚕都上田」というのがあったのです。

しかし、「蚕都」といわれても、それを偲《しの》ぶものはほとんどなく、群馬県富岡とは比較にもなりません。民芸品として上田紬でできたバッグや財布などの小物類を売っていましたが、値段からして所詮子ども騙しの土産物扱いでした。

しかし、郷土史家の尾崎行也さんの講演などを聞いているうちに、上田が江戸時代に絹によってどれだけ栄えていたかを知り、興味が湧いてきました。

翌年の暮れ、私に上田で着物のファッションショーを演出してほしいという依頼が呉服屋から来ました。どうやら「ＪＩＮ－仁－」の時代考証を担当したことで、着物姿の見せ方が上手だと考えたのでしょう。時代考証家になる前の放送作家時代に、クラシックコンサートや歌謡ショーの構成や演出をしていたので、自信はありました。

しかし、過去にも各種の団体から「ボランテアでお願いします」という要望があり、正直うんざりしていたこともあり、「ビジネスとしてなら」とお返事をしました。答えは「私は着物で商売をしていますから、ビジネスとしてお願いします」でした。

　これが、今回ご紹介する「和楽座」の社長・樋澤行正さんとの出会いです。

　ただ、実際にファッションショーを演出してみると、そこに登場した10点近い着物は、「真田染め紬」というブランド名の紬の着物でした。デザインをした友禅染《ゆうぜんぞめ》の作家が上田市の出身で、模様が上田にちなんで真田の六文銭や真田幸村の甲冑姿が描かれているので「真田染め紬」だそうです。

　樋澤さんは民芸品になった上田紬を、新しい形で着物として再生させたいと考えていたようです。しかし、本来の上田紬のよさは生地質だったのに、織り糸が外国産だったら、意味がありません。私が「これでは産地偽装ですね」と冗談を言ったら、樋澤さんは「今、本気で考えています」と反発していました。

　そして、翌年の初夏、新しく開墾された桑畑を見ることになります。

■ 2000本植えられた桑の苗木
春に植えた桑の苗木が、夏には葉を茂らせますが、木の成長を待って、2年後から葉を収穫します。

❖信州上田「蚕の里」

　蚕の里があるのは上田市小牧で、上田の市街地から千曲川《ちくまがわ》を挟んだ対岸にあります。常田新橋を渡れば、新幹線の上田駅から車で10分の距離です。新幹線が佐久平駅から上田方面に向かう時、左手に桑畑を見ることができます。

養蚕から機織りまで　和裁舎・和楽座

1

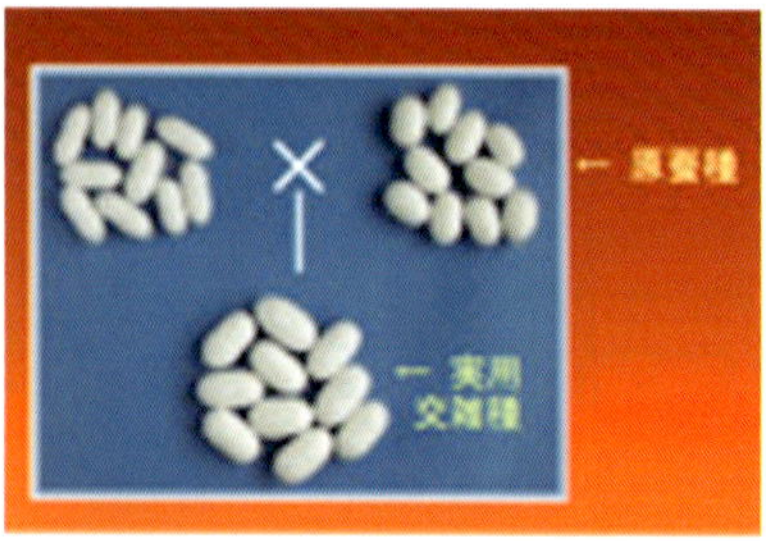

■糸繭の交雑種の育成

今回我々が計画している新品種を作るためには、原蚕種のどちらかに上田在来品種を用いる。

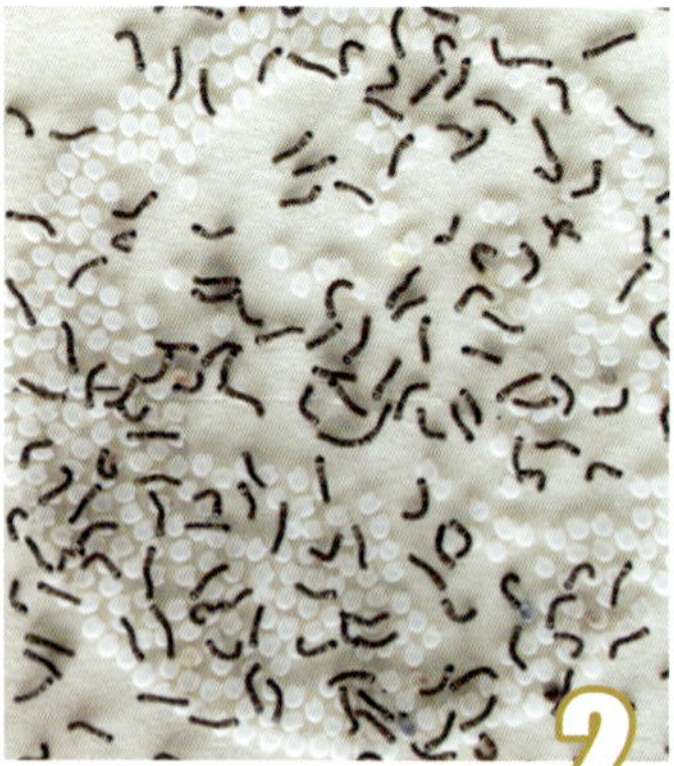

2

■ふ化したばかりの幼虫

■蚕が繭を作りはじめる

4

3

■桑の葉を食べる蚕

刈り取った桑の葉を幼虫に与える。

6

■繭を一つずつ選別します

5

■繭の収穫

7

■座繰りで生糸の繰糸

温湯によってほぐされた繭から座繰りで生糸を巻き取る。

8

■完成した生糸

繰糸機により
純上田産の紬糸をひく。

9

■機織りの準備

小管に巻いて機織りの準備をする。

10

■手機で機織り

■蚕室となった古民家
農地に囲まれた一画に建つ古民家で、1階は作業がしやすいように蚕を飼う蚕室と、繰り糸と機を織る工房にして、昔は蚕室だった2階には、お客様をお招きするサロンにリフォームしました。

こんな市街地に隣接する地域にも草の生い茂る遊休地が広がっていました。それらを借地して、桑の苗木を植えたのです。初年度の2013年は2000本でしたが、現在は5000本に増えています。後背地は小牧城という山城のあった急勾配で、鹿などの動物の姿も見られます。春には新芽や枝の表皮を食べられるという被害にもあいます。そんな中で樋澤さんの本気の挑戦がはじまったのです。

桑の葉が収穫できるようになると、今度は蚕を飼う蚕室の準備です。幸い小牧には昔、養蚕をやっていた農家がいくつか現存しています。その中の一つ、明治時代に建築された古民家を借りて蚕室と昔通りの製糸・機織りができる工房に修復改造しました。これも樋澤さん自らが先頭になって行いました。正直、樋澤さんは呉服屋さんより大工さんのほうが向いているのではと思うこともたびたびあります。

小牧の蚕の里には、いろいろな芸術家が訪ねてきます。そして一様にいうのが、古民家を中心とした里の景観の素晴らしさです。そのため、この景観をさらによくするために、協力してくれることになったのが、ミサワホームのデザイナーで画家の大谷宗之さんと、大阪芸術大学建築学科教授の福原成雄さんです。

蚕の里に多くの人が来て、蚕を育て、糸を紡ぎ、織り、さらにまわりの植物から採った染料で染める過程を体験してほしい。そのためには「来てよ

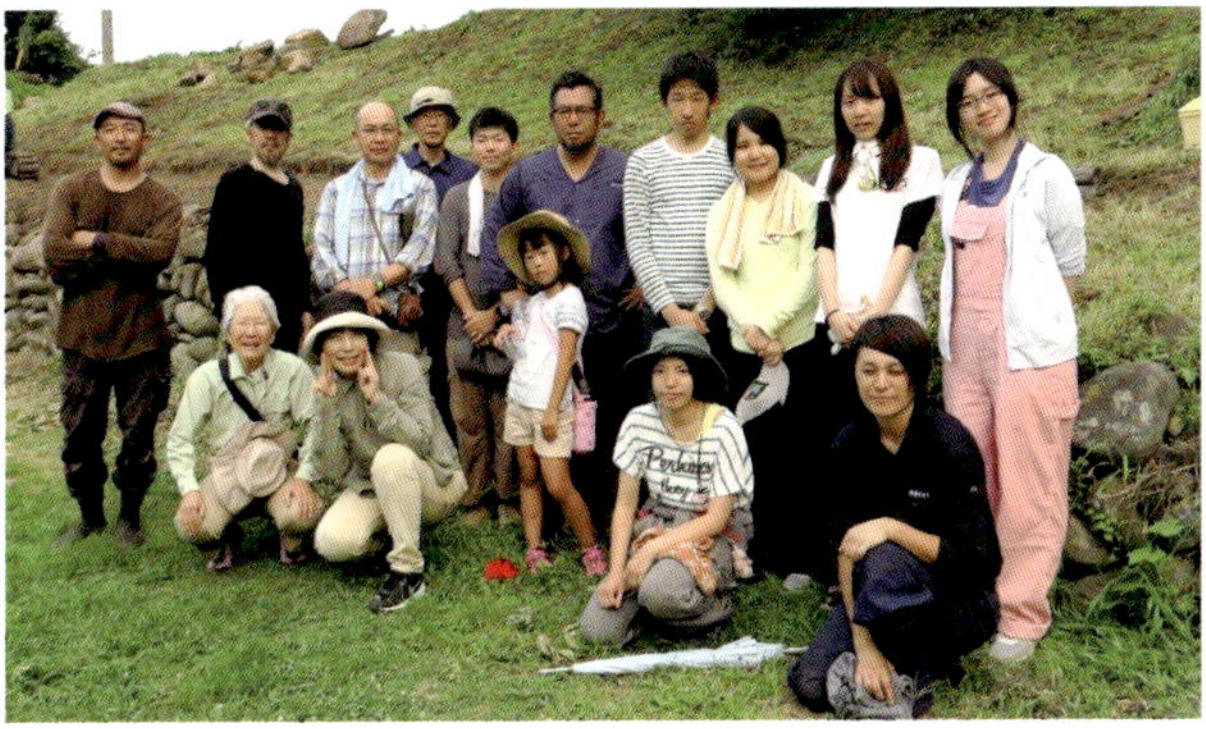

■福原教授と
その仲間たち

大阪芸術大学の福原教授の指導のもと、古民家周辺の環境整備のために集まった大阪芸大の学生と、造園のプロのジャパンガーデンデザイナーズ協会のメンバーです。

■大谷宗之画伯の
「蚕の里」の未来図

建築デザイナーらしく、古民家とその周辺の10年後の未来図です。

かった」と思ってもらえる環境整備が大切だと考えているからです。

❖上田柳条の再生

蚕の里で養蚕された繭の製糸方法は2つに分けられます。1つは塩漬けにしたあと、手回しの座繰りで糸を引き、生糸独特のセリシンを残した糸にする江戸時代と同じ製法。

もう1つは、岡谷の製糸工場に送って、効率よく糸を引く現代の製法です。これは単なる江戸時代の再現に止まらず、一人でも多くのお客様に蚕の里の着物を着てほしいという樋澤さんの思いからです。

製糸された糸は工房の手織り以外にも、新潟県十日町、山形県米沢、京都府丹後といった織物の産地で織ってもらうことで、それぞれ個性の違う生地を作ります。

100％上田の糸にこだわりながらも日本各地

に残る伝統の技を積極的に取り入れて、お客様の多様なニーズに応えようとする樋澤さんは、上田だけでなく日本の着物産業の復活を夢見ているようです。

蚕の里から生まれた着物生地の最初の一枚を購入しました。購入した以上、正直な感想を書きます。

市松模様の地紋の白生地は、紬というよりは御召のような張りと柔らかさがありました。色は思い切って明るいブルーの無地に後染めしてもらいました（212ページ着用）。

できれば、講演会やテレビ出演などで、目立つほうが話題になると思ったからです。案の定、必ず「いい着物ですね。生地は何ですか」と聞かれます。その質問を待ってましたとばかりに、今まで書いてきた「蚕の里」の顛末を話すことになるのです。

4枚目に買ったのが、樋澤さん渾身の「上田柳条」です。江戸時代に上田紬が「上田柳条」と呼ばれていたことに由来する細かい格子柄の織りです（江戸では格子柄も縞と呼びます）。江戸時代と同じようにセリシンをたっぷり残した糸を、クルミ

■クルミの葉と実から作った染料で生糸を染めている樋澤さん

の実と葉から抽出した染料で染めた「先染め」の生地です。

　その素朴な色合いと、しっかりと織り込まれた格子柄は、まさにこれから作られる上田柳条の手

■機に掛けられた経糸

■蚕の里の植物で草木染された糸で織られた上田柳条

本となる生地でした。早速、袷《あわせ》に仕立ててもらったところ、あまりにも生地に張りがあるため、裃《かみしも》を着ているような気分になりました。
　昔、結城紬のよいものは何度も洗い張りをして柔らかくしなければ、硬くて着れないという話を思い出しました。実際、伯母譲りの結城紬を洗い張りに出したら、以前より柔らかくなって、とても着心地がよくなっていました。
　江戸時代の上田紬も結城紬同様、最初はかなり硬かったのでしょう。江戸時代の上田柳条を目指した結果、本当に丈夫な上田紬になってしまったようです。
　時代考証家としては、この話題もいいのですが、これから何度も洗い張りをするほど長生きはできないので、困っていたら、女優の樋口可南子さんの『きものまわり』という本にヒントがありました。同じようにセリシンたっぷりの生地を買った樋口さんが、夏の単《ひとえ》にしたら、麻より着やすかったというのです。早速、裏を剥がして、単に仕立

て直してもらったら、なるほど、とてもよくなりました（211ページ参照）。

❖蚕の里と着物文化の未来

こうして掛け声だけで終わりそうだった蚕都上田の養蚕は、地場産業として復活しました。産業であるためには、これからも継続していくことが大切です。個人や趣味のサークルでは続きません。

着物に携わって40年以上の経験を持つ樋澤さんもいつまでも続きません。そのために、10年前に立ち上げた障害福祉サービス事業所、女性の「和裁舎」と、男性の「農業班」の皆さんによる養蚕を行うことを考えました。

真夏の暑い日差しの中、蚕の餌となる桑の葉を摘む若者たち、みんな生き生きとしているのが印象的です。

いいものを作るだけでは続きしません。樋澤さんは、世界市場への進出を目指しています。来日外国人はもちろん、世界の人々に「ジャパニーズシルク」のよさを認めてもらい、「絹の国日本」の復興すらも企んでいるようです。

それにはまず、日本人自身が着物を着て、そのよさを実感することが大切です。そのために、着物のレンタル事業にも積極的に取り組んでいます。着物を着て、記念に撮った写真は一生の思い出です。そんな素晴らしい思い出をたくさんの人に持ってもらいたいと、樋澤さんは日々奮闘しています。

❖次のステージを目指す上田絹

「上田絹」を商品化までこぎつけたことは、これだけでも大成功といえるでしょう。

しかし、もっと多くの人たちに着てほしいとの思いから、樋澤さんは次のステージを目指して、帯の製造をはじめることにしました。そこで、また第1作目は、私が購入することになったので、私は希望する条件を出しました。

それは、私の友人であるガーデンデザイナーの保立美智子さんに、帯のデザインをしてもらうことです。

保立さんは、ガーデンデザイナーの前には、洋装のアパレル企業でデザイナーをしていたという異色の人だったので、和装業界とどんなコラボレーションができるのか、興味があったからです。

今回のお題は「塩瀬の染め帯」です。目の細かい塩瀬の生地（126ページ参照）に、絵を描いて「染め帯」（174ページ参照）に仕立てます。もちろん、従来の日本画風な絵は希望していません。

そこで保立さんの提案は、4色の縦縞柄でした。そこに使われていた4色の組み合わせが斬新だったので、私から「その色を活かして、大きな縞ではなく、縞の『島』つまり格子柄にしてみませんか」と逆提案して、デザイン画を描いてもらいました。


これを十日町の染めの工房に依頼して、生地に描いてもらうことにしたのです。桝形や色の配置など、和楽座さんを挟んでデザイナーの保立さんと工房の間で何度もやりとりがありました。

「この色を30％上げてください」という、保立さんの要望に、長年の経験で仕事をしている工房の職人さんが、どんな顔をしたのか、見てみたかったのですが、とにかくかなり納期が遅れて届きました。

織りでは出せない柔らかい色合いに、手描きゆえの不揃いな縞の組み合わせが、従来の帯にはない新しさを感じます。

こうしてはじまった異業種とのコラボレーション作品の今後が楽しみです。

■できあがった名古屋帯

薄いブルー地に４色の桝を配置し、お太鼓の下に位置する「たれ」にも不連続の桝が入っているので、軽いアクセントになっています。この帯なら、無地はもちろんですが、小紋などにも締められ、季節も幅広く使えるでしょう。

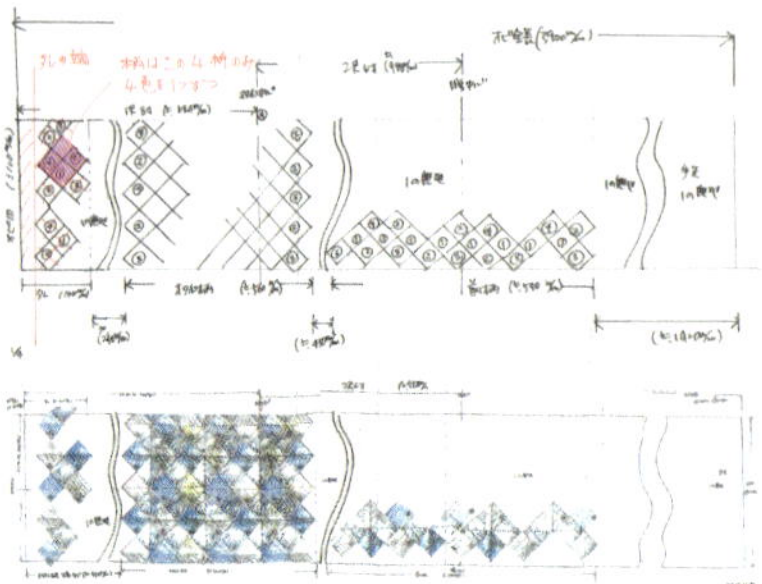

■デザイン途中の指示書

４色の細い縞模様の桝で構成される格子柄。その大きさや配置について、デザイナーと工房の間で何度もやりとりが行われました。私の希望（赤字）も入り、これから色の調整です。

■デザイン帯の最初のアイデア

アパレルのようなアイデア提案を受けて、戸惑いましたが、左の茶・薄いブルー・濃いブルーの配色が日本古来の「かさね色目」を思わせて心惹かれました。

【終章】

着物のある風景

A scene with a kimono

残念ながら現在では舞踊や茶道にかかわる人や時代劇の中でしか、日常で着物姿を見ることができません。本章では時代考証家として活動する中でのエピソードや現在も着物姿で活躍する人たちについて、紹介します。

❖時代考証家の裁縫初め

私は日本で本格的にテレビ放送がはじまった昭和28年に生まれました。つまり日本のテレビ放送と同い年です。

我が家にテレビがいつ来たかは鮮明に覚えていませんが、昭和38年に始まった大河ドラマの1作目『花の生涯』以降の大河ドラマはすべて覚えています。

1作目の『花の生涯』で、井伊直弼を演じた2代目尾上松緑の裃姿、昭和40年の『太閤記』で織田信長を演じた高橋幸治の小袴に袖なし羽織、昭和44年の『天と地と』で上杉謙信を演じた石坂浩二の直垂《ひたたれ》姿。もちろんストリーや俳優の演技に興奮したのは当然ですが、一番気になったのが、彼らが着ている衣装でした。

当時、私の祖父や父も自宅では着物を着ていました。しかし、同じ着物なのに、なぜか時代劇の俳優が着ている衣装は、形も色も違うのです。特に、『天と地と』で戦国武将たちが、着ている直垂の大きな袖をぱっと広げて座る所作などは、かっこよくて惚れ惚れ見ていました。

そして、ついに直垂を自分で作ることを決意したのです。もちろん、直垂の作り方が書いてある本など見つけることはできませんでした。そこで、至文堂から出版されていた『日本の美術』シリーズの「服飾」に掲載されている直垂の写真から、形や縫い目を読み取り、寸法はテレビの画面を注視して想像しました。最後は自分が着ることを想定して試着しながら決めました。ビデオテープのない時代ですから、毎回ドラマの画面を食い入るように見ての製作です。

一番難問だったのが、袴《はかま》の股の部分の構造です。『日本の美術』の写真では、表の襞《ひだ》はわかっても、中はわかりません。そこで、祖父の黒紋付きの袴を引っ張り出して参考にし、なんとか仕立て上げました。表生地は、私の小遣いで買えた木綿の「桟留縞《さんとめじま》」で、裏は浴衣地ですから、本物の麻や絹とは着心地がまったく違うと思いますが、私としては会心の1作目です。

■自作の直垂　上着

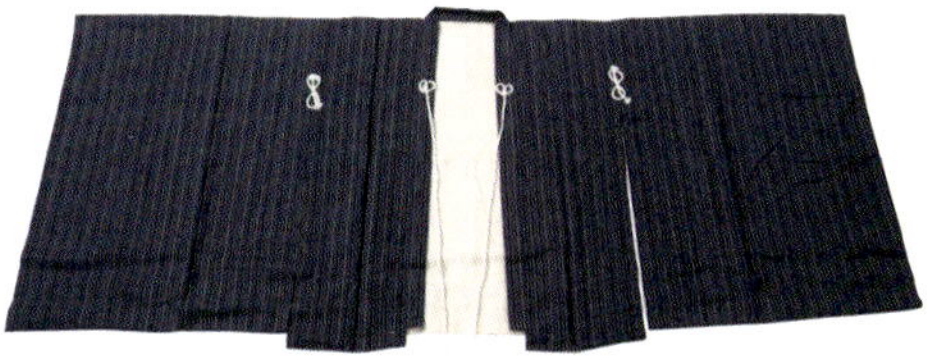

■自作の直垂　袴

■鎧直垂

これで自信がついたのか、2作目には直垂作りで参考にした祖父の袴と同じものを作ることにしました。これは見本があったので簡単でした。今回も安い桟留縞ですが、明治時代の書生さんが着ていた「小倉袴」風に見えて、大満足でした。

この袴を作ってから40年後の2009年。ドラマ『JIN－仁－』の時代考証を担当した時、時代劇初出演の男性俳優に所作指導をすることになりました。袴には着物の着流しとは違う所作がありますので、同じように着たほうが指導しやすいと思い、私はこの自信作の袴を着用しました。まさか40年経って役に立つとは、我ながらびっくりです。

その後もこの袴は、時々活躍しています。袴用の生地ではないので、重くてシワになりやすいのですが、寸法が私に合わせてあるので、着た時に裾を引きずることもなく、腰の辺りがぴっちり締まって恰好がいいのです。

■自作の袴

時代劇の撮影現場では衣装は原則、衣装のレンタル会社が所有する着物を使います。しかし、最近は俳優が男女ともに身長が高くなり、腕も長くなってきたため、衣装会社が所有する着物では、身丈《みたけ》や裄《ゆき》が足りなくなり、裾が短くて足が出たり、袖口から腕がにょっきり出たりしています。

身丈が足りない場合、女物は御端折《おはしょ》りで見えない部分に足し布をしたりして誤魔化しますが、男物はそれができません。裄は肩の縫い合わせで、生地幅を出せるだけ出しますが、それでも足りないことがあります。

こうなると、主役級の衣装はすべて新調するケースもあります。ただ、着物の生地の幅は決まっていますから、洋服生地など幅の広い生地を使うこともあります。中には着物生地ですが、肩の所で布を継ぎ足すこともあります。そのため、よく見ると肩に1本しかないはずの縫い目が2本見えるのです。4K8Kと画像が段々鮮明になることは、時代劇にとっては、とても辛いことなのです。

❖母の着物姿

私の母は職業婦人でした。父が歯科医院を開業していたため、歯科衛生士と医療事務を一手に引き受けていました。職場は自宅と同じ屋根の下だったため、朝食・昼食・夕食の料理もし、その他の家事もすべてしていました。

そのため、日常は白衣か割烹着を着ている姿しか見たことがありませんでした。

それがお正月に母の実家に行く時だけ、着物を着ていました。母の実家は広島県呉市にあり、バスや電車を乗り継いで2時間近くもかかりました。

余談ですが、母はアニメやドラマになった『この世界の片隅に』の主人公、北條すずさんと同じ年の生まれで、すずさんは広島から呉に嫁入りしましたが、母は呉から広島に嫁入りしました。私はドラマ『この世界の片隅に』の時代考証を担当することになった時、母が生きて経験した時代を描けることを、とても嬉しく思いました。

母が実家に里帰りするのは、正月の元旦だけでした。会って話したい祖母が母の相手をゆっくりしてくれるのが、元旦だけだったためです。祖母も実家が銭湯だったため、午後からは番台に座っていたからです。

母が着ている着物は正月とはいえ、晴れ着の訪問着や付け下げではなく、小紋か紬でした。しかし、毎年新しく仕立てたものを着ていました。時には着物は同じでも、羽織だけ新調することもありました。

広島とはいえ冬は寒く、室内の暖房も炬燵《こたつ》と火鉢しかない時代ですから、着物が一番暖かいことは理解できますが、往復4時間をかけて行くのに大変だなと、子ども心に思っていました。

現在の私は地方での講演会などには、キャリーバッグに着物を詰めて現地で着替えています。着くずれや着物にシワが付くことも嫌なのですが、何より窮屈なのです。

母も子どものころは着物を着ていたかもしれませんが、少女のころは戦時中だったため、モンペにブラウス姿で学徒動員の勤労奉仕をしていました。戦後は原爆投下後の広島で嫁ぎ先は焼け残りましたが、着物を着る余裕などなかったはずです。ましてや嫁入りの時、たくさんの着物を持ってきたという話も聞いたことはありません。

そんな母がなぜ、実家に帰る時だけ、新しい着物を着ていたのでしょうか。戦後10年経った昭和30年代に入ると、着物が爆発的に売れ出したというのです。呉服屋にとっては夢のようだったともいいます。つまり、着物は平和の象徴であり、戦後復興の証だったのです。

■50歳のころの母

母は広島に嫁いだ娘を心配している祖母に、新しい着物を着ることで安心してもらっていたのではないでしょうか。着物が財産という時代は終わっていましたが、新しい着物を買うということは、生活にゆとりがある証だったのです。

母が亡くなって10年。母が実家に着ていった着物は仕立て直されて、私がテレビ出演や講演会の時に着ています。40歳代の母親が着た着物は少し派手めですが、着るたびに母やそれを優しく迎えた祖母を思い出します。

❖着物姿が似合う2人の女将

私が時代考証している時代劇ならば、「女将《おかみ》さん」と呼びかけた時、「あいよ」という声と共に、暖簾《のれん》をくぐって登場するのは、縞の着物を粋に着こなした美人女将が相場です。以前担当した丸亀製麺のCMでは、女優の檀れいさんでした。

今回、着物のよく似合う女将として紹介するのは、長野県上田市を代表する2人の女将さんです。代表するという表現はオーバーではなく、2人なくして上田の観光は成り立たないと言っても過言ではないパワーの持ち主だからです。

上田温泉ホテル祥園《しょうえん》の社長でもある久保美奈子さんは、母上から引き継いだホテルの女将という立場だけでなく、上田にゆかりの深い「真田十勇士」に関する資料のコレクターとしても著名で、ホテル内には多くの資料が展示されています。また、今年は忍者に関する『真田忍者で町おこし』(くの一美奈子著・芙貴出版社)という本も出版して、専門家顔負けの知識を披露されています。

2017年には、上田出身で幕末に活躍した兵学者の赤松小三郎のドキュメンタリー映画『上田の風　二人の先生』を自費で制作しました。その巨大台風のような渦《うず》に引き摺《ず》り込まれて、私はプロデューサーを引き受けてしまいました。結果は、上田市はじまって以来の動員数を誇る映画上映会となり、久保さんと私は着物を着て舞台挨拶に立ち、面目を施しました。

そのお礼にと、久保さんの母上で先代女将の着物を下さることになり、自宅に伺うと、ちょうど断捨離中だというので、広い座敷に着物の山がいくつもありました。ホテルの女将という仕事柄、かなりお持ちだとは想像していましたが、その枚数と品のよさにびっくりです。「お好きなのを、何枚でもどうぞ」と言われても、あまりの多さに迷うばかりです。着物の山を見て、つい欲が出てしまい、まるで唐草模様の風呂敷を担いだ泥棒のような態でした。

もう一人の女将は、上田市大手町で琴笙庵《きんしょうあん》という蕎麦屋をしている花岡順子さんです。花岡さんは蕎麦打ちからネタの調理、さらに注文取りまでたった一人で店を切り盛りしており、時々お客様が料理の上げ下げをしています。店内には有名画家に依頼して描いてもらった「真田十勇士」の巨大なイラストが飾られ、大河ドラマ「真田丸」の時にはマスコミ各社も取材に来ました。

花岡さんは蕎麦屋以外にも真言宗醍醐寺派の修験者としての

■上田温泉ホテル祥園・
久保美奈子さん
上田在住の友禅作家・池田公正さんの訪問着。

免許を持ち、上田にある勝宝院というお寺で護摩修行をしています。上田市で一番初めに節分祭をはじめた寺院としても有名で、私も毎年参拝しています。

花岡さんのトレードマークは、昔の着物をモンペと上着に仕立て直した「モンペルック」です。ご自身の実家や親戚、さらにはお知り合いから頂いた着物を、片っ端からこのモンペルックに仕立て直して着ているのです。そのほとんどが、大正から昭和にかけて流行った銘仙柄で、時代を表す大胆な色使いや柄がとてもモダンな感じがします。

モンペといえば、私が時代考証を担当したTBSドラマ『この世界の片隅で』の第1話に、主人公のすずさんが自分の大切な着物でモンペと上着を作る場面があります。正確な時間経過は説明していませんが、1日くらいで仕立て直したようです。

花岡さんも蕎麦屋の奥座敷で、休憩時間に作っているようで、私にも冬夏2枚のモンペルックを作ってくださいました。

■琴笙庵・花岡順子さん
昭和の銘仙で仕立てたモンペルック。

上田に行ったら、この着物の似合う2人の女将を訪ねてみてください。きっと上田が好きになることでしょう。

❖箪笥の中は形見分け

本著で紹介した着物の多くは、私の箪笥の中に仕舞われていたものです。今回の撮影を機会に、箪笥の中をすべて出して、枚数を数えてみました。着物85枚、帯57本、羽織とコート26枚。

「えっ！　こんなにあるの？」と自分でも改めて驚きました。

しかし、自分がお金を出して買ったものは着物と帯を合わせて10枚もありません。分類をしてみると、枚数が一番多かったのは母の遺品です。私は一人娘なので、すべてを引き継ぎました。次は、母の姉妹である伯母・叔母たちからのものです。従姉妹たちが着ないというので、形見分けとしていただきました。数は少ないですが、祖母の着物もあります。これは実家を整理した時に出てきたもので、今ではとても手に入らない歴史的価値のあるものでした。そして、友人の母上から頂戴したものです。

枚数はありますが、入手した当時はいずれも寸法が合いませんでした。私の母は小柄でしたし、伯母は大柄でした。着物とはいえ、美しく着るためには自分の寸法に合わせることが大切です。

さらなる問題として、長い間、箪笥の中に入っていたため、防虫剤として使っていた樟脳《しゅうのう》の匂いが染みついていたのです。

そこで、とりあえず着たいものから、少しずつ洗い張り（233ページ参照）をしてもらい、私の寸法に仕立て直してもらおうと、実家のある広島で仕立屋さんを探しました。しかし、昔は広島にもたくさんの仕立屋さんがあり、母がお付き合いしていた仕立屋さんもあったようですが、呉服屋さん同様に減少しています。そこで、着物好きで目利きの利く広島の友人に紹介してもらったのが、「白砂和裁」です。

白砂和裁に行ってみると、いくつも並んだ作業台では、和裁士さんたちが高価そうな新しい着物をせっせと縫っていました。そんな中に、樟脳臭い着物の仕立直しを頼むのは気が引けたので、「いつ着るか、とりあえずの予定はないので、他の仕事が空いた時にお願いします」と、遠慮がちに頼むと、社長の白砂真さんは、「いい着物ですね。喜んでやらせてもらいます」と引き受けてくださいました。

確かに、繁忙期を避けての作業だったようですが、私も広島に帰省した時にしか、受け取りに行かないのでちょうど波長があったようで、ほとんどすべての着物を仕立て直してもらいました。仕立て直した着物には、必ず「大島」とか「結城」と書いた小さな紙札が付いていていました。時代考証という仕事柄、着物の歴史に詳しくても、生地の産地に関しては素人同然でしたので、この紙札のおかげでとても勉強になりました。

新しく生地を買う時には、呉服屋さんは生地の産地や織染などを丁寧に説明してくださいます。しかし、中古の着物にはよほど思い入れがない限り、買った時の生地に関する情報は伝わってきません。そのため、せっかく仕立て直して着ても、何を着ているのか、わからないことが多いのです。それを教えてくれたのが、白砂真さんの紙札でした。

以来、白砂和装とのお付き合いは10年以上になります。ただ、残念なことに途中で白砂真さんが亡くなってしまいました。その後は御夫人の栄子さんが引き継ぎ、現在も変わらぬお付き合いをさせていただいています。

最近は、仕立て直す着物も底を着いたため、黒留袖を絵羽織にとか、絵羽織を帯にとか（235ページ参照）、むちゃぶりをしていますが、いつも想像以上の答えを出してくださっています。

こうして、いろいろな方からいただいた着物は、準備を終えて箪笥の中で出番を待っています。なるべくテレビ出演や講演会に着て行くようにしていますが、順番待ちの着物も多く、なんとか死ぬまでに着て、できれば次に形見分けができたらいいなと思っています。

疋田染（ひったぞめ）……138、212
単（ひとえ）……24、48、112、127、174、193、210、212、213、214、218、223、249
一つ身（ひとつみ）……53
一つ紋（ひとつもん）……226
被布（ひふ）……63、218
比翼仕立て（ひよくじたて）……37、189
平打ち紐（ひらうちひも）……46
平織（ひらおり）……81、125、151、157、172、214
ビロード……168
広瀬絣（ひろせかすり）……158
紅型（びんがた）……139
備後絣（びんごかすり）……158
鬢批（びんそぎ）……69
風通御召（ふうつうおめし）……153
袱紗（ふくさ）……126、169
袋帯（ふくろおび）……97、163、176、194
藤（ふじ）……53、116
太物屋（ふとものや）……117
振袖（ふりそで）……19、36、44、48、67、68、74、85、109、124、135、162、164、176、178、189、190、195、205、224、226、227、231、232
文庫結び（ぶんこむすび）……165、215
平十郎結び（へいじゅうろうむすび）……48
袍（ほう）……23、38、45
宝相華（ほうそうげ）……54、92
訪問着（ほうもんぎ）……44、74、90、124、128、135、149、152、176、178、182、189、224、226、232、258、261
細長（ほそなが）……53、57
本塩沢（ほんしおざわ）……154
本畳み（ほんだたみ）……231

【ま行】

前見頃（まえみごろ）……6、40、63、223
松皮菱繋ぎ菊菱文様（まつかわびしつなぎきくびしもんよう）……129
松坂木綿（まつざかもめん）……157
繭（まゆ）……121、143、244
眉作り（まゆづくり）……69
丸帯（まるおび）……48、162、194
丸打ち紐（まるうちひも）……46
真綿（まわた）……61、83、122、149
見合い（みあい）……74、79
三河木綿（みかわもめん）……119
右前（みぎまえ）……22、107
見頃（みごろ）……40、44
身丈（みたけ）……6、224
道行（みちゆき）……218
三つ紋（みっつもん）……226
三つ身（みつみ）……60
身幅（みはば）……6、224
宮古上布（みやこじょうふ）……160
身八つ口（みやつくち）……6、72
胸紐（むなひも）……40、180
銘仙（めいせん）……35
名物裂（めいぶつぎれ）……98、140、169
綿花（めんか）……31、119、156
裳（も）……24、70
捩織（もじりおり）……127、168
木綿（もめん）……47、53、118、140、156、180、197、214、255
裳袴（もばかま）……45
喪服（もふく）……90、96、106、114、182、190、205、220、226
紋（もん）……90、95、225
紋付羽織袴（もんつきはおりばかま）……90
モンペ……36、77、85、259、262

【や行】

矢絣（やがすり）……64、213
結納（ゆいのう）……78
結城紬（ゆうきつむぎ）……36、124、144、164
友禅染（ゆうぜんぞめ）……57、100、121、130、143、152、243
有職文様（ゆうそくもんよう）……97、131、166
浴衣（ゆかた）……36、53、165、171、214、218
湯帷子（ゆかたびら）……214
裄（ゆき）……6、224
雪晒し（ゆきさらし）……159
湯文字（ゆもじ）……184、186
養蚕（ようさん）……121、123、146、147、150、241
羊毛（ようもう）……120
夜着畳み（よぎだたみ）……232
四つ身（よつみ）……58、60
米沢紬（よねざわつむぎ）……150
米琉絣（よねりゅうかすり）……150

【ら行】

羅（ら）……127、173
流水紋（りゅうすいもん）……59
綸子（綾子：りんず）47、127、129、179、189、212、213
綸子縮緬（りんずちりめん）……127
絽（ろ）……97、111、128、172、174、182、188、192、193、213、215、237
路考結び（ろこうむすび）……192
ろうけつ染め（ろうけつぞめ）……174、236

【わ行】

脇明け（わきあけ）……44
綿入れ（わたいれ）……210
綿帽子（わたぼうし）……61、83
草鞋（わらじ）……196

青海波模様（せいがいはもよう）…… 97、215
成人式（せいじんしき）…… 68、79
石帯（せきたい）…… 23、45
雪駄（せった）…… 199
摂津木綿（せっつもめん）…… 119
背守（せまもり）…… 52
セリシン …… 121、123、153、247
扇子（せんす）…… 60、86、207
ぜんまい紬（ぜんまいつむぎ）…… 171
草履（ぞうり）…… 106、196、198
束帯（そくたい）…… 21、23、38、110
袖丈（そでたけ）…… 6、224
卒業式（そつぎょうしき）…… 64、79

【た行】
大紋（だいもん）…… 28
伊達衿（だてえり）…… 127、188
伊達締め（だてじめ）…… 180、194、230
畳紙（たとうがみ）…… 230
足袋（たび）…… 107、196、203、215
太布（たふ）…… 120
玉繭（たままゆ）…… 122、149
袂（たもと）…… 6、204
垂れ（たれ）…… 8
丹後縮緬（たんごちりめん）…… 126
箪笥（たんす）…… 230
丹前（たんぜん）…… 32
違い釘抜き（ちがいくぎぬき）…… 138
縮（ちぢみ）…… 151、154、192、213
苧麻（ちょま）…… 61、116
縮緬（ちりめん）
…… 98、112、126、129、153、174、179、188、192
付け下げ（つけさげ）…… 124、128、135、189、258
付け紐（つけひも）…… 57、62
付け紐飾り（つけひもかざり）…… 58
筒袖（つつそで）…… 42
綴（つづれ）…… 169
角隠し（つのかくし）…… 82
紬（つむぎ）…… 119、143、152、153、166、171、174、182、203、224、258
手（て）…… 8
手描き友禅 …… 91、100、127、134、174
手紡ぎ（てつむぎ）…… 144
手拭い（てぬぐい）…… 204、208
胴裏（どううら）…… 6、212、223
十日町紬（とうかまちつむぎ）…… 151
道中着（どうちゅうぎ）…… 217
胴服（どうふく）…… 29、90
胴抜き（どうぬき）…… 37
時計（とけい）…… 206
留柄（とめがら）…… 136
留袖（とめそで）…… 37、44、105、124、128、162、164、178、195、205、207、224、231、232
共衿（ともえり）…… 6
泥染め（どろぞめ）…… 145、147
緞子（どんす）…… 47、168

【な行】
長井紬（ながいつむぎ）…… 150
長襦袢（ながじゅばん）…… 127、180、181、182、188、194、224、229、232
薙刀袖（なぎなたそで）…… 43
名護屋帯（なごやおび）…… 32、46、164
名古屋帯（なごやおび）
…… 111、164、176、194、212、215、236、252
波頭紋（なみがしらもん）…… 97
鳴海絞（なるみしぼり）…… 142
錦帯（にしきおび）…… 73、92、100、162
錦織（にしきおり）…… 167、196
西陣（にしじん）…… 31、117、121、126、155、167、168
西陣御召（にしじんおめし）…… 155
西陣織（にしじんおり）…… 30、117、121、167、168
二部式うそつき襦袢（にぶしきうそつきじゅばん）…… 184
練糸（ねりいと）…… 121、145
練絹（ねりぎぬ）…… 81
練帽子（ねりぼうし）…… 83
直衣（のうし）…… 27
熨斗あわび（のしあわび）…… 88
熨斗目（のしめ）…… 59
糊防染（のりぼうせん）…… 130

【は行】
羽織（はおり）
…… 29、63、90、94、108、212、218、235、258
羽織袴（はおりばかま）…… 72、207
博多織（はかたおり）…… 170、180
袴（はかま）…… 45、62、64、94、255
筥迫（はこせこ）…… 60、86、204
芭蕉布（ばしょうふ）…… 120、161
肌襦袢（はだじゅばん）…… 157、185、215
八掛（はっかけ）…… 6、37、223
初笄（はつこうがい）…… 69
鼻緒（はなお）…… 200、202
羽二重（はぶたえ）…… 57、125、189、223
浜縮緬（はまちりめん）…… 126
張袴（はりばかま）…… 24
半衿（はんえり）…… 8、126、182、188、215
半襦袢（はんじゅばん）…… 181、184、215
半纏（はんてん）…… 29
半幅帯（はんはばおび）…… 165、215
ハンドバッグ …… 106、204
引き振袖（ひきふりそで）…… 80
毘沙門亀甲文様（びしゃもんきっこうもんよう）…… 129
直垂（ひたたれ）…… 27、62、94、110、254
左前（ひだりまえ）…… 22、107
疋田絞（ひったしぼり）…… 000

冠（かんむり）……23、69
雁皮（がんぴ）……120
生糸（きいと）……121、124、153、240
着丈（きたけ）……8
吉弥結び（きちやむすび）……47
菊花文様（きっかんもんよう）……129
着付け紐（きつけひも）……111、178、180、229、230
喜祥模様（きっしょうもよう）……57、102、106
絹（きぬ）……47、61、121、151、154、179、240
絹糸（きぬいと・けんし）……46、121
黄八丈（きはちじょう）……124、147、148
京鹿の子（きょうかのこ）……141、236
京友禅（きょうゆうぜん）……124、131
桐生御召（きりゅうおめし）……154
巾着（きんちゃく）……205
金襴緞子（きんらんどんす）……84
くけ帯（くけおび）……47
くけ紐（くけひも）……46
草木染め（くさきぞめ）……123、150、211
鯨尺（くじらじゃく）……48、224
葛（くず）……53、116
くず繭（くずまゆ）……119、122、146、149、242
久米島紬（くめじまつむぎ）……147、160
黒縮緬紋付裾模様（くろちりめんもんつきすそもよう）……85、87
黒留袖（くろとめそで）
……85、90、92、103、105、125、182、189、190、237
黒羽織（くろばおり）……90、220
黒無地（くろむじ）……96
黒紋付（くろもんつき）……87、96、108、207、255
袿袴（けいこ）……66
下駄（げた）……202、215
蹴出し（けだし）……186
元禄袖（げんろくそで）……43、72
コート……120、217
楮（こうぞ）……53、116、134
小袿（こうちぎ）……29
黄櫨染御袍（こうろぜんのごほう）……38
濃（こき）……66
小腰（こごし）……24、26
腰揚げ（こしあげ）……71
輿入れ（こしいれ）……81
腰巻（こしまき）……184、186
小袖（こそで）……28、42、45、46、72、81、181
小鉤（こはぜ）……196
呉服（ごふく）……117
小紋（こもん）……33、35、74、90、124、128、136、
138、143、166、182、203、224、258
衣替え（ころもがえ）……210

【さ行】

財布（さいふ）……208
幸菱（さいわいびし）……81
佐賀錦（さがにしき）……167
相良刺繍（さがらししゅう）……176
先染め（さきぞめ）……123、153、157
指貫（さしぬき）……23、62
真田紐（さなだひも）……47
紗綾形文様（さやがたもんよう）……129
更紗（さらさ）……140
更紗文様（さらさもんよう）……129
晒木綿（さらしもめん）……157、184
三枚重ね（さんめいがさね）……85
塩沢御召（しおざわおめし）……154
塩沢紬（しおざわつむぎ）……151
塩瀬（しおぜ）……112、126、174、188、251
しごき……34、60、179
刺繍（ししゅう）……91、97、131、132、155、176、188
七五三（しちごさん）……33、58、60、79、179、204
悉皆屋（しっかいや）……236
七宝柄（しっぽうがら）……54
七宝繋ぎ文様（しっぽうつなぎもんよう）……129
襪（しとうず）……196
科（しな）……53、116
死装束（しにしょうぞく）……22、107
紙布（しふ）……120
絞り染め（しぼりぞめ）……141、174
縞柄（しまがら）……35、124、145、146、157
柳条縮緬（しまちりめん）……153
縞木綿（しまもめん）……157
地紋（じもん）……129
紗（しゃ）……127、172、174、182、213、215
尺貫法（しゃっかんほう）……224
斜文織（しゃもんおり）……81
十二単（じゅうにひとえ）
……24、25、39、45、65、70、207、223
祝儀扇（しゅくぎおうぎ）……207
繻子（しゅす）……48、192
繻珍（しゅちん）……168
襦袢（じゅばん）……34、42、54、95、106、181、188、213
上布（じょうふ）……151、159
ショール……120、220
正倉院文様（しょうそういんもんよう）……92、100、166、212
蜀江文様（しょっこうもんよう）……138
白衿紋付（しろえりもんつき）……94、103、106
白生地（しろきじ）……78、124、149、151、248
白無垢（しろむく）……80、87
白木綿（しろもめん）……157
白羽二重（しろはぶたえ）……57
信州紬（しんしゅうつむぎ）……146
水干（すいかん）……27
素襖（すおう）……29、136、159
裾回し（すそまわし）……223
裾模様（すそもよう）……35
裾除け（すそよけ）……184、186、213
ステテコ……187
ストール……220

索引

【あ行】
間着（あいぎ）……37
明石ちぢみ（あかしちぢみ）……152、213
揚帽子（あげぼうし）……84
麻（あさ）……53、116、151、154、159、173、214、249
麻の葉（あさのは）……54、55、182、216
後染め（あとぞめ）……123、153
姐さん被り（あねさんかぶり）……84
雨コート（あめこーと）……219
綾（あや）……81
洗い張り（あらいはり）……41、233、264
有松絞（ありまつしぼり）……142
袷（あわせ）……174、193、210、213、223、237
飯田紬（いいだつむぎ）……146
衣冠（いかん）……21、23、110
居座機（いざりばた）……144
伊勢型紙（いせかたがみ）……134
伊勢木綿（いせもめん）……119、157
一重太鼓（いちじゅうだいこ）……111
伊那紬（いなつむぎ）……146
五衣袿（いつつぎぬうちぎ）……000
五つ紋（いつつもん）……95、226
色打掛（いろうちかけ）……000
色留袖（いろとめそで）……96、102、103、105、163、176
色無地（いろむじ）……90、124、189
上田柳条（うえだじま）……211、213、241
上田紬（うえだつむぎ）……124、146、212、241
表袴（うえのはかま）……23
牛首紬（うしくびつむぎ）……149
後見頃（うしろみごろ）……7、40、223
打掛（うちかけ）……29、81、85、187
袿（うちぎ）……29、82、95、110
打衣（うちぎぬ）……24
産着（うぶぎ）……52
表着（うわぎ）……24、30、37、70、189
越後上布（えちごじょうふ）……159
越後紬（えちごつむぎ）……151
江戸小紋（えどこもん）……124、136、164
江戸更紗（えどさらさ）……124
江戸褄（えどづま）……35、133
江戸紅型（えどびんがた）……211、236
江戸友禅（えどゆうぜん）……133
絵羽織（えばおり）……36、60、90、235
烏帽子（えぼし）……69
衣紋（えもん）……8
衣紋掛（えもんがけ）……229
置賜紬（おいたまつむぎ）……150
お色直し（おいろなおし）……84、86
近江麻（おうみあさ）……160
大島紬（おおしまつむぎ）……36、124、145、148、160
大袖（おおそで）……28、42、58、72、136
衽（おくみ）……6、40、133、223
御腰（おこし）……186
お太鼓結び（おたいこむすび）……8、35、190、191、192、215
小千谷縮（おぢやちぢみ）……160
小千谷紬（おぢやつむぎ）……151
お宮参り（おみやまいり）……33、42、56、79
御召（おめし）……98、153、248
お歯黒（おはぐろ）……70
御端折り（おはしょり）8、34、40、71、86、179、182、257
帯揚げ（おびあげ）……8、36、68、111、192、230
帯板（おびいた）……111、194
帯締め（おびじめ）
……8、35、47、73、111、190、193、215、230
帯留め（おびどめ）……190
帯枕（おびまくら）……111、194
帯山（おびやま）……8、195
織部司（おりべのつかさ）……116、168
女紋（おんなもん）……227

【か行】
蚕（かいこ）……121、240
懐紙（かいし）……204、206
貝の口結び（かいのくちむすび）……165
抱え帯（かかえおび）……34、178
加賀五彩（かがごさい）……132
加賀友禅（かがゆうぜん）……124、132、149
角袖（かくそで）……43
掛け着（かけぎ）……56、59
飾り結び（かざりむすび）……60、195
絣（かすり）……124、144
絣括り（かすりくくり）……144
絣木綿（かすりもめん）……158
肩揚げ（かたあげ）……71
肩衣（かたぎぬ）……29、136
型染め（かたぞめ）……134、174
帷子（かたびら）……29、210、213
型友禅（かたゆうぜん）……135
片輪車（かたわぐるま）……59
褐色（かちいろ）……62
被衣（かづき）……82
合羽（かっぱ）……218
裃（かみしも）……29、59、69、87、94、108、136、159
鉄漿付け（かねつけ）……69
鹿の子絞り（かのこしぼり）……54、193
唐織（からおり）……30、97、168
唐衣（からぎぬ）……24、70
唐衣裳（からぎぬも）……24、39、65
搦織（からみおり）……127、172
苧（からむし）……116
狩衣（かりぎぬ）……23、27、62、94
貫頭衣（かんとうい）……20、53

主要参考文献

『江馬務著作集　第三巻　服飾の諸相』 江馬務著　中央公論社
『江馬務著作集　第四巻　装身と化粧』 江馬務著　中央公論社
『江馬務著作集　第七巻　一生の典礼』 江馬務著　中央公論社
『原色日本服装史・増補改訂版』 井筒雅風著　光琳社出版
『素晴らしい装束の世界』八條忠基著　　誠文堂新光社
『天皇の装束』 近藤好和著　中央公論新社
『絵解き「江戸名所百人美女」江戸美人の粋な暮らし』 山田順子著　淡交社
『江戸服飾史』 金沢康隆著　青蛙房
『よそおいの民俗誌』 国立歴史民俗博物館編　慶友社
『近世庶民の衣服事情』 知野光伸著　教育出版センター
『新版きものに強くなる』家庭画報特選　世界文化社
『子どもの着物大全』似内恵子著　　誠文堂新光社
『麻の葉模様』 大麻博物館著発行
『明治神宮　聖徳記念絵画館壁画』 明治神宮外苑
『フロックコートと羽織袴』 小山直子著　勁草書房
『洋服・散髪・脱刀』 刑部芳則著　講談社
『女学生の系譜・増補版』 本田和子著　青弓社
『学校制服の文化史』 難波知子著　創元社
『婚礼』 別冊太陽　平凡社
『明治新政府の喪服改革』 風見明著　雄山閣
『きもの宝典』主婦の友100年　主婦の友社
『苧麻・絹・木綿の社会史』 永原慶二著　吉川弘文館
『絹と木綿の江戸時代』 山脇悌二郎著　吉川弘文館
『日本の自然布』 別冊太陽　平凡社
『すぐわかる産地別染め・織りの見わけ方』丸山伸彦・道明三保子監修　東京美術
『日本の伝統色』 濱田信義企画編集　パイ インターナショナル
『日本の文様』 濱田信義企画編集　パイ インターナショナル
『着物文様事典いろは』 弓岡勝美編・コレクション　藤井健三監修　ピエ・ブックス
『すぐわかる日本の伝統文様』 並木誠士監修　東京美術
『正しい家紋台帳』 古沢恒敏編　金園社

※生地の産地情報は、各生産販売組合・企業の web 情報を参考にしました。

◎モデル
倉島早紀／岡﨑一代／坂田貴子

◎写真提供
久保忠夫／久保秀子／丸山真緒／塚田崇斗／藤巻歩真
宮澤実穂／二ノ宮功／二ノ宮梨絵／早川碧飛

◎図版提供
北海道立近代美術館／江戸東京博物館
聖徳記念絵画館／明日香村教育委員会
朝日新聞社／時事フォト／ PIXTA ／ stock foto

◎撮影
樋澤行正（和楽座）

◎スタイリスト
早川淳子（和楽座）

◎ヘア・メイク
宮原幸子
佐野啓子（佐野美容院）／佐野恭子（佐野美容院）

◎着付
笠井多恵子／増沢秀子

◎装丁・本文デザイン　若松隆

◎本文イラスト　岡本倫幸

◎協力　株式会社 丸上

◎撮影協力
きもの工房　和楽座
〒386-0031
長野県上田市小牧1206-4
TEL.0268-26-8833
【事業内容】「上田絹」蚕の里製品販売・呉服販売・レンタル事業部「ことほぎ」・スタジオロケ撮影
【販売・レンタル品目】振袖／色留袖／訪問着／黒紋付き（夏冬）／白無垢／袴・着物（男女）／七五三衣裳／十三参り衣裳／宮参り掛衣裳、他

【著者略歴】

山田順子

時代考証家。大人気ドラマ『JIN −仁−』『天皇の料理番』『この世界の片隅に』など、江戸時代から昭和まで、幅広い時代の考証や所作指導を担当。
連載漫画、丸亀製麺などのCM、江戸東京博物館のイベントの時代考証など幅広く活躍。
また、自ら歴史情報番組『尾上松也の歴史ミステリー』などにレギュラー出演したり、各地の講演会では着物を着て、テーマに合わせたTPOなどを解説している。

歴史《れきし》・文化《ぶんか》・伝統《でんとう》がわかる

時代考証家《じだいこうしょうか》のきもの指南《しなん》

第一刷　2019年11月30日

著　者　山田順子
発行者　平野健一
発行所　株式会社 徳間書店
〒141−8202　東京都品川区上大崎3-1-1 目黒セントラルスクエア
電　話　【編集】03-5403-4350　【販売】049-293-5521
振　替　00140-0-44392

印刷・製本　大日本印刷株式会社

©2019 Junko.Yamada, Printed in Japan
乱丁、落丁はお取替えいたします。
ISBN978-4-19-864978-4

※本書の無断複写は著作権法上での例外を除き禁じられています。
購入者および第三者による本書のいかなる電子複製も一切認められておりません。